병서, 조선을 말하다

혼란과 저항의 조선사

병서, 조선을 말하다

최형국 지음

인물과
사상사

병서에는 무엇이 담겨 있는가?

兵家之書 非如詞人閑漫孟浪之文 一場談笑而止 大而國之成敗 小而人之
死生 莫不於此焉係 可不懼哉.

병서라는 것은 문인들이 한가한 시간에 읊조리는 맹랑한 글처럼 한바탕
담소로 그치는 것이 아니라, 크게는 국가의 흥망성쇠와 연관되어 있고 작
게는 뭇 백성의 삶과 죽음에 이르는 것이다. 그러니 어찌 두려워하지 않을
수 있겠는가.

-『선조실록』186권, 선조 38년 4월 20일.

'병서兵書'는 문자 그대로 '병兵' 즉, 군대와 군사에 관한 내용을 담은 책이다. 군사들이 사용하는 무기나 전술뿐만 아니라, 군사를 통제하는 장수의 마음가짐이나 평상시 군사의 훈련과 생활에 관한 내용까지 담아놓았다.

병서가 다른 책과 확연히 다른 부분은, 철저하게 과거의 경험을 바탕으로 축적된 실질적인 내용을 담고 있다는 것이다. 병서는 인간의 목숨과 직결된 연구물이기에 현실적이면서도 구체적인 내용이 집약되어 있다. 쉽게 말해 소중하고도 고결한 '목숨'을 죽이고 살리는 내용이 병서의 전부다.

이러한 이유로 나는 병서가 조선 후기 새로운 학문적 틀로 불리는 실학實學의 핵심이라고 판단한다. 실학의 핵심은 이용후생利用厚生과 실사구시實事求是다. 병서는 바로 그런 실용적이고 과학적인 태도가 생명이다. 병서에 불편하고 비과학적인 내용이 들어간다면, 그 병서로 훈련한 군사는 패배를 거듭할 것이고 종국에는 국가가 패망하는 것은 물론이고 백성들이 목숨을 잃는 처참한 상황에 놓이게 된다.

따라서 병서에는 과거의 전쟁 양상, 군사 작전에 활용한 전투 방법은 물론이고 평상시 군대를 효과적으로 편성하는 방법과 전투 시 여러 대오가 함께 싸우는 진법, 진법을 이루는 군사들의 무기 사용법과 방어법 등이 섬세하고 구체적으로 기록되어 있다. 또한 군사 전략·전술을 당대에 적용하기 위한 현실적인 방책과 미래에 발생할 수 있는 다양한 경우의 수를 집약해놓았다. 그래서 병서에는 '과거'의 전쟁이라는 참혹한 경험을 바탕으로 '현실'에 철저하게 적용 가능하며 '미래'의 보이지 않는 위험과 도전에 가장 안전하게 대비할 방안이 담겨 있다.

특히 병서에는 핵심 등장인물인 '군사'뿐만 아니라 그들과 연결된 사람들, '백성'이라고 불렸던 '과거의 우리'의 모습도 직간접적으로 노출되어 있다. 백성이 전쟁이 일어나면 군사가 되는 것이고, 백성을 살리고 지키고자 하는 마음과 구체적인 방책이 병서에 담겨 있는 것이다. 따라서 병서는 당대의 사회상을 엿볼 수 있는 또 하나의 창窓이다.

시간을 과거 · 현재 · 미래로 구분하는 것은 역사학의 기본이자 전부다. 현대 역사학의 새로운 해석 기준을 제시한 E. H. 카E. H. Carr는 『역사란 무엇인가』에서 "역사란 과거와 현재의 끊임없는 대화"라는 명제를 남겼다. 우리는 과거와 끊임없이 대화하며 현재를 살아가고, 미래를 그려나간다. 우리 삶에는 과거와 현재와 미래가 늘 함께한다. 전통 시대 병서에는 가장 사실적인 과거와 현재, 미래가 오롯이 담겨 있다. 조선 시대 병서는 당대의 삶을 가장 충실하게 이해하는 또 하나의 방법이 될 수 있다.

안타깝게도 군사사나 전쟁사는 역사 연구의 비주류였고, 그나마도 이른바 '국난 극복사'에 치중되면서 영웅 사관에 입각한 중요 인물들의 전공戰功 알리기나, 힘없는 백성들의 자발적인 의병 항쟁사에 집중해서 한계가 명확하다. 인류의 역사는 전쟁의 역사와 맥을 함께해왔다. 하지만 역사 속에서 전쟁을 견디고 버텨냈으나 이름을 남기지 못한 군사나 백성의 삶은 기억되지 못하고 있다.

전쟁 속에서 살아남기 위한 군사들의 훈련과 몸부림은 단순한 '개인의 몸짓'을 넘어 '공동체 생존의 역사'이기도 하다. 전쟁은 기존의 사회

구조가 가장 확실하게 부서지고, 새로운 틀이 만들어지는 계기이며, 그 안에서 살아남은 자들이 미래를 만들어가는 중심축이기에 전쟁사·군사사·무예사는 미래를 읽어내는 소중한 주제가 될 수 있다. 그중 조선시대 병서는 당대 복잡다단한 외교 문제와 연결되어 있어, 우리의 가까운 과거를 읽어내고 현실을 풀어갈 수 있는 '오래된 미래'를 담고 있다. 역사는 단순한 과거의 기록에 머물러 있는 것이 아니며, 현재의 우리와 미래의 공동체를 규정짓는 인류의 발자취다.

학계에 몸을 담고 글을 쓴 지 10여 년이 지났지만, 늘 길 위에서 길을 찾아 헤매는 것 같았다. 무예를 역사의 시각으로 풀어보기 위해 공부를 시작했지만, 나무(무예)만 보고 숲(진법)을 보지 못하는 한계에 봉착한 듯하다. 무기의 특성에 따른 개인의 움직임 변화와 진형의 특성에 따른 조직의 움직임 변화는 서로 뗄 수 없기에 퍼즐 조각을 맞추어가듯 몸 공부와 머리 공부를 합치는 중이다.

늘 잡글에 정신 못 차리는 제자에게 귀한 사랑을 베풀어주신 중앙대학교 박경하 교수님께 존경의 마음을 가득 전해드리고 싶다. 직접 배움을 청하지는 못했지만, 사숙私淑한 서울대학교 나영일 교수님, 한국체육대학교 심승구 교수님, 한국학중앙연구원 정해은 박사님, 국방대학교 노영구 교수님께 감사의 마음을 전한다.

여러 선배 학자의 열정적인 연구가 있었기에 그나마 공부의 방향을 짚어낼 수 있었다. 특히 정해은 박사님이 쓰신 『한국 전통 병서의 이해』는 이 책의 근간이 될 정도로 많은 도움을 받았다. 누군가는 잡스러운 공부라며 무시하기도 하고, 안정적으로 연구할 환경을 만들기도 어렵지만, 공부를 풀어가는 일은 여전히 가슴 뛰는 일이다. 처음처럼 공부의 길을 찾고 싶어 조선의 병서를 다시 읽는다. 첫 마음, 그대로…….

내 생애 최고의 축복 아내 '바람돌이 혜원'
사랑스런 아이들 '탱그리 윤서'와
'콩콩이 기환'에게 주는 여덟 번째 선물
2018년 3월,
봄을 그리워하며 화성華城의 뒤안길에서
최형국 씀

차례

머리말 · 5

1장 새로운 나라를 위한 새로운 병서

조선의 '설계자'가 만든 병서 『진법』 · 15

병서로 왕권 강화의 기틀을 마련하다 『진도지법』 · 27

전쟁의 역사를 엮다 『역대병요』 · 38

조선군의 표준 전술이 완성되다 『오위진법』 · 49

조선의 군사 법전 『병정』 · 60

군사를 어떻게 다스릴 것인가? 『병장설』 · 72

호쾌한 조선의 정벌기 『국조정토록』 · 83

2장 임진왜란 이후 잿더미에서 일어서다

임진왜란으로 깨달은 전략 『무예제보』 · 97

화약 무기, 전장을 바꾸다 『신기비결』 · 109

진짜 적은 누구인가? 『무예제보번역속집』 · 120

전투마를 위한 병서 『마경초집언해』 · 132

옛 전법과 새 전법을 잇다 『연기신편』 · 143

정조, 새로운 군대를 꿈꾸다 『병학지남』 · 155

우리글로 완성된 병서 『진법언해』 · 166

3장 조선의 부활을 꿈꾸다

백성과 함께 한양을 지키다 『수성책자』 • 179
뒤주에 갇힌 병서 『무예신보』 • 190
새로운 시대의 새로운 통합 전술 『병학통』 • 201
동양 삼국 무예의 집대성 『무예도보통지』 • 212
역사 속 무인을 기억하라 『해동명장전』 • 222
국가가 백성을 지키지 못한다면 『민보의』 • 233
전쟁의 선봉에 선 화약 무기 『융원필비』 • 245

4장 몰락하는 조선을 지키다

중국 병서의 핵심을 모으다 『무비요람』 • 259
조선을 지킬 마지막 무기 『훈국신조기계도설』 • 272
서양의 이양선에 대응하다 『융서촬요』 • 285
훈련도감의 모든 것 『훈국총요』 • 298
근대식 군대의 탄생 『보병조전』 • 311
활쏘기로 조선의 명맥을 잇다 『조선의 궁술』 • 324
검도와 총검술을 담다 『무예도보신지』 • 335

참고문헌 • 348
찾아보기 • 352

北空心墩裏圖

1장

새로운 나라를 위한
새로운 병서

조선의 '설계자'가 만든 병서

『진법』

정도전, 조선이라는 나라를 설계하다

삼봉 정도전鄭道傳은 말 그대로 조선을 일구어낸 미완의 혁명가다. 그가 없었다면 조선이라는 나라는 시작할 수 없었다는 말이 있을 정도로, 정도전은 조선의 틀을 확립하고 조선이라는 나라가 나아가야 할 방향을 그려낸 사람이다.

그러나 정도전의 과거는 어두웠다. 관직에 나간 뒤 늘 출생의 문제로 구설수에 올랐다. 정도전은 경상도 봉화의 향리 집안 출신으로 아버지 정운경鄭云敬은 형부상서刑部尚書에 오를 정도로 권세가 있었으나, 어머니 우씨의 혈통에 노비의 피가 섞여 있다는 논란은 죽은 후에도 정도전의 어깨를 짓눌렀다.

정도전은 19세에 성균시에 합격하고 만 20세에 진사시에 합격해 중앙 관직의 탄탄대로에 올랐다. 그러나 고려의 마지막 개혁 군주 공민왕이 시해되고 이인임과 염흥방 등 권문세족의 꼭두각시인 우왕이 집권하던 해, 34세의 정도전은 전라도 나주로 귀향을 가게 되었다. 총명하고 가감 없는 비판을 하던 그에게 쇠망하는 고려 정계는 어울리지 않았다. 2년 후인 1377년, 다행히 귀양살이는 풀렸지만 중앙 정계가 그를 다시 받아줄 리는 만무했다.

정도전은 그렇게 6년 더 유랑한 뒤 드디어 새로운 세상을 꿈꾸게 해줄 사람을 만났다. 당시 동북면 도지휘사로 북방 토착 세력을 장악하고 전장에서 이름을 날리며 중앙 정계에 다크호스처럼 떠오른 이성계였다. 용맹한 장수이자 격구 스타로 정계와 백성의 주목을 받던 이성계와의 만남으로 정도전은 새로운 힘을 얻게 되었다.

그 만남으로 이듬해인 1383년에 정도전은 다시 정계에 복귀할 수 있었다. 물속에서 숨을 참듯 참고 또 참으며 때를 기다리던 그는 1388년 6월, 위화도회군으로 권력을 장악한 이성계를 도와 새로운 국가를 설계하기 시작했다. 그리고 드디어 1392년 7월 17일, 태조 왕건이 세웠던 고려는 500년이라는 시간을 뒤로하고 역사 속으로 사라졌다. 그날 이성계가 왕으로 추대되었으며, 그렇게 우리에게 가깝지만 먼 나라 조선이

격구擊毬
말을 타고 '장시'라는 끝이 숟가락처럼 생긴 도구로 공을 치는 무예로, 서양의 폴로와 비슷하다. 고려시대에 격구는 국가적인 무예이자 스포츠로 발달했다.

조선을 건국한 태조 이성계의 초상화
인 어진御眞이다. 왕으로 등극한 사람
은 이성계지만, 실제로 조선을 설계한
사람은 정도전이었다. 경기전 어진박
물관 소장.

탄생했다.

　그 과정에서 정도전은 같은 스승을 따르던 포은 정몽주鄭夢周와는 정
반대의 길을 걷게 되었다. 스승인 목은 이색李穡 역시 고려 말 개혁가로
아버지 상중에 국가 개혁에 관한 상소문을 올릴 정도로 사회변혁에 눈
을 뜬 학자였지만, 고려 왕조 전복은 고려하지 않았다. 정몽주 역시 스승
을 따랐다. 그렇게 길이 갈라졌지만, 스승이 남긴 개혁안 중 무과를 설치
하고 무관을 선발해 전쟁에 대비하는 등 실질적이 개혁안은 정도전에게
이어졌다.

　새로운 나라 조선은 고려와는 철저하게 달라야 했다. 고려시대를 이해

할 때 가장 핵심적으로 등장하는 단어가 '전쟁'과 '불교'다. 고려 개국부터 잊을 만하면 전쟁이 벌어졌다. 거란(요)·몽골(원)과는 전 국토가 황폐화될 정도로 대규모 전쟁이 벌어졌고, 홍건적과 왜구의 침략은 규모는 작았지만 백성들의 전쟁 공포를 지속시키는 핵심 요인이었다. 전쟁의 고통을 이겨내기 위해 고려 중앙정부가 정책적으로 정착시킨 것이 바로 불교였다. '불심으로 대동단결해 외적을 물리치자'는 정치적 구호가 고려시대를 이해하는 대표적인 표현이기도 하다.

유교라는 새로운 이데올로기

그러나 고려가 끝나갈 무렵에는 전쟁보다 관료들의 부정부패로 백성들의 삶이 피폐해졌다. 정도전은 성리학적 가치인 '덕치德治'로 모든 것을 바꾸어나가기 시작했다. 수도를 개성에서 한양으로 옮기는 것을 시작으로, 왕도 민심과 어울리지 못한다면 과감히 바꾸어야 한다는 민본정치를 주장하며 새로운 '조선'을 설계하고 그려나갔다.

정도전은 고려의 국교로 불렸던 불교를 『불씨잡변佛氏雜辨』이라는 책 이름처럼 불씨(부처)의 잡스런 궤변이라고 한 방에 부숴버리고, 새로운

> **홍건적紅巾賊**
> 원나라 말기에 허베이성에서 일어난 농민반란이다. 중심이 된 백련교와 미륵교 신자들이 머리에 붉은 수건을 써서 홍건적이라 불린다. 원나라 군대에 쫓기자 1359년 고려를 침략했으며 1361년에도 10만 대군을 이끌고 고려를 침입했다.

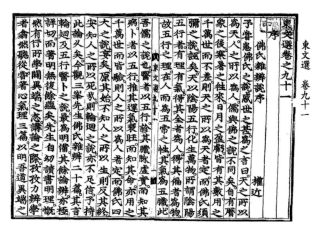

『동문선』에 수록된 「불씨잡변설서佛氏雜辨說序」로, 정도전과 막역한 사이였던 권근權近이 써준 『불씨잡변』의 서문이다. "일찍이 불씨(부처)의 설이 세상을 미혹시키는 것이 심하니 근심스러워 말을 남긴다"라고 불교를 반박한다. 한국학중앙연구원 장서각 소장.

국가 이념인 성리학을 전파하려 노력했다. 당시 불교는 단순한 대중 종교를 넘어 고려의 권력 기반과 밀착해 정치적 이득을 누리고 있었기에, 이에 대한 선제공격은 조선의 선명성을 강화하는 것이었다. 그러려면 실질적인 힘이 필요했다. 바로 칼과 창으로 무장한 병력이다. 정도전은 군사의 힘으로 이 문제를 풀어나가고자 했다.

그러나 당대는 사병私兵의 세상이었다. 개국공신과 지방의 토착 세력은 자신이 거느린 사병을 강화하기 위해 온갖 노력을 다했다. 자신을 보호할 수 있는 것은 강한 사병뿐이며, 국가는 없어져도 자신의 권력은 영원할 것이라는 믿음은 시간이 갈수록 증폭될 수밖에 없었다. 고려에서 조선으로 나라의 이름은 바뀌었지만 실질적인 군사력은 아직도 고려의 틀을 벗어나지 못하고 있었다.

정도전은 사병을 혁파하고자 칼을 빼들었다. 모든 군사를 단일한 지휘 체계로 움직이는 공병公兵으로 전환하는 것은, 그가 꿈꾸어왔던 새로운 나라의 중요한 대들보였다. 사병을 혁파하고 공병으로 전환하지 못한다면 조선은 그저 이름과 왕만 바뀐 '그 나물의 그 밥'이 될 것이었다.

정도전은 조선 개국과 동시 그해 8월 의흥친군위절도사義興親軍衛節制使라는 직위로 왕 직속의 중군中軍을 통제했다. 궁궐 숙위군을 중심으로 진법 훈련을 통일하면서 범위를 확대해나가고자 했다. 당시 의흥친군위는 태조의 친병으로 북방에 있을 때부터 태조의 손발이었던 군사들로 구성되었으며, 태조의 심복인 북방계 장수 이지란李之蘭과 절도사 직책을 함께 수행하고 있었기에 군권의 통일화는 태조의 지원하에 진행되었다.

진법 훈련과 함께 전쟁이 발발했을 때 출전을 앞둔 장수들이 둑纛 앞에서 하던 둑제纛祭를 더욱 엄격하게 의례화했다. 더운 여름날에 철갑을 입고 둑제를 지내다가 중간 지휘관 격인 천호千戶가 폭염에 목숨을 잃는 일이 발생하기까지 했다. 이유를 막론하고 관련 군사 모두가 둑제에 참가해야 했는데, 최고 지휘관인 절도사 몇몇이 둑제에 빠졌다가 부하들 앞에서 매질을 당하는 일도 비일비재했다.

정도전은 고려시대부터 이어진 군대 지휘부의 공식 계급인 상장군上將

숙위군

궁궐에서 숙직하며 지키는 군사로, 왕 가까이에서 근무하기 때문에 매우 중요하게 여겨졌다. 전군全軍에서 가장 우수한 군사들을 뽑아 세웠으며, 공신의 자손들이 숙위군이 되기도 했다.

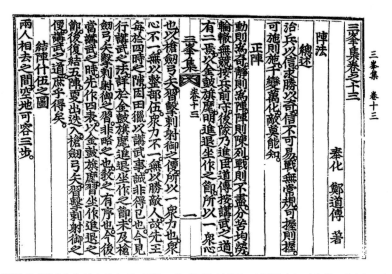

『진법』은 『삼봉집』에 실려 있다. 정도전은 조선 개국을 설계하고 실행했지만, 당대에는 반역자로 낙인찍혔다. 한국학중앙연구원 장서각 소장.

軍 · 대장군大將軍 · 장군將軍 등 호칭을 모두 교체하자고 주장했다. 기존의 권력 위계 서열을 혁파해 사병을 거느린 권력가들을 압박하고자 했다. 1396년(태조 5) 명나라에 보낸 외교문서가 불손하다고 작성자인 정도전을 강제 송환하라는 이른바 표전문表箋文(왕가의 서한) 사건이 발생하면서 명과 외교 관계가 불안해지자 신속한 병권 통일이 필요해졌다. 이 과정에서 만들어진 병서가 바로 『진법陣法』이다.

　단일한 지휘 체계 속에서 군령에 따라 신속 정확하게 움직이는 군대는 정도전이 꿈꾸던 조선을 지킬 첨병이었다. 『진법』은 정도전의 개인 문집인 『삼봉집三峰集』에 수록되어 있는데, 새롭게 개편한 군대를 빠르게 통일하기 위한 군사이론과 단순하면서도 공격적인 전술 전개가 핵심이다.

단순 명쾌하고 강고한 조선군의 시작

『진법』은 일정한 체계 없이 27가지 항목이 나열되어 있다. 「총술總述」·「정진正陣」·「결진십오지도結陣什伍之圖」·「오행출진가五行出陣歌」·「기휘가旗麾歌」·「각경가角警歌」·「기정총찬奇正總讚」·「금고기휘총찬金鼓旗麾總讚」·「논장수論將帥」·「무사졸오혜撫士卒五惠」·「용군팔수用軍八數」·「삼암三闇」·「삼명三明」·「오리五利」·「삼용三用」·「사법四法」·「요적제승사계料適制勝四計」·「사격四擊」·「삼료三料」·「삼석三釋」·「오란五亂」·「사리四理」·「십일필전十一必戰」·「육필피六必避」·「공수삼도攻守三道」·「사공四攻」·「오수五守」 등이다.

『진법』의 첫 장인 「총술」에 가장 먼저 등장하는 말은 "군사는 믿음으로써 다스리고, 승리는 변화무쌍한 기병奇兵으로써 거둔다"다. 지휘하는 장수가 군사들을 믿고 군사들이 서로를 믿을 때 안정적인 부대 운용이 가능하고, 성공적인 부대 운용은 용병술로 적의 허를 찌를 때 가능하다는 것이다. 믿음을 바탕으로 한 용병술이 전투 승리의 유일한 비결이다. 그다음 장인 「정진」은 좌작진퇴坐作進退, 즉 진법을 이루는 가장 기본적인 움직임인 나가고 물러서고 앉고 일어서는 것을 북·징·깃발 등으로 설명했다.

「결진십오지도」는 이 병서의 핵심으로 기본대형을 정리하고 확대 방법을 설명한다. 군사들이 진법을 이룰 때 최소 결진 단위를 5명으로 구성된 오伍로 정하고 배수로 확대해나가며 10명으로 구성된 십什을 기준으로 부대 편제를 구성했다. 1십은 소패小牌, 5십은 중패中牌, 10십은 총패總牌로 구분했다. 가장 기본적인 전투단위인 1오의 군사 간격은 자유롭게 무기를 사용하기 위해 3보인 약 3.6미터로 정했다. 1오가 결진하면 12보, 즉 약 15미터가 된다. 각각의 오와 오의 사이는 1오만큼(12보) 띄워 소패를 구성하고, 소패와 소패 사이 역시 1소패를 띄우고, 중패와 중패 사이 또한 1중패의 간격을 띄웠다.

총패의 구성 역시 동일하다. 1총패는 100명으로 구성되는데, 20명인 2소패로 5줄을 만들 경우 가로 약 84미터, 세로 약 48미터의 공간을 차지하게 된다. 만약 전투에 동원된 군사가 1,000명이라고 한다면, 1진마다 2총패를 두어 200명 단위로 부대를 구분한다. 이렇게 병력을 확대할 경우 10만 명에 가까운 군사도 지휘관의 명령에 따라 정확하게 진열을 정비할 수 있다. 따라서 수천 명이 동원되는 거대 전투는 단위 병력이 결진할 경우 수 킬로미터에 달하는 넓은 공간을 차지하게 된다. 이렇게 각각의 소부대 간격을 띄우는 결정적인 이유는 아군의 창칼이 서로 겹치지 않고 그 사이로 궁수들이 자유롭게 이동하기 위해서다. 해당 구역의 병력이 붕괴할 경우 빠르게 보충병을 이동시키기 위해서도 공간이 필요하다.

『진법』에서 가장 중요하게 부각한 것은 대형 진법 운영 시 독특한 전투 방식이다. 이는 「오행출진가」라는 항목에서 언급한다. 대장이 있는 중군을 중심으로 군사들을 전후좌우에 배치할 때, 중군과 전군은 움직이지 않은 채 단단하게 중심을 잡고, 후군이 가장 먼저 선제공격하고 이어 좌우 익군이 측면에서 협공해 적을 밀어내듯 공격하는 전술이다.

전통 시대의 전투는 창과 칼, 원사 무기인 활을 이용한 근접 공격이 중심이었다. 아군의 등을 든든하게 받쳐주지 못하면, 사기충천하며 적과 교전하기 어렵다. 따라서 가장 강력한 중군이 후미를 받쳐주며 군사를 독려한 것이다. 실제로 1410년(태종 10)에 함경도 경원 지역(현 새별군)에서 발생한 전투에서 「오행출진가」에 등장하는 전술이 전개되기도 했다.

그다음으로 등장하는 「기휘가」·「각경가」·「기정총찬」·「금고기휘총찬」 등은 다양한 군사 신호 체계를 이용한 훈련법을 담고 있다. 그중 「금고기휘총찬」은 전통 시대 전투 상황을 가장 잘 보여준다.

양군이 엉클어져 싸우면 먼지가 하늘을 뒤덮는다. 숨 한 번 쉬는 사이에도 수많은 변화가 생기는데, 전후좌우가 얽히고설켜 눈코 뜰 사이도 없다. 호령도 고함도 들리지 않는 상황에서 조금만 어긋나도 천지 차이가 생기기에 무엇으로 정돈할 수 있겠는가? 오직 징과 북 그리고 기와 휘를 사용해 전진할 때는 북을, 물러날 때에는 징을, 휘로써 지시하고 나팔로 경고해 군사들을 한데 모을 수 있다. 진형 하나만 잘 지키면 싸우지 않고도 이기고, 대비가 튼실하면 패해도 망하지 않는다.

전투의 승리는 철저한 전술에서 시작된다

전투가 발생하면 군사들은 극도의 혼란에 빠질 수밖에 없다. 눈앞에 창칼이 지나가고, 옆을 지키던 전우가 피범벅이 되어 쓰러지는 상황에서 제정신이면 그것이 오히려 이상한 일이다. 그러나 조직화된 군대는 혼란을 이겨내고 통제에 따라 적과 맞서 싸워야 한다. 그런 군대가 강고한 군대다.

『진법』은 강고한 군대를 만들기 위해 군사를 운용하는 보편적인 전술 전개 방침과 장수의 마음가짐 등이 이어진다. 「논장수」에서는 장수의 3가지 유형, 「무사졸오혜」에서는 군사들의 위무책 5가지, 「용군팔수」에서는 8가지 군사 준비 방법, 「삼암」은 3가지 금기 사항, 「삼명」은 장수가 반드시 알아야 할 3가지 관찰과 분석법, 「오리」는 지형지물을 이용한 5가지 용병술, 「삼용」은 보병·기병·전차의 운용법, 「사법」은 선인들의 4가지 전략·전술을 담아놓았다.

이어 「요적제승사계」는 적을 탐지하는 4가지 방법, 「사격」은 반드시 공격해야 하는 4가지 상황, 「삼료」는 3가지 신중한 전술 전개 요소, 「삼석」은 3가지 우선 공격 상황, 「오란」은 5가지 필패 요인 분석, 「사리」는 강병의 4가지 요건, 「십일필전」은 공격할 11가지 상황 분석, 「육필피」는 전투를 피해야 할 6가지 상황, 「공수삼도」는 3가지 기습과 매복 전술, 「사공」은 4가지 물·불·지형을 이용한 공격법, 「오수」는 5가지 수비 상황을 설명해놓았다.

그중 「오란」, 즉 5가지 필패 요인 분석은 어느 상황에도 잘 들어맞는다. 군령이 분명하게 시행되지 않고, 상벌이 공정하게 시행되지 않고, 북소리를 듣고도 공격하지 않고, 징 소리를 듣고도 물러서지 않고, 진중에서 요란하게 떠드는 행위는 어느 집단에서나 운영의 기본이 되는 필패 요소다. 정도전은 이 병서를 쓰면서 국가의 운영 또한 이처럼 단단하게 이루어지길 바랐을지도 모른다.

『진법』에는 정도전이 꿈꾸었던 새로운 국가에 걸맞은 군사력 확립 의도가 담겨 있다. 사병을 혁파해 공병으로 만들고, 지방군과 중앙군을 단일한 지휘 체계로 품어 단단한 조선군으로 만들기 위한 원칙을 담아놓은 것이다. 『진법』은 단순하면서도 실용적인 병서로, 조선군이 나아가야 할 방향을 제시한다.

그러나 정도전이 그토록 갈망하던 새로운 조선의 꿈은 개국한 지 7년이 되던 해 이방원이 일으킨 왕자의 난으로 사그라졌다. 그리고 정도전은 500년 가까이 역적으로 기록되었다. 다행히 1895년(고종 32) 흥선대원군이 임진왜란 때 불타버리고 폐허가 된 조선의 법궁法宮인 경복궁을 중건하면서 처음 설계한 정도전의 공로를 인정해 비로소 역적의 굴레를 벗어날 수 있었다. 정도전은 조선을 설계하고 튼실한 기둥을 세웠지만, 역사는 오래도록 그를 역적이라 불렀다. 하지만 백성들만 바라본 거침없는 개혁가이자 실천하는 지식인을 꿈꾸었던 정도전이 있었기에 500년 조선왕조가 순조롭게 시작될 수 있었다.

병서로 왕권 강화의 기틀을 마련하다
『진도지법』

태종, 강력한 왕 중심의 병서를 만들다

제1·2차 왕자의 난을 거치면서 태조는 왕좌에서 물러났다. 첫째 아들인 방우는 정치를 멀리해 조선이 개국한 지 2년이 안 되어 고향인 함흥에서 죽었고, 둘째 아들인 방과가 정종으로 왕위에 올랐지만 동생 방원의 세력에 밀려 제대로 된 정치도 펼치지 못하고 2년 남짓 재위하다가 왕위를 빼앗겼다. 그리고 태종의 세상이 열렸다.

왕자의 난

왕위 계승권을 두고 이성계의 아들들 사이에 벌어진 난. 1398년에 일어난 것을 제1차 왕자의 난 혹은 방원의 난이라고 한다. 1400년에 일어난 것을 제2차 왕자의 난이라고 한다.

새로운 나라를 위한 새로운 병서

태종은 왕위에 오르기 위해 친형제마저도 참살하며 권력을 장악했다. 그 과정에서 정도전이 그렇게 바랐던 사병 혁파를 이루어냈다. 태종은 즉위하자마자 공식적인 무인 선발 시험인 무과를 시행해 군사 조직에 사적인 연결 고리를 잘라냈다.

이 또한 정도전이 실행하고자 했던 개혁안 중 하나였다. 태종 대 무과 시험에서는 이론서인 병서 중 무경칠서武經七書와 마보무예馬步武藝라 해서 기병의 마상무예와 보병의 지상무예를 핵심 과목으로 삼았다. 1등은 병서 이론에 해박하고 무예 실기가 뛰어난 3명, 2등은 병서 일부를 익히고 무예가 뛰어난 5명, 3등은 무예 실기가 뛰어난 20명을 뽑아 정원은 28명이었다. 태종 대의 무과 정원은 이후 무과 식년시의 기본으로 조선시대 내내 유지되었다.

태종은 무과 시험장에서 시험 감독관으로 배치된 재상들과 소위 '좌주座主'나 '문생門生' 등 학연 등이나 혈연 등으로 입시 부정이 일어나는 것을 방지하기 위해 시관試官 자체를 없애버리기까지 했다. 대신 병조兵曹 · 의흥부義興府 · 훈련관訓鍊觀이 공동으로 무과 시험을 관리하게 하고 최종 합격자 발표 전에 임금이 직접 검열했다. 태종은 마상무예를 비롯한 여러 무예에 능통했기 때문에 무과 시험장에 직접 시관으로 참석하

식년시式年試

조선시대에 3년마다 치렀던 과거 시험이다. 12지 가운데 자子 · 묘卯 · 오午 · 유酉가 든 해를 식년式年이라고 하며, 이때에 정기적으로 과거 시험을 치렀다. 식년시는 문과 · 무과 · 잡과로 나뉜다.

서울 서초구 헌인릉에 있는 태종과 원경왕후 민씨의 쌍릉을 지키고 있는 무인석이다.

기까지 했다.

무과 시험에서 가장 중요한 것은 이론서인 병서였다. 단순히 전투 기술이 뛰어난 사람을 뽑는 것이 아니라 장수 혹은 관료로 성장할 무관을 선발해야 했기 때문이다. 이러한 현상은 이후 무과 이론 시험에 사서삼경 등 유교 경전이 추가되면서 유학적 기풍을 지닌 유장儒將을 강화하는 배경이 되었다. 전술 전략과 전투 기술뿐만 아니라 충과 효를 기반으로 하는 유교식 관료 조직이 조선 무관직의 또 다른 모습이었다.

태종은 즉위 초반부터 군사훈련에 유난히 집중했다. 특히 장수들에게 병서와 진법을 안정적으로 보급하기 위해 고위직인 병서습독제조兵書習讀提調와 중간 지휘관인 진도훈도관陣圖訓導官 직을 만들어 군령 통일화 작업을 진행했다. 중앙 군부에는 중신과 공신으로 병서강토총제兵書講討摠制를 신설해 병서 보급에 더욱 신경을 썼다. 왕실 직속의 금군禁軍이었던 의흥부는 매일 병서를 강습하도록 했고, 합격 여부를 가려 승진에 참고했다.

이러한 태종의 모습은 다음 왕이 된 세종에게도 큰 영향을 끼쳐 편전에 병서습독관兵書習讀官을 불러 병서를 풀이할 정도였다. 그 과정에서 국방을 관장하는 병조를 중심으로 새로운 병법서가 만들어졌다. 그 병서가 바로 『진도지법陣圖之法』 혹은 『진도법陣圖法』이다.

세종의 앞길을 무력으로 열다

엄밀히 말하면 『진도지법』은 세종 3년, 즉 1421년에 간행되었다. 그러니 세종의 업적으로 오해할 가능성도 있다. 그러나 당시 태종은 상왕으로 물러난 상태였지만, 왕의 핵심 업무 중 외교와 국방은 죽을 때까지 물려주지 않았다.

세종은 1418년에 즉위했지만, 상왕으로 물러난 태종은 1422년(세종 4)까지 정치권력의 핵심으로 남아 있었다. 태종은 강력한 재상 국가를 꿈꾸던 정도전을 죽이고 피붙이인 형제까지 몰아내며 강한 왕권을 행사하고자 했기에 자신의 목숨이 붙어 있는 한 왕권을 강화하고자 했던 것이다. 심지어 태종은 왕위에 오르자마자 태조 대 구축한 재상 정치의 기본 틀을 부숴버리고 의정부 대신 왕이 직접 국정을 운영하는 직계제直啓制를 실시했다.

외척에 대해서도 다르지 않았다. 태종은 칼날에 형제들의 피를 묻혀 왕위에 올랐다. 이제 숙부는 한 명도 없으니 걱정할 것이 없고, 남은 것

군사 업무를 담당하던 병조에서 공식적으로 발간한
조선 최초의 병서가 『진도지법』이다. 『세종실록』 세종
3년 7월 기사에 실렸으며, 조선군 전투 훈련의 기본
을 담았다.

은 세종의 외척인 장인 심온沈溫이었다. 심온의 장녀는 충녕대군(훗날 세
종)과 가례를 올려 세종의 즉위 후 소헌왕후昭憲王后로 봉해졌다.

심온의 아우 심종沈淙은 태조의 딸인 경선공주와 혼인해 청원군靑原君
에 봉해졌기에 청송 심씨가 강력한 외척으로 왕의 권위에 도전할 가능
성이 높았다. 심온은 11세에 소과小科인 감시監試에 급제할 정도로 영민
했으며, 조선 개국에 적극 참여한 개국공신과도 같은 인물이었다. 태조
대에 병조와 공조의 정4품 관직인 의랑을 지냈고, 이후에는 고려시대에
상장군이라 불렸던 오위의 정3품 관직인 상호군을 거쳐 이조판서까지
오른 문무겸전 인재였다.

세종의 즉위와 함께 심온은 청천부원군靑川府院君에 봉해졌고, 왕의 장
인이자 영의정이 되어 새로운 왕의 탄생을 명나라에 알리는 사은사謝恩
使 직무를 수행했다. 그러나 이것이 치명적인 부작용을 낳았다. 사은사

행렬은 명나라로 머나먼 여정을 다녀와야 했기에 사람들이 나와 여행의 안전과 좋은 소식을 전해달라는 축원을 보냈다. 태종에게는 이것이 왕보다 인기 있는 권력자의 모습으로 비추어졌다.

거기에 심온이 "왕이 2명(태종과 세종)이라 명령도 두 곳에서 나오니 한 곳에서 나오는 것만 못하다"라고 주변인들과 대화를 나누었다는 무고가 들어왔다. 결과는 참혹했다. 심온은 사은사 임무를 수행하고 조선의 국경을 넘자마자 체포되어 수원으로 압송된 후 사약을 받았다. 당시 그의 나이 44세였다. 지키고자 하는 권력(태종)의 무서움과 왕(세종)이지만 지켜주지 못한 안타까움을 한꺼번에 느끼게 하는 안타까운 사건이다. 다행히 문종 대에 무고가 밝혀져 관작이 복구되고 시호가 내려졌다.

이러한 세종 집권 초반의 정치 양상은 자연스럽게 신하를 억압하는 구조로 안착되었다. 상왕의 눈치를 보기 때문에 누구도 직언하지 못했다. 외교와 군사에 관한 사항은 더욱 입 밖에 낼 수 없었다. 이런 이유로 세종은 신하의 의견을 먼저 묻고 들으며 슬기롭게 국정을 운영할 수밖에 없었다. 조금이라도 흠집이 있으면 바로 태종의 칼날이 신하들의 목을 겨누었기 때문이다.

이렇게 절대 권력을 꿈꾸던 태종이 만든 병서가 『진도지법』이다. 『진도지법』은 단독 병서로 남아 있지 않고 『세종실록』에 실려 있는데, 정도전이 지은 『진법』보다 부대 편제나 전술 전개 방식이 구체적이다. 조직된 군사들을 훈련하기 위한 전투 훈련 내용을 핵심으로 삼았다.

행진과 진형 구축이 최우선

『진도지법』은 분량이 그리 많지 않다. 짧은 서론에 이어 군대가 단체로 이동하는 「행진行陣」, 전투 배치 형태인 「결진結陣」, 적과 싸우는 형태인 「응적應敵」, 훈련 형태인 「교장敎場」 등 4가지 내용이 이어진다.

첫 번째 「행진」에서는 대규모 군대의 이동 신호와 움직임 형태를 설명한다. 어느 시대, 어느 나라든 군대에 사람이 들어오면 가장 먼저 훈련하는 것은 행진법이다. 현대 군에서도 행진은 제식훈련의 핵심이다. 민간인은 군사훈련소에 입소하면서 '개인의 몸'에서 '국가의 몸'이 된다. 자유의지에 따라 살던 사람이 규율로 통제된 군사 조직의 일부가 되는 것이다. 이때 의식구조를 가장 확실하게 변화시키는 것이 바로 제식훈련이다.

행진은 같은 복장을 하고 같은 명령에 따라 똑같은 규격과 속도로 걸으며 이루어진다. 군사들은 자신의 이름이 아니라 소속 부대와 개인 번호와 계급으로 상하 위계를 확인하고 소속감을 느낀다. 자기 입으로 외치고 다시 자기 귀로 이를 확인하는 과정을 반복하며 소위 말하는 '참군인'으로 거듭나는 것이다.

「행진」은 뿔로 만든 나팔인 각角으로 사전 신호를 하고, 북을 치면 움직이고, 징이나 꽹과리를 두들기면 멈추는 것을 기본으로 삼았다. 이때 단순히 악기만 이용하는 것이 아니라, 오방을 상징하는 깃발도 함께 사용했다. 행진의 속도는 타악기 소리의 간격에 따라 달라졌다.

두 번째 「결진」에서는 행진한 군사들을 전투대형으로 정비하는 법을 설명했다. 먼저 각을 불어 신호를 내리면 기병이 말을 달려 진형을 펼칠 공간을 확보한다. 이후 5개 부대로 나눈 오위五衛가 방위를 상징하는 깃발과 북소리에 따라 이동하는데, 중위는 둥근 형태인 원진圓陣, 좌위는 직사각형 형태인 직진直陣, 전위는 전면이 뾰족한 예진銳陣, 우위는 정사각형의 방진方陣, 후위는 전면이 굽은 곡진曲陣을 펼친다.

이런 대형을 이루는 것은, 원거리를 이동한 부대가 행진을 멈추고 진형을 구축하는 순간이 공격 시점으로 안성맞춤이기 때문이다. 원거리를 행진했기에 병사들의 체력은 떨어지고, 숨을 공간도 변변치 않다. 이 순간을 잘 막아내지 못하면 이후 전투의 향방은 불 보듯 뻔하다. 따라서 첫 진형은 각 부대의 특성에 맞는 공격과 방어 전술로 이어진다.

진형이 구축되면 바로 금속으로 만든 악기를 두드려 진의 외곽을 보호하던 기병을 진 안으로 부르고, 깃발과 북소리에 따라 모든 부대가 가장 안정적인 진형인 정사각형의 방진을 구축해 수비 능력을 극대화한다. 방어가 두터워야 공격이 날카롭기 때문이다. 방진은 동서양을 막론하고 가장 안정적인 진형으로 활용되었다.

이후 깃발의 조합에 따라 진형이 구축된다. 진형의 가장 외곽에는 보병이 선다. 방패를 든 군사가 가장 바깥에 서고, 그다음은 창과 장검을 든 군사가 선다. 다음은 화약 무기인 화통火㷁과 원사 무기인 궁노를 든 군사가 겹겹이 진형을 구축한다. 그 안에는 기병이 서는데, 근거리용 마상무예인 기창騎槍대가 서고, 마지막으로 원거리용 기사騎射대가 배치된다. 이때 지휘관이 군사들의 배치를 확인할 수 있도록 부대마다 독특한 부대 마크인 표장標章을 달았다.

각 위마다 오색五色의 부대 표식이 있다. 중위의 중앙을 상징하는 황색 표장黃章은 원형으로 지름이 5촌인데, 옷깃 앞에 부착한다. 전위의 적색 표장赤章은 삼각형으로 길이가 7촌인데, 배에 부착한다. 좌위의 청색 표장靑章은 길이가 8촌, 넓이가 3촌인 직사각형으로 왼쪽 어깨에 부착한다. 우위의 백색 표장白章은 사방이 4촌인 사각형인데, 오른쪽 어깨에 부착한다. 후위의 흑색 표장黑章은 곡면曲面이 6촌인 반원 형태로 등에 부착한다. 각각 위호位號와 각 소所, 대隊의 칭호를 쓰고, 아울러 동물 모양의 인수認獸를 그려 붙인다.

이처럼 소속 부대에 따라 원형·삼각형·직사각형·정사각형·반원형 등의 도형에 동물의 형상을 새겨 군사들의 이동과 배치를 쉽게 확인할 수 있게 했다. 표장을 새긴 군복을 잃어버렸을 때는 장수에게 보고해 즉각 목을 베었기에 군사들은 표장을 늘 확인했다. 이는 간첩이 아군의 군복으로 갈아입고 침투하는 것을 방지하고자 함이었다.

『진도지법』에서는 군사들의 배치 간격을 『진법』과 달리 좁게 유지했다. 예를 들면, 일반 보병은 『진법』에서는 3보(약3.6미터)를 기준으로 배치했지만, 『진도지법』에서는 그 절반인 6척(약 1.8미터)을 기준으로 배치했다. 다만 기병은 보병의 2배인 12척(약 3.6미터)으로 배치해 신속

궁노弓弩

활과 쇠뇌를 함께 이르는 말. 쇠뇌는 요즘의 석궁처럼 금속으로 된 기계식 발사 장치가 달린 활로, 노弩라고도 한다. 활보다 조준이 쉽고 사용이 간편하다.

새로운 나라를 위한 새로운 병서

태종 대부터 개인 화약 병기가 전술에 운용되었다. 『진도지법』에서는 화약병이 궁수보다 먼저 공격하도록 했다. 이 사진은 세총통細銃筒으로, 화약을 이용해 아주 짧은 화살을 발사한다. 육군박물관 소장.

하고 빠른 이동을 강조했다. 『진법』에서는 인원에 따라 명칭을 소패(10명), 중패(50명), 총패(100명)로 구분했지만, 『진도지법』에서는 소대小隊(10명), 중대仲隊(25명), 대대大隊(50명)로 세밀하게 구분했다.

전투부터 처벌 조항까지

세 번째는 「응적」인데, 결진한 후 전투에 돌입하는 내용을 담고 있다. 결진 시 깃발과 북 등으로 신호하는 것과 마찬가지로 반드시 군사용 악기를 이용해 적과 교전한다. 먼저 예비군 성격인 유군遊軍이 적을 탐지하고 교전한다. 전장에서 보병은 10보까지 전진하고, 기병은 50보까지 전진해 전투에 임한다. 적이 패퇴하면 기병이 추격 작전을 전개하고, 최후에는 유군 · 마병馬兵 · 보병步兵이 한 대隊가 되어 전술을 전개했다. 장수는 산골짜기 · 수풀 · 물 · 불 등 지형지물과 전장의 환경을 고려해 전술을 택했다.

네 번째는 「교장」으로, 조련장에서 군사를 훈련하는 법을 수록했다. 역시 깃발과 북을 비롯한 군사 신호용 악기를 중심으로 훈련했는데, 눈에 띄는 것은 보병이 앉을 경우 기병은 말에서 내리는 하마下馬, 일어설 경우에는 말에 올라타는 상마上馬를 명시한 것이다. 이를 통해 하마한 기병은 보병 궁수와 마찬가지로 보사步射를 수행한 후 말을 타고 달리는 기사를 진행했음을 유추할 수 있다. 「교장」의 마지막에는 군령의 지엄함과 "소대小隊에서 4인을 잃으면 구원하지 않은 6인을 처벌한다" 등 처벌 조항을 적시했다.

강력한 왕권을 꿈꾸었던 태종이 마련한 『진도지법』은 이후 조선군 전술훈련의 근간이 되었고, 왕권은 군권을 바탕으로 안정되어갔다. 『진도지법』은 이후 북방 정벌에 활약한 장수 출신 하경복河敬復 등이 만든 『계축진설癸丑陣說』의 바탕이 되기도 했다. 『계축진설』은 「행진」 · 「결진」 · 「군령」 · 「응적」 등으로 구성되어 있으며, 여진족 기병의 전략을 분석하고 대응할 수 있는 대對북방 전술이 강화되었다.

전쟁의 역사를 엮다

『역대병요』

세종, 조선의 기틀을 다지다

우리는 세종을 한글을 창제하고 측우기나 혼천의 등을 개발해 과학을 발전시킨 성군으로 기억한다. 세종은 이뿐만 아니라 음악·의학·외교·국방·문화 등 국정 전반에 걸쳐 골고루 문화를 융성시켰다. 그래서 만 원권 지폐에 세종의 얼굴이 그려져 있고, 남극에 건설한 연구소 이름을 '세종기지'라고 명명한 것이다. 그러나 세종은 외로운 군주였다. 모든 일의 첫걸음은 외롭다. 사람이 외로우면 말수가 적어진다. 태조·정종·태종은 모두 성인이 된 후 왕으로 추대되었으나, 세종부터는 왕족으로 태어나 군주 수업을 받았다.

세종은 1418년에 즉위했다. 조선이라는 왕조가 개창한 지 채 30년도

서울 광화문 앞의 세종대왕 동상. 아래에는 『훈민정음』 어제御製 서문이 적혀 있다.

안 된 시기라, 전대를 기준으로 삼기에는 부족한 때였다. 아버지인 태종은 형제와 장인까지 죽이며 왕조의 기틀을 확립하고자 했다. 태조 이성계부터 태종 이방원까지 조선 초기는 말 그대로 핏빛 혼란의 시기였다. 세종은 피로 얼룩진 토대 위에 성을 쌓아 지키는 소위 '수성守成의 정치'를 하고자 했다. 수성의 정치를 실현하기 위해 말수는 줄이고, 신하들의 이야기를 먼저 들으며 국정을 운영하고자 했다. 세종까지 피로 얼룩진 정치를 했다면 조선은 권력 투쟁의 장이 되어, 껍데기만 남고 백성은 소외되었을 것이다.

왕조의 역사가 짧아 참고할 전거가 없다면 옛 자료를 모아 정리하거나, 실질적인 자료를 통합해야 한다. 세종은 대대손손 본받고 따라야 할 조선 왕의 모범 답안을 스스로 작성해야 했다. 그 모범 답안 작성에 가장 큰 도움을 준 집단이 집현전이다. 세종 즉위 초반에는 신하 대부분이 상왕인 태종의 눈치를 보며 입 열기를 주저했기에 집현전 학사들과의 소통은 경직된 조정에 활력을 불어넣었다. 왕의 지원을 등에 업은 집현전 학사들은 열띤 논의를 벌이고 결과를 세종에게 보고했다. 그렇게 조용히 듣고, 말없이 밀어주는 정치가 세종 대에 가능했던 것이다.

세종은 대대로 기준이 될 책들을 편찬했다. 먼저, 백성의 삶을 풍요롭게 해줄 농사법을 담은 책이 필요했다. 고려시대부터 중국의 농서를 유입해 활용했지만, 기후와 토양 등이 다르기 때문에 조선의 농업에는 잘 맞지 않았다. 새로운 기준 제시와 보급이 시급했다. 정초鄭招와 변효문卞孝文 등 집현전 학사들이 직접 전국 농부들의 경험담을 모아 각 지역에 맞는 농사법을 담은 농서를 편찬했다. 이것이 1429년(세종 11)에 편찬된 『농사직설農事直說』이다. 이후 조선 판 천문 역서인 『칠정산외편七政算外篇』을 편찬해 천문 현상을 관측하고 날짜를 정확하게 계산해 농사에도 도움이 되도록 했다.

집현전集賢殿
고려 때부터 있었던 기관이었으나 세종이 연구 기관으로 확대·개편했다. 학자 양성과 학문 연구가 주요 업무였으며 경연經筵과 서연書筵을 담당했다.

다음으로는 의학서가 필요했다. 세종 즉위 초반부터 가뭄과 전염병으로 온 백성이 시름시름 앓고 있었다고 해도 과언이 아닐 정도였다. 당시 의학서 역시 중국에서 건너와 비싸고 귀한 약재를 이용한 방법이 대부분이었다. 그래서 집현전 직제학 유효통俞孝通을 중심으로 조선 땅에서 나고 쉽게 구할 수 있는 약재를 사용해 병자를 구완할 방법을 담은 의학서 『향약집성방鄕藥集成方』을 1433년(세종 15)에 편찬했다.

이렇게 농업서와 의학서를 만들어 보급한 뒤 1434년(세종 16)에 『삼강행실도三綱行實圖』를 편찬했다. 이 또한 집현전 직제학 설순偰循이 중심이 되어 만들었다. 『삼강행실도』는 서문에서 "중국에서 우리나라에 이르기까지 고금의 서적에 기록되어 있는 것으로 참고하지 않은 것이 없다"고 밝히고 있어 세종 대 통합서의 연장선에서 이해할 수 있다.

그리고 정치의 기준을 세우기 위해 집현전 학사들을 시켜 우리나라와 중국의 정치 관련 사료를 분석해 모범이 될 것을 모으도록 했다. 그렇게 만든 책이 1445년(세종 27)에 정인지鄭麟趾를 중심으로 편찬한 『치평요람治平要覽』이다. 150권 150책에 달하는 엄청난 분량으로, 고대부터 당대까지 중국 역대 왕조의 흥망성쇠를 정치 사안에 따라 분석하고, 기자조선부터 고려까지 우리나라 역사는 3~4권 분량으로 정리해서 담았다.

조선 병법의 기준을 세우다

『계축진설』은 『진도지법』에 기병으로만 구성된 여진족의 전투 형태를 분석한 내용을 추가한 병서다. 『계축진설』 편찬을 주도한 하경복은 1402년(태종 2)에 무과에 급제하고 이후 최북방인 함경도 지역에서 근무하며 핵심 방어 지역인 경성진 병마절제사를 역임할 정도로 여진족과 자주 창칼을 섞은 맹장이다.

『계축진설』은 『진도지법』을 보완한 책이기 때문에 『진도지법』과 체제가 비슷하다. 「행진」·「결진」·「군령」·「응적」 등 4가지로 단순하게 구성되어 있다. 구체적으로는 기동력을 높이기 위해 50명 단위의 소규모 부대를 운용하고, 여진족의 장기인 빠른 기습과 매복에 대비하기 위해 야간에도 청자聽子라는 기병과 보병 척후 부대를 운용했다. 또한 여진족에는 없었던 휴대용 중소 화포를 대폭 개량해 전투에 활용했다. 가장 돋보이는 부분은 군사들의 행군 대오에 관한 부분으로, 실제 여진족과의 전투 경험에서 얻은 내용을 잘 담아냈다.

군사들이 험한 지역이나 좁은 길을 통과해야 할 경우에는 50명 단위로 부대를 편성해 생선 두름처럼 한 줄로 지나간다. 먼저 보병인 방패수 1명, 창수槍手나 장검수長劍手 중 1명, 화통수火㷁手나 궁수 중 1명이 차례로 서 30명을 배치하고, 그 뒤로 기병인 기창騎槍과 기사騎射 20명이 뒤따른다.

병마절제사兵馬節制使
조선 초기 양계(동계와 서계를 합쳐서 이르는 말로 동계는 함경도와 강원도, 서계는 평안도 지역을 말한다)에 편성된 군익도軍翼道의 군사 책임자를 말한다.

길의 폭에 따라 1열에서 5열까지 변형 가능하도록 설명했다. 지형이 험난한 곳은 적의 매복이 빈번하게 발생하는 곳으로, 행군 시 지휘관이 늘 유념해야 할 사항이었다. 적의 매복 공격에 노출되었을 경우 대부대를 운용하면 지휘 체계의 혼란으로 사상자를 많이 낼 수 있기에 병종을 적절히 조합한 소부대로 응전 태세를 유지하는 것이 핵심이다. 『계축진설』은 조선화化된 전투 기술을 잘 담아냈다.

고대부터 당대까지 통합 전쟁 역사서

조선 개국 후 세종까지 30여 년은 극도의 혼란기였다. 그 혼란에 종지부를 찍으려면 군사력을 동원한 무력 장악이 필요했다. 따라서 세종은 군대의 역사를 통합하고 기준을 세우는 작업을 진행했다. 『역대병요歷代兵要』는 조선 건국에 직간접적으로 영향을 준 전쟁사를 통합해 정리한 역대 전쟁사 모음 책이다. 중국의 상고시대부터 고려 말까지 중요한 전쟁을 모아 정리해놓은 책이다.

1444년(세종 26) 집현전 학사들을 중심으로 정리하기 시작해 세종이 승하하고 1년 뒤인 1451년에 나왔다. 세종이 승하한 후 지중추원사 이선李渲 등을 베이징에 보내 왕의 부고를 전하고 시호를 청할 때 의정부에서 왕의 행실에 관해 쓴 글에 『역대병요』가 등장한다.

평안할 때에 위태로운 것을 잊을 수 없다 하여 장수와 군졸을 뽑아 쓰는 제도를 엄하게 세우고, 고금에 전쟁터에서 군졸을 사용하던 사적을 모아서 무경武經에 비교하여 이름하기를 『역대병요』라 하였다.

『역대병요』가 편찬된 것은 1451년(문종 1)이지만, 서문은 훗날 세조로 등극한 수양대군이 작성했다. 세종의 눈에도 수양대군의 군사적 능력이 출중했기에 그와 정인지 · 유효통 · 이석형李石亨 등 집현전 학사들이 함께 편찬한 것이다. 수양대군이 쓴 『역대병요』 서문에는 그의 편찬 의도가 정확히 담겨 있다.

　이 책에는 수천 년 이래 사적의 득실과 성패, 강약의 형세, 전쟁에서 대적할 때의 용기와 비겁, 교묘함과 졸렬함, 충성스러움과 간사함 등 모든 행적이 일목요연하게 드러나 있다.

　당대의 성공과 실패를 망라해 교훈이 되거나 경계할 만한 사례를 수집했음을 알 수 있다. 전쟁이라는 상황에 군주와 신하들이 어떤 선택을 하고, 어떻게 행동했는지 살펴 이후 전쟁이 벌어질 경우 모범으로 삼고자 한 것이다. 편찬 당시 발췌 기준은 다음과 같다. 첫째 충절을 바쳐 순국한 신하와 변방을 지킨 방책, 둘째 전쟁 후 포상을 차지하려는 자와 간교함으로 군주의 자리를 넘본 자를 징계한 사례, 셋째 공훈을 윗사람에게 돌린 사례, 넷째 악행을 징계하고 선행을 권장하며 부정을 없애고 정의를 바로 세운 사례다.

　『역대병요』는 전체 13권으로 모두 263개의 전쟁 · 전투 사례가 실려 있다. 이 중 우리나라의 전쟁 사례는 총 23건으로 전체의 8.8퍼센트다.

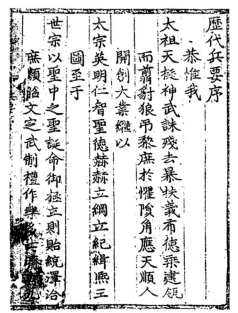

歷代兵要序

恭惟我

太祖天挺神武誅殘去暴狹義布德乘建

而翦豺狼弔黎庶於惶隉角應天順人

開創大業繼以

太宗英明仁智聖德赫赫立綱立紀緯熙王

圖至于

世宗以聖中之聖誕命御極立則貽統澤洽

庶類飴文之武制禮作樂

나머지는 중국의 전쟁사로, 상고시대 황제와 치우의 전설적인 싸움부터 명나라 건국까지 240건의 전쟁·전투 사례가 실려 있다.

우리나라의 전쟁사는 모용외慕容廆가 이끄는 연燕과 고구려의 전쟁(권5), 고구려와 수나라의 전쟁 2건(권7), 고구려와 당나라의 전쟁 2건과 백제와 당나라의 전쟁 2건(권8), 고려와 거란의 전쟁 3건(권11), 고려와 몽골의 전쟁(권12), 고려와 원나라의 전쟁 5건과 홍건적 토벌, 왜구 토벌 5건, 여진 토벌 등(권13)으로 국내 전쟁은 간략하게 서술했다.

중국 중심의 한계를 넘어서다

『역대병요』는 우리나라가 아니라 중국의 전쟁을 중심으로 다루었기에 단순한 전쟁사 고전 역할을 수행하는 데 한계가 있었다. 이러한 한계를 극복하기 위해 『역대병요』 최종 작업이 진행될 문종 대 초반에 우리나라 전쟁사 모음인 『동국병감東國兵鑑』 편찬 계획이 잡혔다. 당시 이 병서의 편찬과 관련해 의정부에서 올린 글을 보면, 우리나라 중심의 새로운 전쟁 역사서 편찬을 기획했음을 알 수 있다.

지금 중국에서 변고가 있으니, 우리나라에서 변방을 방비하는 일을 염려하지 않을 수 없습니다. 중국 역대의 일은 사책史冊에 상고하면 알 수 있는데, 우리나라의 일은 마땅히 가장 먼저 알아야만 할 것인데도 전연 알지 못하고 있으니, 매우 옳지 못합니다. 원컨대 삼국시대부터 고려에 이르기까지 외적이 와서 침범한 일과 우리나라에서 준비하고 방어한 계책의 수미首尾와 득실을 자세히 참고하고 주워 모아서 전하의 관람에 대비하겠습니다.

『동국병감』은 우리나라의 전쟁 역사를 모은 책으로 중국과의 투쟁이 잘 담겨 있다. 전체 2권 2책으로, 37개의 전쟁 사례를 수록했다. 상권에는 「한 무제가 고조선을 평정해 4군을 만들다」부터 「거란이 고려를 침략하다」까지 전쟁 20건이 수록되어 있다. 하권에는 「고려가 여진을 공격하다」부터 우왕의 명령을 받은 이성계가 압록강을 건너 침략해온 여

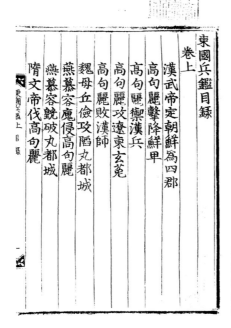

東國兵鑑目錄
卷上
漢武帝定朝鮮爲四郡
高句麗擊降鮮甲
高句麗禦漢兵
高句麗攻遼東玄菟
高句麗敗漢師
魏母丘儉攻陷丸都城
燕慕容庼侵高句麗
燕慕容皝破丸都城
隋文帝伐高句麗

문종의 명으로 편찬한 우리나라 역대 전쟁사 모음인 『동국병감』의 목록이다. 의정부에서 적극적으로 건의해 만든 책으로 적의 내침과 이에 대한 방비책과 이해득실을 정확하게 기록했다.

진족을 토벌한 「고려가 호발도를 몰아내다」까지 17건의 전쟁과 전투 기록을 담아놓았다.

『동국병감』은 전쟁의 배경과 전개 상황을 한눈에 읽을 수 있도록 기사본말체로 서술했다. 절반이 넘는 20건은 고려 때 일어난 전쟁과 전투인데, 치열한 접전에서 발생한 피해까지 수록해 경각심을 고취했다. 다만 고려 말 극심했던 왜구의 침입에 관한 기록은 빠져 있다. 북방에서

기사본말체記事本末體
역사 서술법 중 하나다. 연대나 인물이 아니라 사건을 중심으로 한 사건을 처음부터 끝까지 시간순으로 일관되게 서술한다.

일어난 전쟁과 전투를 중심으로 기록했기 때문이다.

『동국병감』은 장수들의 필독서였다. 특히 중종 대에는 병조에서 "우리나라의 형세와 병가兵家의 승패가 기록되지 않은 것이 없어 무사가 마땅히 배워야 하는 책이다"라며 왜구 토벌과 삼포왜란 등도 추가해서 증보판을 만들자고 건의하기도 했다.

심지어 중국 사신들도 『동국병감』을 읽어보기 원했다. 특히 임진왜란 때 조선에 파병된 명나라 장수들은 조정에 공식적으로 요청하기도 했으나, 한·수·당나라와의 전투를 서술했기 때문에 관점 차이로 오해가 생길 수 있어 조정에서는 공식적으로 공개하는 것을 꺼렸다.

『동국병감』에는 전쟁이라는 국난을 슬기롭게 극복한 내용이 담겨 있다. 전쟁의 역사를 통해 지금 무엇을 해야 하는지 돌아볼 수 있기에 한일병탄 이듬해인 1911년 조선광문회에서 상하권을 합본해 한글판으로 간행하기도 했다.

조선광문회朝鮮光文會
1910년에 최남선崔南善 등이 설립한 한국 고전 연구 기관이다. 민족 전통을 계승하기 위해 고전을 간행하고 보급했다.

조선군의 표준 전술이 완성되다
『오위진법』

문종, 짧은 생이 안타까운 군주

문종은 '조선을 조선답게' 완성하고자 했던 군주로, 세종의 뒤를 이어
왕위에 올랐다. 왕위에 오르던 날 기록을 보면 문종은 옷소매가 다 젖을
정도로 슬피 울면서 몸을 가누지 못했다고 한다. 새로운 왕의 즉위는 기
쁜 일이지만, 이는 곧 전왕의 죽음을 뜻하기 때문에 조선의 즉위식은 슬
픔 속에서 진행되었다. 문종은 즉위 예식을 마치자마자 바로 상복으로
갈아입었다. 그렇게 문종의 시대가 열렸다.

문종은 세종의 자질을 물려받아 성리학을 깊이 공부했다. 거기에 천문
학과 음악은 물론이고 초서와 예서도 잘 썼다. 그러나 건강이 좋지 않았
다. 수많은 질병으로 즉위하고 오래 지나지 않아 병석에 눕기를 반복했

다. 왕위를 이를 세자는 아직 어린아이였다. 이 무렵 『연려실기술燃藜室記述』을 보면 문종이 집현전 학사들과 토론하던 중 어린 세자를 불러와 무릎에 앉히고 "이 아이를 경들에게 부탁한다"고 했다는 내용이 실려 있다. 그때 그 자리에 있었던 신하는 성삼문·박팽년·신숙주 등이었다.

문종이 세자를 걱정한 결정적인 이유는 수양대군과 안평대군을 비롯한 종친의 힘이 과대해졌기 때문이다. 특히 수양대군은 문종보다 군사·행정 능력이 뛰어났기에 더욱 겁이 났다. 문종은 왕위에 오른 지 2년 만에 병으로 쓰러졌고, 12세의 어린 세자가 왕위에 올랐다. 그가 단종이다. 문종은 죽기 직전 북방의 맹장 김종서金宗瑞를 우의정에 앉히고 영의정 황보인皇甫仁, 좌의정 남지南智에게 어린 임금을 잘 보필하라는 특명을 내렸다.

안평대군과 수양대군의 치열한 경쟁 속에서 무인 기질이 특출했던 수양대군은 거사를 진행했다. 단종의 후견인 역할을 하던 삼정승과 안평대군이 역모를 꾸민다는 거짓 소문을 퍼뜨리고 진압을 명목으로 그들을 모두 제거했다. 이것이 계유정난癸酉靖難이다. 난에 성공한 수양대군은 스스로 영의정에 올랐고 뜻을 함께한 정인지·한확韓確에게 정승 자리를 나누어주었다. 마침내 1455년 6월 10일, 단종은 억지로 상왕에 봉해졌고, 수양대군은 왕위에 올라 세조가 되었다.

이 과정을 지켜본 집현전 학사들은 분노했다. 세종이 일으키고 문종이 이어가려 했던 조선의 기반을 송두리째 짓밟아버린 세조가 더는 군주로 보이지 않았다. 훗날 사육신死六臣으로 불린 성삼문·하위지·유응부·박팽년·이개·유성원 등 집현전 학사 출신 신하 6명은 비밀리에 세조를 죽이고 단종의 복위를 전개하다 발각되어 거열형에 처해졌다. 마지막에는 머리만 잘라 문에 메달아 놓은 효수梟首까지 하고, 가족 중 남자는 참수하고 여자는 관비로 넘겼다.

단종은 졸지에 '역적의 수괴'라는 명목으로 폐위되어 노산군魯山君으로 강등당해 강원도 영월로 귀향을 갔다. 그 후 금성대군의 2차 복위 미수 사건에 휘말려 서인으로 강등된 것도 모자라 사약을 받아 생을 마감했다. 그래서 당시 단종 대를 기록한 실록마저도 『노산군일기』로 강등되었다가 숙종 대에 비로소 회복되어 『단종실록』이 되었다.

집현전을 부수고 불심으로 위안을 삼다

단종 복위 운동이 쉼 없이 일어나자 세조는 집현전의 기능을 완전히 마비시켰다. 집현전의 핵심 관원인 부제학 이하 녹관祿官을 혁파하고, 직제학 2명은 다른 관직에 있는 사람이 겸임하도록 했다. 집현전의 기능이 마비되자 당연히 경연經筵도 정지되었다. 세조는 집현전이라는 명칭도 사용하지 못하도록 못 박아버렸다. 심지어 성균관成均館까지도 "썩어빠

거열형
처형자의 사지를 소나 말, 수레 등으로 찢어 죽이는 잔인한 형벌이다. 거열형은 최악의 죄인에게 시행했다.

실록과 일기
폐위된 왕의 기록은 실록이 아니라 일기로 남는다. 『노산군일기』는 단종의 복위로 실록의 위치를 되찾았으나 연산군과 광해군의 기록은 일기로 남아 있다.

진 유생의 숲 더미니 하루를 거기에 있으면 하루 동안 썩고, 열흘을 거기에 있으면 열흘 동안 썩게 된다"고 혹평하며 유학자에 대해 극심한 반감을 드러냈다.

어린 조카를 죽이고 억지로 왕위에 올랐으니, 세조는 유학자의 시선으로 보면 충과 효를 헌신짝처럼 내던진 '천하의 죽일 놈'이었다. 그래서 세조는 불교를 신봉하며 현실을 도피하고자 했다. 이런 이유로 유교 국가를 표방하던 조선에서 세조 대에는 유독 불교 관련 서적이 엄청나게 간행되었다. 불경을 번역하고 간행하는 간경도감刊經都監을 만들어『묘법연화경妙法蓮華經』을 비롯해 백성들이 쉽게 읽을 수 있도록 한글로 된 언해 불경도 간행했다. 대표적인 것이『능엄경언해楞嚴經諺解』·『금강경언해金剛經諺解』·『선종영가집언해禪宗永嘉集諺解』·『원각경언해圓覺經諺解』 등이다.

새로운 국가인 조선이 세워진 지 30여 년이 지났지만, 백성의 종교가 쉽게 바뀌는 것은 아니기에 세조의 불교 융성책은 많은 호응을 얻기도 했다. 특히 세조가 종기를 치료하기 위해 온천 여행을 갈 때마다 인근 사찰에 들러 불공을 올리고 다양한 불사佛事에 왕실이 공식적으로 참여하면서 불교 확산이 가속화했다. 심지어 "나는 불교를 좋아하는 임금이다予好佛之主"라고 실록에 기록이 남아 있을 정도다.

세조의 불교 진흥책이 가속화하자 승려의 숫자가 급속도로 증가해 또 다른 사회문제가 불거지기도 했다. 당시에는 도첩제度牒制라 해서 국가에서 일종의 승려 자격증을 발행해 신분을 보장했는데, 무뢰배가 머리를 깎아 가짜 승려로 분장하고 분탕질하고 다닐 정도로 사회가 혼란해졌

『오위진법』에 따라 조선군은 대장 아래 5위로 구분되며 5위는 다시 5부로 나뉘고, 5부는 다시 기본 전투단위인 4통으로 구분했다.

다. 당시 승려들은 큰 죄를 짓더라도 벌을 주지 못해 어쩔 수 없었다. 상황이 이렇다 보니 백성들은 호랑이보다 승려를 무서워할 정도였다.

세조의 왕위 강탈 이후 조선 사회는 극심한 혼란에 빠졌다. 세조는 군사력을 강화하고 최측근을 요직에 앉혀 국정을 안정시키려 했다. 그 중심에 『오위진법五衛陣』이 있다. 『오위진법』은 문종의 즉위와 동시에 시작된 병서 간행 사업의 핵심이다. 2군軍 6위衛의 고려 중앙군 편성 방식을 태조 대부터 변화시켜 문종 대에 의흥사義興司 · 충좌사忠佐司 · 충무사忠武司 · 용양사龍驤司 · 호분사虎賁司의 5사로 개편한 것을 전술 편제에 적용하기 위한 병서다. 1457년(세조 3)에 명칭이 사司에서 위衛로 개칭되면서 본격적인 오위 시대가 열렸다.

새로운 나라를 위한 새로운 병서

문종은 직접 초안을 작성하고 전술 전개 방식까지 논의할 정도로 『오위진법』에 정성을 쏟았다. 서문을 보면 "우리 주상(문종)께서는 선왕들이 환란에 대비하신 뜻을 잘 계승하여 진법을 개정하였다"라며 문종의 업적으로 표현했다. 그런데 이 서문을 쓴 사람이 바로 세조다. 세조가 문종 대에도 군에 관한 여러 일을 했다는 것을 방증한다. 이후 세조가 등극한 후 병서를 다듬고 주석과 그림을 추가해 개정판 『오위진법』이 완성되었다.

왕 중심의 조선군 표준 전술

『오위진법』은 임진왜란까지 조선군의 핵심적인 전략 전술서로 활용되었다. 1책 52장, 서문·본문·발문으로 구성되어 있다. 이전에 만들어진 『진법』이나 『진도지법』, 『계축진설』은 변화한 조선군의 편제·명칭과 맞지 않았고, 대부분 소규모 부대 운영이 중심이라 한계가 있었다. 이를 극복하기 위해 『오위진법』을 간행한 것이다.

『오위진법』에서 통일한 조선군의 편제는 다음과 같다. 주장主將인 대장大將 아래 5위衛(우두머리는 위장)가 있고 각 위에는 5부部(우두머리는 부장)를 둔다. 그리고 5부 아래는 4통統(우두머리는 통장)이 있고 통 밑에는 차례로 여수旅帥(125명의 지휘관), 대정隊正(25인의 지휘관), 오장伍長(5인의 지휘관)이 있었다. 작은 단위부터 살펴보면 오伍·대隊·여旅·통統·부部·위衛로, 요즘으로 보면 분대·소대·중대·대대·연대·사단·군단과 유사하다. 여기에 보병과 기병이라는 기준으로 부대를 나누어 배

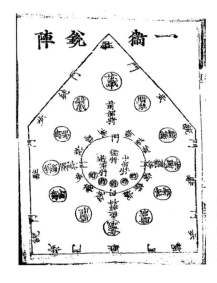

방진·원진·곡진·직진·예진 등 5가지 기본 진법 중 전열을 뾰족하게 만들어 돌파 능력을 강화한 예진의 모습이다. 싸우는 전통과 진을 지키는 주통이 번갈아가며 공격과 방어를 수행한다.

치하고, 주력 전투는 기병으로 전개했다.

『오위진법』에서 가장 주의 깊게 살펴볼 부분은 주통駐統과 전통戰統과 유군의 관계성이다. 실제 전술을 전개할 때는 통 단위로 움직이는데, 1개 대(25명)를 통으로 설정할 경우, 오위의 군사는 모두 2,500명이 된다. 규모를 키워 1개 여(125명)를 통으로 설정하면 오위의 병력은 1만 2,500명이 된다.

적과 대치할 때, 진을 치고 대기하다가 공격의 시점을 살펴 교전한다. 이때 진형을 벗어나 앞으로 나아가 공격하는 부대가 전통이고, 남아서 주장을 보호하는 부대가 주통이다. 이후 전통이 힘에 부치거나 손상을 입으면 주통이 전통과 자리를 바꾼다. 다수의 병력으로 적을 압박해야 할 경우에는 주통과 전통이 함께 출동할 수도 있으며, 이는 지휘관의 판단에 맡겼다.

그런데 이렇게 주통과 전통만이 전투를 진행하면 상대에게 전술이 노출될 위험이 있다. 따라서 다양한 전술 변화와 임기응변을 위해 유군이라는 특수 병력을 배치한다. 유군은 말 그대로 유사시 대응 자원으로, 총 병력의 10분의 3을 유군으로 삼았다.

『오위진법』은 오행 사상을 반영해 방진方陣·원진圓陣·곡진曲陣·직진直陣·예진銳陣 등 5가지 진형을 기준으로 삼았다. 이 오행진의 정중앙에는 전투를 지휘하는 주장이 있고, 주장을 여러 겹으로 보호하는 형태로 구성된다. 그리고 방위에 따라 주통과 전통이 한 쌍으로 배치된다. 유군은 주장의 지근거리에 배치되어 명령에 따라 빠르게 공방을 수행할 수 있도록 했다. 진형을 구축할 때는 바깥쪽에 도성처럼 문을 8개 만들고, 주장이 있는 곳은 궁궐처럼 문 4개를 만들어 마치 이동하는 성곽처럼 진형을 구축했다.

깃발과 악기로 군사를 통제하다

'형명形名'은 군사 명령 체계로 형形은 깃발 같은 시각적 신호 체계, 명

사대문과 사소문

조선시대 도성의 정남에는 숭례문崇禮門, 정북에 숙청문肅淸門, 정동에 흥인문興仁門, 정서에 돈의문敦義門이 있었고, 그 사이 작은 문이 4개 있었다. 동북쪽에 홍화문弘化門, 동남쪽에 광희문光熙門, 서남쪽에 소덕문昭德門, 서북쪽에 창의문彰義門이다.

名은 징이나 북 같은 청각적 신호 체계다. 군사들은 자신이 소속된 부대의 깃발을 보고 공격과 방어 등 다양한 전술 행동을 했다. 조선 전기 군사용 깃발 중 가장 독특한 것은 휘麾로 일반적인 깃발에 연 꼬리 같은 긴 천을 1~3개 붙여 사용했다. 휘는 대장과 위장衛將이 사용했다. 지금도 '누구의 휘하에 있다'라는 표현이 남아 있듯이, 대장과 위장은 휘를 사용해 부하들에게 명령을 내렸다.

둑이라는 독특한 깃발도 있다. 중앙에 날카로운 창날을 세우고 그 아래에 소 꼬리털로 장식한 것으로, 군대가 출정할 때는 모든 장수가 이 아래서 둑제纛祭를 지냈다. 이순신도 큰 전투를 치르기 전에 반드시 둑제를 지내며 휘하 장수들의 용맹을 점검하고 군사들의 사기를 북돋았다.

청각적 군사 신호 체계인 명은 재질에 따라 금속류와 가죽류로 구분할 수 있다. 금속으로 만든 징과 꽹과리는 멈춤과 후퇴를, 가죽으로 만든 북은 전진과 공격을 의미했다. 공격과 후퇴의 속도는 악기를 치는 속도에 맞추어 정밀하게 이루어졌다.

예를 들면, 진군을 의미하는 북은 크게 진고進鼓 · 전고戰鼓 · 서고徐鼓 · 질고疾鼓로 구분했다. 진고는 지휘관이 지휘를 시작할 때 주위를 환기하려고 치는 것이다. 전고는 전각戰角을 불며 전투 개시를 알릴 때 친다. 서고는 공격의 호흡을 가다듬을 때 천천히 치는 것이며, 질고는 전진과 동시 공격의 기세를 높일 때 빠르게 치는 것이다.

다음 장에서는 결진이라고 해서 진을 치는 구체적인 방법을 설명했다. 기본적인 배치는 진을 지키는 보병 주통이 외곽을 방위하고 그 안쪽으로 차례로 보병 전통, 기병 전통, 기병 주통이 선다. 보병은 맨 바깥쪽에

팽배彭排(방패수)가 서고 총통수銃筒手·창수槍手·검수劍手·궁수弓手 차례로 배치한다. 방패수 다음에 개인 화약 무기를 든 총통수를 배치해 지근거리의 적을 먼저 공격하게 한 것이 특징이기도 하다. 조선 초기에는 화약 무기가 지속적으로 개량되었다. 함선에는 여러 가지 장군전을 쏠 수 있는 총통류 화포가 배치되었고, 개인화기로도 세총통이라는 아주 작은 총통이 보편화되었다.

군사들을 오행진을 기본으로, 병력의 규모에 따라 단독으로 진을 구축하는 독진獨陣이나 연진連陣·합진合陣처럼 단독 진 여러 개를 묶어 진형을 구축했다. 또한 오행진을 기본으로 하되 병력의 규모와 지형지물을 활용해 일렬로 늘어서는 장사진長蛇陣, 날개를 펼쳐 적을 감싸 안는 학익진鶴翼陣, 학익진과는 반대로 전열을 뾰족하게 해서 적을 뚫고 나가는 어린진魚鱗陣, 당시 주적이었던 여진족의 장기인 빠른 이합집산에 대비하기 위해 병력을 분산 배치하는 조운진鳥雲陣 등 다양한 진형을 수록했다.

진형을 설명한 후에는 용병用兵이라는 다양한 군사용 깃발을 이용한 명령법을 상세하게 설명했다. 이어 군령을 담았는데, 내용이 몹시 엄격하다. 다음은 그중 눈에 띄는 대목이다.

대장을 잃으면 그 위장을 참하고, 위장을 잃으면 그 부장을 참하고, 통장을 잃으면 그 여수를 참하고, 여수를 잃으면 그 대정을 참하고, 대정을 잃으면 그 오장을 참하고, 오장을 잃으면 그 오졸을 참한다. 그리고 주변에 있던 병졸이 구원하지 않았으면 역시 참한다.

전투 개시 후 지휘관의 중요성을 강조하는 부분으로, 지휘관이 없으면 명령 체계가 붕괴되어 아군이 몰살될 수도 있기에 엄중하게 군법으로 적시한 것이다.

군령 뒤에는 군사들의 인식표인 표장에 관한 설명과 군사들을 교련하고 검열하는 대열의大閱儀를 수록했고, 마지막에는 모의 전투 훈련과 같은 전투 교전법을 용겁勇怯 제1~3형과 승패勝敗 제1~3형의 전술 교안으로 설명했다.

『오위진법』은 세조와 성종을 거치면서 각종 주석과 그림이 추가되었다. 조선의 장수가 되려면 반드시 이 책을 이해하고 전술을 짤 수 있어야 했다. 『오위진법』은 말 그대로 조선의 전술 교범서의 완성이라고 할 수 있다.

조선의 군사 법전

『병정』

적인 듯 아닌 듯 불안한 여진족과의 동거

조선 초기의 주적은 북방의 여진족이었다. 그래서 여진족을 핵심에 두고 여러 가지 전략·전술을 고민했다. 때로는 무력으로 여진족이 사는 지역을 정벌하거나 반대로 국경무역을 어느 정도 허락하고 내조來朝라는 형태로 회유책을 구사하기도 했다.

북방 민족 중 여진족은 고려시대부터 복종과 배반을 수시로 거듭하면서 분쟁의 중심에 있었다. 조선 초기 대對여진족 군사 분쟁은 태종 대 시작된 여진 정벌의 연장선에서 취해진 후속 조치로 볼 수 있다. 태종 대 여진 정벌은 비교적 소규모 병력인 기병 1,150기를 운용해 큰 승리를 거두었지만, 포로를 즉각 석방하고 여진 지휘관에게 약간의 물품을 하

세조 때 여진족을 물리친 함경도 도체
찰사 신숙주의 이야기를 담은 기록화인
〈야전부시도夜戰賦詩圖〉다. 조선은 개국
때부터 여진족에 회유책과 강경책을 번
갈아 사용했다.

사하는 등 회유책으로 마무리 지었다.

　조선의 회유책에도 여진의 도발은 계속되었다. 조선은 여진과 맞닿
아 있는 함길도(함경도)와 평안도에 도관찰사와 병마도절제사를 설치했
으며, 남방의 방어 체계와 동일한 방식으로 군 통수 편제를 확립함으로
써 신속하게 대응할 수 있도록 준비했다. 이후 1424년(세종 6) 평안도
를 군익도 체제로 바꾸고 압록강 유역의 방어선을 강화했다. 조선과 여
진의 국경은 명나라와도 인접해 있기 때문에 분쟁에 군사적으로 개입할
경우, 추격을 비롯한 작전 활동이 어려울뿐더러 명나라와 외교적 마찰
을 겪을 수도 있기 때문에 식량을 지원하는 등 회유책을 구사할 수밖에
없었다.

그러나 1433년(세종 15) 건주위도사 이만주李滿住의 여연閭延 침공을 계기로 여진과의 관계가 급속도로 악화되어, 이듬해 4월 12일부터 19일까지 제1차 여진 정벌이 전개되었다. 당시 명나라는 제1차 여진 정벌에 도독이 직접 나서 문제를 제기했고, 조선은 그해 윤 8월 25일에 포로로 잡아온 여진인 151명, 말 37마리, 소 118마리와 재산을 송환해야 했다. 이후 조선은 파저강 지역 여진인들에게 회유책을 써서 이들을 국경 지역의 울타리로 삼고자 했다.

그러나 회유책에도 국경 침입이 계속되자 여진의 기병에 대한 방어책이 강화되었다. 제1차 여진 정벌 이후 파저강 지역 여진족의 세력은 약화되었으나, 서북면을 비롯한 주변의 부족들이 세력을 확대해 조선의 국경을 지속적으로 침탈했다. 대표적으로 올량합兀良哈은 1435년(세종 17) 1월에 2,700여 기병으로 국경 거점인 여연성閭延城을 포위 공격해 많은 피해를 주었다.

1437년(세종 19) 9월 제2차 여진 정벌이 이루어졌다. 당시 작전 상황을 보면, 9월 7일에 좌군 도병마사 상호군 이화李樺와 우군 도병마사 대호군 정덕성鄭德成이 산양회에서 압록강을 건넜고, 정벌군 사령관인 평안

군익도軍翼道 체제
조선 초기 지방군은 북방의 익군翼軍과 남방의 영진군營鎭軍으로 이원화되어 있었다. 세조는 북방을 따라 군익도 체제로 통일했다. 각 도를 몇 개의 군익도로 나누고, 각 군익도는 다시 중·좌·우의 3익으로 편성해 인근의 고을들이 하나의 군사 단위를 이루도록 했다.

도독都督
주州 단위의 군사령관으로 당나라 때 절도사로 명칭이 바뀌었다.

도 도절제사 이천李蕆 등은 만포의 여울을 건너 11일에 고음한古音閑 지방의 양옆을 동시에 쳐들어가는 양동작전을 전개했다. 이때의 병력은 기병과 보병 등 총 7,800여 명이었으며, 정벌 대상인 이만주 휘하의 병력이 약 400여 기였기에, 기병 중심으로 편성했다. 16일까지 작전을 전개해 파저강을 지나 울라산성까지 수색해 여진족을 섬멸하고 근거지를 불태웠다.

당시 전황을 보면 여진족의 근거지를 모두 초토화하고, 약 60여 명을 사살하거나 포로로 잡았다. 아군은 단 1명만 전사했을 정도로 매우 성공적인 정벌이었다. 이후에도 사형수나 현장의 지리를 잘 아는 자를 파저강 지역에 간첩으로 보내, 지속적으로 동태를 파악하는 등 여진족에 대한 긴장을 풀지 않았다.

여진족 정벌 작전 후 조정에서는 압록강 상류 지역의 군사 요충지에 4군을 설치하고 백성을 이주시켜 방어 체제를 확립했다. 세종 말년에는 몽골족의 일원인 오이라트족이 정벌군으로 나선 명나라 황제를 포로로 잡는 토목의 변이 발생했을 정도로 몽골족이 크게 부상했다.

북방을 괴롭히는 오랑캐를 통제하라

문종 대에는 북방 민족과 군사적 긴장이 가장 큰 국방 문제였다. 평안도를 비롯한 북방 지역의 상황을 가장 잘 직시한 인물인 김종서는 여진족 장수 이만주가 적을 이끌고 쳐들어온다면 어찌할 수 없을 것이라는 소문을 접했다. 이에 적의 주력인 기병에 대한 방어 체제를 유지해야 한

『북관유적도첩北關遺蹟圖帖』에 실린 〈야연사준도夜宴射樽圖〉로, 김종서가 여진족을 격퇴하고 6진을 개척한 뒤 함경도에 있을 때 일화를 그린 그림이다. 김종서가 장수들과 잔치를 벌이고 있었는데, 갑자기 화살이 날아와 술병에 꽂혔다. 다른 장수들은 크게 놀라 두려워했지만, 김종서는 간사한 술수라 여기고 연회를 진행했다고 한다.

다고 상소를 올리기도 했다.

중추원사 김효성金孝誠은 여진족 방비책을 조목별로 열거하며 북방의 방어 태세가 가장 시급한 문제임을 지적하기도 했다. 이후에도 함길도 절제사 이징옥李澄玉이 여진족의 정세를 비밀리에 왕에게 보고하는 등 지속적으로 관심을 기울였다. 그러나 군사적 정벌보다는 식량을 나누어 주거나 무역을 허용하는 등 회유책을 구사하며 군사적 도발을 사전에 막는 방안이 모색되었다.

단종 대에는 세종 대에 건설한 4군의 방어 유지책이 여러 가지 나왔지만, 지형이 험하고 유기적인 방어가 힘들며, 백성이 자유롭지 못하다는 건의에 따라 자성군慈城郡을 제외한 나머지 3개의 군을 폐지하고 백성

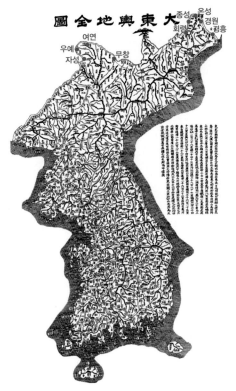

백두산을 중심으로 개척한 4군 6진을 〈대동여지도〉에 표시한 것이다. 4군 6진을 개척하긴 했지만, 방어와 농사가 어려워 지속적인 관리가 힘들었다. 〈대동여지도〉는 규장각 한국학연구원 소장.

들을 귀주龜州로 이주시켰다. 세조 대에는 자성군마저 폐지하고 압록강을 경계로 자연 방어선을 유지했다.

그런데 세조 대에는 여진족의 국경 침략이 극심해졌다. 단종 대에는 단한 번도 발생하지 않았던 여진족 침입이 실록에 기록된 것만 해도 19회에 달할 정도였다. 따라서 여진족에 대한 방비를 세종 대 수준으로 강화하며, 여진 부족 간의 내부 문제에도 깊이 관여했다.

여진군의 숫자가 급격히 늘어나면서 기병 수천이 국경 지역을 약탈하는 등 도발이 잦아지자 군사적 대응 수위도 점차 높아졌다. 대표적으로

1460년(세조 6)에 진행된 모련위毛憐衛 지역 여진족 정벌을 들 수 있다. 1461년에는 여진족 700여 명이 창성진昌城鎭을 포위하자, 평안도 도체찰사 김질金礩이 기병 수천 기를 이끌고 이를 저지했다. 세조 말에는 각 지역의 여진족이 연합해 명나라의 동쪽 변방인 랴오양遼陽을 침략해 약탈하는 등 긴장이 높아졌다.

그런데 군사 신호와 군령 전달 체계가 혼란해 제대로 된 전투가 어려운 실정이었다. 태종부터 세조 때까지 수시로 군사 편제와 훈련 방식이 바뀌면서 지휘 체계에 혼란이 계속되었기 때문이다. 따라서 세조는 『오위진법』 개정을 비롯해 『진법』·『역대병요』·『무경칠서주해武經七書註解』 등 다양한 병서를 편찬해 지휘 체계를 통일하고자 했다.

법전 형식의 병서

그중 『병정兵政』은 군령을 정비하고자 만든 병서다. 궁궐과 도성을 방위하는 중앙군의 입직入直 방법과 대규모 군사 사열 의식인 대열大閱, 군사를 움직이는 권한과 방식을 포함한 발병發兵 등에 대한 세세한 절차를 담아 중앙군을 중심으로 보급했다. 군사 지휘와 훈련 체계에 관한 규정은 지방군에도 동일하게 적용되었으며, 중앙군과 지방군이 합동하는 대규모 군사작전에도 효과적이었다.

조선 개국 초라는 시기적 한계, 조카를 몰아내고 왕위에 올랐다는 정통성의 한계, 거기에 북방 여진족의 잦은 출몰 등 세조가 처한 현실은 녹록지 않았다. 그 한계를 넘어서기 위해 만든 병서가 『병정』이다. 『병정』은 일반 병서와는 달리 법전法典의 형태를 띠고 있다.

군사행정인 군정軍政과 군사를 동원하는 방법인 군령을 새롭게 제정하고 그에 맞게 군사를 운용하는 것은 새로운 군사 조직의 체계를 확립하는 최선의 방법이었다. 특히 『병정』은 궁궐의 숙위와 경호 방법이 중심이었기에, 세조의 왕권 강화책과도 연결되었다.

『병정』은 본문 12항목 17장에 신숙주가 쓴 후기 형태인 후서後徐 2장을 더해 총 19장으로 구성되었다. 본문을 순서대로 살펴보면 「오위 입직군사入直軍士」·「계본평관첩보啓本平關牒報」·「입직入直」·「행순行巡」·「계성기啓省記」·「문계폐門開閉」·「조하연향상참朝賀宴享常参」·「첩고疊鼓」·「첩종疊鐘」·「대열大閲」·「부험符驗」·「용형用刑」 등이다.

왕을 호위하라

「오위 입직군사」는 장수나 군사의 궁궐 근무 방식을 설명한 입직을 중심으로, 오위의 병력을 배치한 것이다. 『병정』 중 가장 많은 분량을 차지하고 있다. 조선 초기에는 오행 사상에 근거해 중앙군을 좌위 용양위·우위 호분위·중위 의흥위·전위 충좌위·후위 충무위로 구분해 각각 임무를 부여했다. 중앙군인 오위 군사는 궁궐 방위에 직접적으로 연관되어 있었기에 중앙군의 통제를 강화할 수 있었다.

「계본평관첩보」는 문서 명칭과 등급을 구분한 것으로, 행정 문서 규정집이라 할 수 있다. 예를 들면, 병조에서 군사 운용에 관해 왕에게 보고서를 올릴 때는 핵심 사항은 계본啓本, 일반 사항은 계목啓目이라고 했다.

그보다 한 단계 낮은 행정 문서인 평관平關은 위衛에서 군사행정 업무를 담당했던 진무소鎭撫所에 보낼 때 사용했다. 진무소나 대장이 관할하는 곳에서 발생한 특별한 사건은 계목啓目, 일반적인 일이면 평관과 첩정牒呈이라는 명칭을 사용해 행정 문서의 등급을 구분했다.

「입직」은 궁궐 방위의 핵심으로, 장수와 군사들이 순서를 바꾸어가며 근무하는 형식을 설명했다. 궁궐을 지키는 일은 곧 왕을 지키는 일이다. 병조는 전날 저녁 미리 왕에게 담당 지역과 근무 시간을 보고하고, 이를 낙점받아 실행했다. 근무하는 장수는 신분을 증명할 패를 반드시 휴대해야 했다.

「행순」은 입직을 서는 장수나 군사들을 감찰하는 것을 비롯해 도성 내외의 핵심지역을 이동하며 순찰하는 업무를 말한다. 야간에 입직하는 군사들은 보통 제자리를 지키며 서 있기에 졸거나 딴짓을 하거나, 자리를 옮길 수 있어서 이를 감시해야 한다. 또한 내란이 발생했을 때 반란을 일으킨 이들이 입직 군사와 내통하면 궁궐 경호에 구멍이 생기기에 입직 군사를 통제하는 일은 매우 중요했다.

도성 방어를 강화하라

「계성기」는 매일 병조에 입직한 당상관이 승정원에 올리는 문서다. 당일 궁궐 입직 장수·군졸과 도성 각 문의 파수인과 도성 주변 부대의 숙직 근무자의 이름을 상세하게 기록했다. 여기에는 군호軍號라는 일종의 암구호를 적어 밀봉해 왕에게 보고했다. 군호는 글공부가 짧은 군사도 이해할 수 있도록 쉬운 한자를 사용했다. 예를 들면, 태종이 왕자의 난 때 사용한 군호는 '산성山城'이었으며, 이순신이 임진왜란 첫 출전 때 발령한 군호는 '용호龍虎'였다.

「문계폐」는 도성의 사대문과 경복궁의 정문인 광화문 등 대규모 병력이 한꺼번에 들어올 수 있는 큰 문을 열고 닫는 규정을 정해놓은 것이다. 보통 밤에는 문을 닫고, 새벽에 문을 열었다. 밤에는 인정, 새벽에는 파루라는 예비 종을 사용해 사람들을 통제하고 문을 열고 닫았다. 이 업무를 담당하는 병사들은 문을 지킨다 해서 수문장守門將이라는 명칭으로도 불렀다. 조선 초기에는 오위의 장수들이 돌아가며 문을 지켰다가, 영조 대에는 수문장청守門將廳이라는 조직을 창설해 궁성 문을 전문적으로 방어하기도 했다.

「조하연향상침」은 조하朝賀(경축일 축하 공연), 연향宴享(궁궐 잔치), 상참常參(오전 대신 회의) 등 왕이 참석하는 각종 행사의 경호 방법을 규정해놓았다. 왕이 참석하는 모든 장소에는 기본적으로 전후좌우에 갑주와 무기를 장착한 금군이 배치되고, 전면에는 큰 칼을 든 별운검이 배치되었다.

세조가 왕위를 찬탈한 후 첫 번째 명나라 사신 축하연 때 별운검이 세조를 살해하려는 계획을 세웠다가 발각되어 수포로 돌아갔다. 이 사건

별운검別雲劍
임금이 거동할 때 운검雲劍을 차고 임금 좌우에서 호위하던 임시 관직이다.

을 계기로 단종 복위와 관련된 집현전 학사와 장수들의 삼족을 멸했다. 조선 초기에는 무예 능력이 출중한 장수들이 별운검으로 배치되었지만, 이후에는 70세가 넘은 고령의 문관이 서기도 했으며, 사용하기도 어려운 거대한 칼을 가슴에 품는 등 의례형으로 변형되기도 했다.

「첩고」는 일종의 불시 점검이다. 궁궐을 방위하는 모든 군사가 경복궁 근정전 앞에 도열하도록 큰 북을 쳤다. 세조는 제1·2차 왕자의 난과 계유정난을 거쳐 왕위에 올랐기에 궁궐에 자객이 침투하거나 경호를 담당하는 군사들이 반란에 연루되는 것을 걱정하고 수시로 군사를 단속했다. 궐내에서 북이 울리면 궁궐 외부와 통하는 모든 문은 걸어 잠그고 문을 지키는 수문군 외의 모든 병력은 근정전 앞으로 모여 소속 편제에 따라 도열해 인원수와 이름까지 확인했다.

「첩종」과 「대열」은 일종의 군사훈련이다. 궐내에 배치된 큰 종을 치면 왕 이하 모든 신하와 입직한 군사가 전투 훈련 태세를 갖추고 대열이라는 열병 의식을 진행했다. 모이는 장소는 왕의 위치에 따라 조금씩 달랐는데, 왕이 광화문 앞으로 나올 경우는 육조 거리 앞에 모였다. 대열은 조선 후기까지 지속적으로 행해져 대표적인 군사 의례로 정착되었다.

마지막으로 「부험」·「용형」이 있는데, 부험은 일종의 신표信標로 군사를 동원할 때 사용하는 표식인 호부虎符 혹은 발병부發兵符 등의 제작과 사용 방법을 정해놓은 것이다. 조선시대에는 군사를 동원하려면 왕이 가진 왼쪽 발병부와 지휘관의 병부주머니에 있는 오른쪽 발병부가 일치해야 했다. 왕의 발병부와 지휘관의 발병부가 일치하더라도, 지휘관이 통제할 수 있는 지리적 한계가 있었다. 지방군을 동원해 쿠데타를 일으

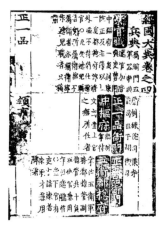

『경국대전』 중 「병전」 부분이다. 세조 때 간행된 『병정』을 근본으로 삼았으며, 조선의 기본 국방 체제와 무인 선발 방법을 담고 있다.

키는 것을 막기 위해서다. 보통 발병부는 딱딱한 나무로 둥글게 만들었으며, 궁궐의 모든 신표를 관리하는 상서사尙瑞司에서 통제했다.

용형은 일종의 군 형벌 규정집으로 군사 범죄에 대한 처벌 내용을 담고 있다. 『병정』은 법률적 성격이 강해 1485년(성종 16)에 완성된 『경국대전經國大典』의 군사 관련 법령집인 「병전兵典」의 기본 줄기로 활용되기도 했다.

군사를 어떻게 다스릴 것인가?

『병장설』

불안한 왕권을 지키기 위한 철권통치

조선의 가장 높은 가치는 유교로, 정치 역시 명분과 정통성이 확립될 때 안정되었다. 명분과 정통성에 문제가 있다면 아무리 왕이어도 군주의 자격이 있다고 할 수 없었다. 명분이 없는 왕은 신하와 백성이 따르지 않는 것이 당연한 논리다. 세조는 어린 조카인 단종에게 사약을 내리면서 왕위를 찬탈했다. 명분도 정통성도 없었기에 왕권은 불안할 수밖에 없었다. 이를 타개하기 위해 세조는 지속적인 왕권 강화책을 펼쳤다.

첫 번째 방안은 왕 중심의 중앙집권 체제를 강화하는 것이었다. 먼저 육조직계제六曹直啓制로 의정부의 핵심인 삼정승의 힘을 약화시키는 대신 왕과 육조의 판서 이하 관원에게 힘을 실어주었다. 어린 단종이 즉위한 이후 삼정승을 위시한 의정부의 권한이 강해지자 이를 견제하기 위한 방책이기도 했다. 의정부의 권한을 짐작할 수 있는 대표적인 예로 '황표 정사黃標政事'라는 것이 있었다. 인사 후보자 3명의 이름이 올라오면 의정 부에서 선호하는 후보의 이름에 황색 표지를 붙여 왕에게 올렸다. 왕은 이 표식이 있는 사람을 낙점만 하는 것이다. 김종서와 황보인의 자제들 은 황표로 관직에 쉽게 올라가기도 했다. 의정부 핵심 인사들은 뇌물이 나 불법 사안에 연루되어도 강력한 힘으로 사헌부司憲府의 감찰과 탄핵 을 비켜가기도 했다.

세조는 의정부의 기능을 약화시킨 후, 전국의 호적戶籍과 군적軍籍을 정 리하고 호패제號牌制를 정착시켜 중앙정부의 통제권을 강화했다. 호적과 군적은 중앙정부의 군사력과 직결되는 문제다. 당시 인구는 증가했지만 군적에 기록된 전투 가능 자원의 숫자가 적어졌기 때문에 이를 해결하 기 위해 호패제를 시행한 것이다. 특히 대소신민大小臣民 모두 집 밖에 나 설 때는 반드시 호패를 착용하도록 했다. 세조는 지방의 수령들에게 교 서敎書와 유서諭書와 전지傳旨를 쉼 없이 내려 호패제 시행을 독려했다. 또 한 지방의 행정구역을 명확하게 하기 위해 군현郡縣의 병합과 정리 작업 을 벌였다.

이렇게 세조는 의정부를 무력화시키고 지방의 통제권을 강화한 후 왕

육조六曹
조선시대에 정책을 입안하고 행정을 집행하던 6개의 중앙관청을 말한다. 의정부 아래에 있으며 이조吏曹 · 호조戶曹 · 예조禮曹 · 병조兵曹 · 형조刑曹 · 공조工曹로 구성되어 있다.

새로운 나라를 위한 새로운 병서

의 존엄을 강화하기 위해 천제天祭를 올렸다. 천제는 원래 천자天子인 중국 황제가 올리는 것이다. 제후국을 표방한 조선은 고려시대 존재했던 원구를 혁파하려 했다. 그래서 세종 대 왕실의 의례를 정리한『세종실록』의「오례의」에도 제천 의례가 빠진 것이다. 그러나 세조는 반대로 이를 강화했다. 즉위 초반부터 제천 의례에 관한 논의를 진행하다가 1457년(세조 3) 정월에 예조를 통해 "정월 15일에 하늘에 제를 올릴 것이니 지금 마땅히 이날로써 제사를 진행한다"고 발표했다.

이후 세조는 매해 정월 15일이면 면류관과 구장복을 갖추고 환구단에 올라 호천상제昊天上帝와 황지皇地와 태조의 신위에 제사를 올렸다. 그리고 이렇게 하늘에 제를 올렸다는 소식을 전국의 관찰사·절제사에게 알려 함께 큰 경사를 축하하라고 명령했다. 땅에 떨어진 왕권을 강화하기 위한 세조의 어쩔 수 없는 선택이었다.

왕명을 내릴 때는 승정원 관원 중 지제교知製敎가 글을 쓰고, 왕은 거기에 직인을 찍어 내려보내는 것이 일반적이었지만, 세조는 자신이 직접 글을 써서 강력한 집행력과 위엄을 내보이고자 했다. 이러한 세조의 어필을 활용한 왕권 강화를 친서정치親書政治라고 부른다. 왕이 직접 쓴 글은 직인이 찍힌 문서와는 비교할 수 없는 위엄이 있었다. 요즘도 대통

원구圓丘

천자가 천신에 제사를 지내는 원형 단을 말한다. 환구圜丘라고도 한다. 조선 초기에 억제되었다가 세조 때 왕권 강화를 위해 부활시켰다. 이후 다시 폐지되었고, 고종이 대한제국을 선포하고 황제로 즉위하면서 다시 부활했다.

세조 어필御筆이다. 『효경孝經』의 「감응장感應章」에 나오는 글로 "왕도 부모에게 효도하는 효제의 도리가 중요하고 종묘에 공경함이 지극하면 귀신도 감응해 천하가 다스려진다"는 내용이다. 정확한 좌우대칭을 이루는 필체는 세조의 무인 기질을 잘 보여준다. 한국학중앙연구원 장서각 소장.

령의 친필 편지는 특별한 의미가 있다. 조선시대 관리가 어필을 받았다면 왕과 직접 마주하는듯한 친밀감, 혹은 위압감을 느끼기에 충분했을 것이다.

공신 책봉으로 환심을 사고 권력을 연장하다

세조는 친위 세력에게 엄청난 혜택을 주면서 자신의 권위를 높이고자 했다. 주된 방법은 공신功臣 책봉이었다. 조선시대에는 1392년(태조 1) 개국공신 55명을 책봉한 것부터 1728년(영조 4) 이인좌의 난을 다스린 15명의 분무공신奮武功臣까지 총 28회 공신 책봉이 있었다.

세조는 쿠데타를 일으켜 권력을 잡았기 때문에 충분한 보상책이 필요했다. 1453년(단종 1) 계유정난을 성공시키면서 한명회와 신숙주를 포

새로운 나라를 위한 새로운 병서

조선 초기 무신인 어유소魚有沼의 활약을 기록한 〈출기파적도出奇破賊圖〉다. 1467년 함경도 길주의 이시애가 지역 차별을 이유로 반란을 일으키자 조정에서는 회령 부사 어유소를 좌대장으로 삼아 토벌했다. 이시애는 여진족까지 끌어들여 대항했으나, 끝내 반란에 실패했다. 고려대학교 박물관 소장.

함한 정난공신靖難功臣 43명, 2년 후에 왕위에 오르면서 즉위를 축하하는 좌익공신佐翼功臣 46명, 1467년(세조 13)에는 이시애가 일으킨 난을 평정한 남이 등 적개공신敵愾功臣 45명을 공신으로 책봉했다. 공신 남발 사태가 벌어진 것이다. 더 심각한 문제는 세조의 집권 이후 공신에 책봉된 신하들이 삼정승 육판서를 비롯해 요직의 약 80퍼센트를 장악해 권력 독점이 발생했다는 것이다. 또한 급은 조금 낮지만 좌익공신을 책봉한 1455년 12월에는 원종공신原從功臣이라는 명목하에 추가로 무려 2,000여 명을 선정해 특전을 베풀었다. 원정공신은 고위 관료는 물론이고 공사

천일지라도 공신록에 이름을 올려주었기에, 세조의 명령 하나면 최고위 직부터 노비까지 일사분란하게 움직일 수 있었다.

그러나 세조의 왕권 강화책은 한계가 있었다. 특히 단종을 몰아내고 강제로 왕위에 올랐기 때문에 조급하게 국정을 안정화하려 했다. 사간 원司諫院이나 사헌부 등은 계속 문제를 제기했으나 세조는 언관言官까지도 탄압했다. 이 또한 세조의 왕권 강화 수단이었다. 1460년(세조 6)에는 왕명으로 사간원의 핵심 요직인 사간 1명, 헌납 2명, 정언 1명 등 4명을 강제로 감축했다. 원래 사간원은 우두머리인 대사간을 필두로 사간과 헌납이 각 1명이고 실무 담당 관원인 정언 2명이 배치되었는데, 머리와 꼬리만 남겨놓고 몽땅 직위를 해제한 것이다.

당시는 왕도 모든 신하와 각 도에 명령을 내릴 때는 반드시 사간원을 거쳐야 했다. 사간원은 명령의 정당성을 논의하고, 부당할 경우 철회할 권한이 있었던 막강한 감찰 기관이었다. 당시 사헌부에서도 감원의 부당함을 왕에게 고했지만, 세조는 "너희가 알 바가 아니니 다시는 말하지 마라"고 입을 막았다. 심지어 언관의 가장 기본적인 업무인 토의에 대해서도 망설妄說, 즉 망령된 이야기라고 치부해버리거나 언관들을 '여배妝 輩', 즉 '너희들'이라고 깎아내리기 일쑤였다.

세조는 자신이 공신으로 봉하고 직접 관직을 내려준 사람도 끊임없이

공사천公私賤
공사노비公私奴婢라고도 한다. 공노비와 사노비를 함께 이르는 말로, 공노비는 관아에 예속된 노비, 사노비는 개인이 소유한 노비다.

새로운 나라를 위한 새로운 병서

의심했다. 지방의 감사나 수령이 반란에 연루될까봐 일종의 암행 감찰인 분순어사分巡御史를 쉼 없이 파견해 동정을 살폈다. 불안한 권력에 대한 애착으로 세조는 말년에 정서적으로 불안해졌다. 같은 사안에 결정을 번복하는 등 국정 혼란을 초래하기도 했다.

그나마 세조가 펼쳤던 왕권 강화 정책 중 가장 효율적이라 평가받은 것은 병서 편찬이었다. 대표적인 병서는 『병장설兵將說』이다. 세조는 집권한 지 7년이 되던 1461년에 왕이 아닌 장수의 입장에서 「병설兵說」과 「장설將說」로 구성된 『병경兵鏡』을 만들어 신하들에게 보여주었는데, 내용이 너무 어렵고 함축적인 표현이 많아 해설을 추가하는 것이 좋겠다는 의견을 들었다.

그래서 1462년에 자세한 해설을 달고 책 이름도 『병장설』로 고쳐 간행했다. 『병장설』은 병법의 본질에 관한 고뇌를 담은 책으로, 군사훈련이나 전술은 언급하지 않았다. 일종의 군사 교훈집이라고 볼 수 있다.

군사들에게 직접 내린 정신 무장서

『병장설』의 처음 이름인 『병경』의 '경鏡'은 거울이라는 뜻으로, 병사들의 모범과 본보기를 의미한다. 이름처럼 이 책은 군사와 장수들에게 모범이 될 이야기를 담고 있다. 『병경』에 해설 형태의 각주를 쓴 것은 신숙주를 비롯한 군사 업무에 능한 신하들이다.

『병장설』의 간행은 앞서 설명한 친서정치의 일환으로 볼 수 있다. 군사 운영에 관해 직접 장수들에게 보낸 편지를 모아 책으로 만든 것이기

御製兵將說
　兵說
○兵者以智運用以用應智智者本仁義度
　我人審地利也
本註度達各切計也料也人者措敵而言
　審詳也
○用者明形數一節制利器械也
本註形名數分數也節品節之也制正
　也御也械下个切器械甲冑戈矛之屬

「병장설」은 세조가 장수와 병사들에게 내린 훈화 내용이 담겨 있다.

때문이다. 편지의 형태로 만들어진 것이기에 분량도 많지 않고 내용에서도 개인적인 철학이 엿보인다. 군사 업무와 관련한 신하들의 각주가 전체의 3분의 2 이상일 정도다.

『병장설』은 몇 번의 수정 · 보완을 거쳐 1466년(세조 12) 9월에 최종본이 간행되었다. 최종본은 크게 「병장설」·「유장편論將篇」·「병법대지兵法大旨」로 구성되어 있다. 말미에 신숙주의 발문跋文과 「타위병처打圍病處」라는 내용이 추가되었다.

첫 번째 장인 「병장설」은 「병설」과 「장설」로 나누어지는데, 「병설」은 장수의 마음가짐에 관한 내용이다. "이지운용이용응지以智運用以用應智"라 해서 군사를 운용할 때는 지혜로써 쓰임을 고민해 운영하고, 쓰임을 고민할 때는 응당 지혜로 운영하라고 했다. 이론과 실기, 혹은 정신과 실제라는 2가지가 상호 보완적이라는 것을 명심하라는 것이다. 이를 바탕으로, 지혜는 인의仁義에 근본해 아군과 적군의 형세를 살피는 것이고, 인의를 근본으로 삼으려면 왕과 신하 사이의 의리를 엄하게 지키며 문과 무를 함께 숭상해 전장을 지켜야 한다고 설명한다. 또한 아군과 적군의 형세를 살피기 위해서는 하늘의 움직임天運, 즉 자연의 변화를 깨닫고 지형지물과 연관해 판단해야 한다고 설명한다.

「장설」은 "지능방인재족능인智能傲人才足陵人"이라는 말로 압축할 수 있다. 지혜가 있을지라도 사람을 거만하게 대하고 재능이 있을지라도 남을 업신여기면 큰 허물이 된다는 것이다. 「병설」의 지智와 용用에 대비해 지智와 재才를 이야기한 것이다.

이어 장수의 인품을 상중하의 3등급으로 나누고 그에 해당하는 구체적인 예를 들어 장수들이 스스로 자질을 닦도록 했다. 상上은 칭찬을 듣고도 기뻐하는 내색을 보이지 않고, 모욕을 받아도 노여워하지 않으며 두루 묻고 아랫사람의 역량을 믿고 의지해 부드러움으로 일을 이루려는 자다. 중中은 자신이 지혜로움에도 지혜 있는 인재를 구하고, 자신의 재주가 출중해도 재주 있는 인재를 구하며 과감하게 유능한 이를 활용하는 사람이다. 하下는 하늘을 보고도 굽히지 않고, 어진 이를 만나도 공경하지 않고, 혼자서 자기 멋대로 하다가 일을 망치는 자다. 이러한 장수에 대한 평가는 문무文武의 겸비를 통해서 명확히 가려진다고 설명했다.

장수는 어떻게 해야 하는가?

「유장편」은 장수에게 들려주는 훈시 3가지를 담고 있다. 평소의 생활

태도는 물론이고 병학 지식을 쌓는 것이 얼마나 중요한지 설명한다. 그 뒤에는 질문 3가지를 담았다. "상을 주고 죄를 벌하는 것이 무너질 때 어떻게 대처할 것인가?", "백성을 다스릴 때 징벌로만 다스려도 곤란하고 항상 봐주어 방자하게 행동하는 것도 문제인데 어찌할 것인가?", "훈련을 시키려는데 태평함을 믿고 안일함에 빠져 주색잡기만 좋아하고 국법을 우습게 아는 인물을 어떻게 인재로 키울 수 있겠는가?"다. 세조는 이 질문을 내리며 장수들이 자신은 어디에 속하는지 자문하기를 바랐던 것으로 보인다.

마지막으로 나라를 다스리고 세상을 구하며 무예로써 평정하고 문예로써 백성을 다스리는 것이 수로修勞(수고로움을 닦는다)의 강綱(개요)이고, 법을 만들고 상벌을 내려 명령을 행하고 잘못을 금하는 것이 수로의 목目(세부 내용)이라 했다. 장수가 평화로울 때 무비武備를 갖추려는 마음이 강이고, 군령으로 군대를 바르게 정비하는 것이 목의 핵심이다.

「병법대지」는 말 그대로 '병법의 큰 뜻'이라는 내용으로, 장수가 군사를 양성하고 활쏘기와 말타기 등 무예를 게을리하지 말 것을 이야기한다. 또한 군사에게 예의를 가르쳐 부당한 경쟁을 없애고, 충과 효를 갖게 하며, 적에 적개심을 갖게 하는 것이 핵심이라고 했다. 앞의 내용과 마찬가지로 군대 운용에 관한 철학을 담고 있다. 비상사태가 발생하면 장수는 다수의 병력을 효과적으로 운용해야 하므로 군사를 적절하게 통합하고 분할해 상황에 맞는 지략을 써야 한다.

마지막 부분은 「타위병처」로, 부록의 형태다. 군사훈련에 대비한 사냥을 할 때 발생하는 고질병病處 7가지를 설명한다. 대오가 끊어지고, 일렬로 길을 찾거나, 짐승을 잡으려고 무조건 달려나가거나, 법을 위반한 자를 잡지 못하거나, 험한 곳을 피해 신속하게 대형을 완성시키지 못하거나, 곡식을 짓밟은 것 등이다. 여기에 내용이 조금 다르지만 병기 정돈, 하마下馬 상황, 우비와 식량, 군기 신호 등 4가지 고질병에 대해 부가 설명했다.

세조는『병장설』로 직접 장수들을 가르쳤다. 무과 시험에는 빠졌지만, 무관으로 등용한 후 진급 시험에서는『병장설』을 채택했기 때문에 모든 장수는『병장설』을 필수로 읽어야 했다.『병장설』에는 조선 초기 계속되는 군제 개편의 혼란을 정리하려는 세조의 강력한 의지가 담겨 있다. 다만『병장설』은 기본적인 유교 가르침을 담고 있기에, 세월이 흐르고 장수들도 유교 소양을 갖추게 되자 실효성을 잃게 되었다.

호쾌한 조선의 정벌기
『국조정토록』

한반도를 괴롭혀온 왜구

삼국시대부터 조선시대까지 왜구의 침입은 쉼 없이 계속되었다. 특히
고려 말부터 왜구의 규모가 20~30척의 선단을 조직할 정도로 커지고
피해가 내륙까지 확대되자 대책을 강구하게 되었다. 왜구의 근거지인
쓰시마섬에서 가까운 한반도 서남 해안이 왜구의 주 활동 무대였다.

고려시대에는 왜구를 막기 위해 방어진지인 진鎭을 건설하고 내륙에
는 익군翼軍을 편성해 군사 체제를 강화했다. 익군은 만호부 소속의 군대
로, 여진족에 대비하기 위해 북방에 집중 편성되어 있었으나 왜구가 서
남 해안에 창궐하자 전국으로 확대되었다. 수군이 해상에서 봉쇄하지
못한 왜구를 육지로 끌어들인 후 기병이 토벌하는 전술을 사용했다.

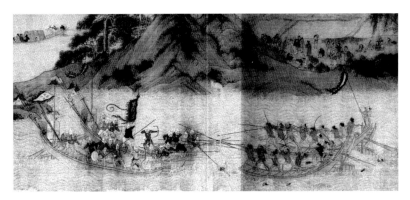

『왜구도권倭寇圖卷』에 실린 명군과 왜구의 전투도다. 명과 조선이 왜구의 약탈에 대비해 국경의 시설을 정비하는 등 해안 방어를 강화하자 왜구는 군사 규모를 늘리고 전술을 다변화했다. 국립중앙도서관 소장.

이러한 왜구 방어책은 조선 전기에도 유지되었다. 조선은 수군을 대폭 강화하고 화포를 발전시켜 바다에서 왜구를 공격하는 것을 주력으로 삼았지만, 왜구는 내륙 깊숙이 침범하기도 했기에 기병을 동원해야 했다. 고려 우왕 3년인 1376년 설치된 화통도감火㷁都監을 조선도 받아들여 적극 활용했다. 당시 왜구와 여진족은 모두 화약 무기를 도입하기 전이라, 화포는 남과 북 양쪽을 방어하는 데 효과적이었다. 조선 전기의 기병 강화 역시 남쪽의 왜구와 북쪽의 여진족을 방어하기 위한 것이었다.

바닷가에는 해안이나 가까운 섬을 중심으로 작은 방호 진지 형태인 진보鎭堡를 구축하고, 연해읍성沿海邑城을 건설했다. 세종 대 경상도 연일

만호부萬戶府
원나라의 영향을 받아 고려시대 설치된 군사 조직이다. 4~10개의 익군으로 구성된다. 익군은 지방의 농민을 징발해서 편성한 부대다. 조선 건국 이후 만호부는 모두 폐지되었다.

延日 · 곤남昆南 · 합포蛤浦와 전라도 임피臨陂 · 무안 · 순천, 충청도 비인庇仁 · 보령 등 8곳에 쌓은 연해읍성은 모두 왜구를 방어하기 위한 것이다. 이러한 읍성은 남부 지방을 중심으로, 문종 대에는 강원도에도 지어졌다.

하지만 왜구의 약탈은 계속되었다. 이종무李從茂는 1419년(세종 1) 6월 16일, 경상남도 통영군 한산도 옆 추암도에서 병선 227척, 군사 1만 7,000명이 발진해 쓰시마섬을 정벌했다. 그 후 쓰시마 도주島主가 왜구를 통제하겠다며 조선과의 무역을 요청해와 받아들이기도 했다. 부산포(동래), 내이포(진해), 염포(울산) 등 삼포를 개항해 무역을 허용하고 왜관倭館을 설치해 일본인들이 거주하면서 무역으로 먹고살 수 있는 길을 열어주었다. 그러나 무역량 증가 요구에 통제 정책으로 일관해 일본인들의 불만이 커졌다. 그 결과 삼포왜란三浦倭亂과 을묘왜변乙卯倭變이 일어났다.

당시 사회적 배경을 보면, 중종반정으로 연산군을 폐위한 뒤 조정의 분위기가 일신되었다. 노쇠한 공신이 젊은 사림 세력으로 대체되었고, 각종 정치 개혁이 일어났다. 하지만 그런 상황이라 더욱 삼포의 외교 특혜는 용납될 수 없었다. 일본인들의 무역에 철저하게 세금을 징수했고,

---

중종반정

왕조를 교체하는 것을 혁명, 왕조는 유지하면서 왕만 교체하는 것을 반정이라고 한다. 반정反正은 정도正道를 회복한다는 의미가 있다. 연산군의 폭정이 계속되자 1506년(연산군 12) 성희안成希顔과 박원종朴元宗 등이 반란을 일으켜 연산군을 몰아내고 그의 이복동생인 진성대군(중종)을 왕으로 추대했다. 중종반정으로 12년간의 연산군의 폭정은 끝났으나, 반정 공신들이 권력을 독점하면서 개혁은 이루어지지 못했다.

날마다 왜관에 거주하는 사람 수를 파악해 초과 인원이 있으면 쓰시마 도주에게 철수를 요청하기까지 했다.

왜구를 다스리다

삼포왜란은 1510년(중종 5)에 삼포에 거주하던 일본인과 쓰시마섬의 일본인이 결탁해 일으킨 폭동이다. 자유무역 지역이던 삼포에서 무역으로 이득을 취하던 일본인들과 쓰시마 도주는 군사를 일으키면 조선이 다시 무역을 풀어줄 것이라 기대하고 폭동을 일으켰다. 4월에 내이포에 거주하던 오바리시大趙馬道를 비롯한 몇몇이 완전무장한 일본인 5,000여 명을 이끌고 성을 포위하고 민가에 불을 질렀다.

부산포 첨사 이우증李友曾이 일본인에게 살해되었고, 내이포 첨사 김세균金世鈞은 납치되었으며, 백성 270여 명이 도륙당했다. 조정에서는 즉시 황형黃衡을 좌도방어사로, 유담년柳聃年을 우도방어사로 삼아 폭동을 진압하고 삼포를 폐쇄, 국교를 단절시켜버렸다. 이 사건으로 1512년(중종 7) 8월 임신조약壬申約條이 체결되어 일본은 더 많은 제약을 받게 되었다.

그러나 삼포왜란 이후에도 왜구의 침입은 멈추지 않았다. 심지어 왜구의 기승을 틈타 조선인과 중국인 중에서도 왜구 복장을 하고 해안 인근 마을을 도적질하는 가왜假倭까지 등장해 사회 혼란을 초래했다. 거기에 흉년이라도 겹치면 백성들의 삶이 한계에 내몰려 유랑민이 대폭 늘어났다.

1555년(명종 10) 5월에 을묘왜변이 발생했다. 왜구는 왜선 70여 척

〈동래부지도東萊府地圖〉로 상단부터 부산진, 왜관, 다대진의 모습이 보인다. 중앙의 섬은 절영도며 그 옆에 태종대가 그려져 있다. 부산진 위로는 동래성이 있다. 한국학중앙연구원 장서각 소장.

을 동원해 지금의 전라남도 해남군 북평면 지역인 영암의 달량포達梁浦에 침입해 민가를 불태웠다. 왜구는 성을 6겹으로 포위하고 함락하려 했지만, 성을 지키던 조선군이 활을 쏘아 물리쳤다. 그러자 왜구는 큰 깃발을 성 밑에 꽂고 방패로 방어하며 조금씩 성벽을 기어오르기 시작했다. 성안의 백성들까지 성벽 위에서 돌을 던지며 방어에 성공하는 듯했다. 그러나 성안의 식량과 무기가 소진되어 결국 성을 빼앗기고 말았다. 이때 해남 현감 변협邊協이 군사 300명을 거느리고 도우려왔으나, 전투에서 패해 간신히 몸만 빠져나왔다. 달량포를 함락한 왜구는 진도로 방향을 틀어 지금의 전라남도 진도군 임회면 지역인 남도南挑와 진도군 의신면 지역인 금갑金甲의 요새를 함락시켰다.

당시 관찰사였던 김주金澍는 전前 부사 유사柳泗를 장수로 삼아 병영을 지키게 했지만, 성을 버리고 도망해 왜구들은 아무런 저항 없이 병영에 침입해 각종 무기와 식량 700여 석을 약탈하고 건물에 불을 질렀다. 장흥부를 거쳐 영암까지 세력을 넓힌 왜구는 영암 향교에 들어가 제기와 위패까지 훼손하고 장기간 농성할 준비를 하며 인근 마을을 약탈했다.

중앙정부에서 방어사로 김경주金景錫를 파견했지만, 김경주는 왜구를 두려워해 전투를 하지 못하고 성문을 걸어 잠그고 목숨을 보전하기 바빴다. 다행히 이 지방 출신 양달사梁達泗가 광대를 불러 모아 여러 놀이로 왜구를 태만하게 한 뒤 공격해 승기를 잡았다. 왜구는 도망가면서도 무방비인 가리포와 강진성에 들어가 군량을 약탈하는 등 백성을 괴롭혔다. 심지어 제주도까지 약탈했으며, 제주 목사 김수문金秀文은 직접 전함을 이끌고 전투에 나가 총통으로 배를 불사르고 적의 목을 베어 을묘왜변에 종지부를 찍었다.

조선 정부는 을묘왜변을 계기로 비변사를 상설화시켰다. 이 '설익은 평화의 시기'에 만들어진 병서가 『국조정토록國朝征討錄』이다. 『국조정토록』에는 북방 여진족과 남방 왜구를 토벌한 기록이 담겨 있다. 조선을

비변사備邊司

조선 중·후기 군사 업무를 비롯해 국정 전반을 총괄한 최고 관청이다. 원래 조선시대 최고 기관은 의정부였으며, 군사 업무는 그 아래 병조에서 담당했다. 하지만 왜구나 여진족의 침입 등 비상사태가 발생하자 군사 전문가의 참여가 필요해졌고, 이들을 포함한 전시 임시 기구인 비변사가 만들어졌다. 을묘왜변으로 상설기구가 되었고, 임진왜란이 발발하자 전쟁 수행을 위한 최고 기구가 되었다.

괴롭히는 적에 단호하게 맞설 것을 주문하듯 문장에는 단호함과 결의가 묻어난다. 그러나 1592년(선조 25) 임진왜란이 발발하면서 조선은 송두리째 흔들렸다.

조선 땅을 넘보는 세력은 단호하게 응징하라

『국조정토록』은 편찬자와 편찬 시기는 명확하지 않지만, 내용을 살펴보면 대략 삼포왜란 직후인 중종 중반에 개인이 작성한 것으로 보인다. 즉, 관찬官撰이 아니라 사찬 자료다. 『광해군일기』에 민간에서 만들었다고 하고, 삼포왜란이 마지막으로 등장하기 때문이다. 시작 부분에 "우리 정부의 정토征討 중에서 큰 것이 무릇 일곱 번이다. 지금 각 해마다 일기에 근거해 자료를 모으고 순서를 매겨 상하권으로 만들어 『국조정토록』이라 하였다"라고 해서 편찬 시기를 대략 짐작할 수 있다.

책은 구성을 소개하는 범례와 상하권으로 구성되어 있다. 범례는 "기록 중 우리 군사면 정征(정벌)과 토討(토벌)라 하였고, 적병이면 구寇(도둑)와 반版(배반)이라 하였다. 적을 공격했을 때는 습襲(습격)과 전戰(전투)이라 하고 적을 무찔렀을 경우 참斬(베다)과 노虜(포로)라고 하였다"라고 상당히 상무적으로 썼다.

상권에는 세종 대 쓰시마섬을 정벌한 사건인 「정대마도征對馬島」, 파저강 유역을 정벌한 사건인 「정파저강征婆猪江」, 건주위 여진족을 정벌한 사건인 「정건주위征建州衛」가 실려 있다. 하권에는 성종 대 건주위 여진족을 정벌한 사건인 「정건주위」, 여진족의 다른 부족인 우디케兀狄合의 일족인

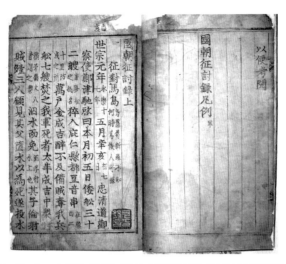

『국조정토록』은 세종 대 쓰시마섬을 정벌한 사건부터 여진족 정벌까지 조선이 적극적으로 임한 전투를 기록해놓았다. 한국학중앙연구원 장서각 소장.

니마거를 정벌한 사건인 「정니마거征尼麻車」, 서북면 여진족을 정벌한 사건인 「정서북노구征西北虜寇」를 실었고, 마지막 장에 중종 대 삼포왜란을 일으킨 왜구를 정벌한 사건인 「정삼포반왜征三浦叛倭」를 실었다. 정벌 목록에서 조선 초기 정벌 대상이 북방의 여진족과 남방의 왜구, 쓰시마섬의 일본인이었음을 알 수 있다.

조선시대 사료 중 『국조정토록』을 가장 자세하게 다룬 책은 성호 이익

『성호사설星湖僿說』

이익의 저술과 이익이 제자들의 질문에 답한 것을 정리한 책으로, 자연과학부터 정치·경제·인물·역사·문장·생활 문제 등 광대한 주제를 다루었다. 백과전서식의 포괄적 구성을 보이며, 이익의 강력한 사회 개혁 의지를 엿볼 수 있다.

李瀷이 쓴 『성호사설』이다. 이익은 유학과 역사를 다룬 「경사문經史門」에 『국조정토록』의 내용을 간추려 설명했다. 이익은 『국조정토록』을 습득한 배경과 내용을 정리한 이유를 다음과 같이 밝혔다.

내가 어느 친구 집의 오래된 상자 속에서 얻은 『국조정토록』은 지금 선비로서는 구하여 본 자가 드물 것이다. 오래되면 더욱 민멸泯滅될까 염려하여 그중 번잡한 것은 솎아내고 대강 적어두기로 한다.

정벌의 정당함을 알리다

이익이 『성호사설』에 요약한 내용 중 「정대마도」의 한 부분을 살펴보면 다음과 같다.

6월 임진일에 이종무는 모든 군사를 거느리고 50일 동안 먹을 군량을 배에 싣고서 바로 쓰시마섬을 향해 달려갔다.……좌군 박실朴實은 적의 군사가 적은 것을 보고 높은 곳을 습격하려 했는데, 저들의 복병이 갑자기 일어나 싸움이 불리하게 되어 편장編將 박홍신朴弘信 등은 그만 죽고 말았다. 왜가 우리 군사를 추격하자, 우리 군사는 언덕에서 떨어져 죽은 자와, 힘껏 싸우다 죽은 자가 110여 명이나 되었다.……이리하여 7월 병오에 이종무는 주사舟師를 인솔하고 돌아왔다. 모든 장수에게는 각각 공로에 따라 작급爵級을 하사하고 임오일에 임금께서 친히 동정 장사東征將士에게 잔치를 베풀어주었다.

이처럼 『국조정토록』은 실제 정벌의 과정에서 펼쳐진 전투와 전공까지 상세히 기록했다. 그런데 이익은 요약에 그치지 않고, 자신의 의견을 더해놓기도 했다. 쓰시마섬 정벌에 대해서는 상당한 비판 의식을 보여주었다.

진실로 은혜로 어루만져주고 위엄으로 복종하도록 하여 처우하기를 그 도道로 했다면 채찍을 꺾어 없애고도 제압할 수 있었을 것인데 어찌하여 군사를 고생시키기에 이르렀는가? 우리나라는 창과 칼이 날카롭지 못하고 편함만 생각하는 것이 습관으로 되었으니, 갑자기 힘껏 싸우기를 도모한다 해도 외국을 상대해서 뜻대로 될 수 없다. 이 싸움에도 좌군左軍은 불리하게 되었고 우군右軍만이 힘껏 대항한 셈이다. 이종무 등은 끝내 중군만을 고수하여 수레에 앉아 패망을 관망하였으니 죽여도 죄를 용서할 수 없는데 돌아와서는 벼슬과 상이 그에게 먼저 미쳤으니, 이렇게 하고서야 어찌 백성에게 나라를 위해 죽으라고 권장할 수 있겠는가?

성종 대 여진족의 일족인 니마거를 정벌한 사건인 「정니마거」에 대해서도 기록을 간추린 후 조정을 비판하는 내용을 추가하기도 했다.

이외에도 적은 군사로 많은 적을 대항하고 편의에 따라 공을 세운 이가 많으나 다 기록할 수 없으니, 온 나라의 힘을 움직여 다만 빈집만 불태우고 돌아온 것에 비하면 전혀 비교가 되지 않는다. 이런 사실로 본다면 우리나라의 병력도 일찍이 강하지 않은 것이 아니요 재주와 지혜가 뛰어난 사람이 없는 것이 아니건만, 다만 조정에서 짜낸 계책의 잘못이 한스러울 뿐이니 이루 탄식할 수 있겠는가?

실록에서 『국조정토록』을 찾아보면 6건이 검색되는데, 모두 광해군 대 기록이다. 다음은 비변사에서 광해군에게 『국조정토록』에 관해 보고한 내용이다.

민간에 『국조정토록』이란 책이 1권 있는데 거기에 조종조에서 왜노(倭虜)를 정벌한 사실이 다 기록되어 있습니다. 이 책이 오래되어 낡아서 상고할 수 없는 사항도 있기 때문에 사자관(寫字官)에게 똑같이 베끼게 한 다음 입계하여 전하께서 보실 수 있도록 하였습니다.

광해군은 "그 책을 등서하여 실록을 봉안한 곳에도 1부를 간직해두도록 하라"고 말할 정도로 관심을 보였다. 민간에서 만든 병서지만 베껴 사고(史庫)에 함께 두도록 한 것은, 그만큼 이 책이 국방에 중요하다고 판단했기 때문이다.

광해군 대 가장 시급했던 문제는 역시 국방이었다. 7년간 임진왜란을 거치면서 국토는 황폐화되었고, 오랑캐라 업신여겼던 여진족이 세력을 결집해 후금(훗날 청)이라는 이름으로 명나라를 압박할 정도였기에 조선은 '고래 싸움에 새우 등 터지는' 일이 잦았다.

대표적으로 1619년(광해군 11) 심하 전투가 발생했다. 강홍립(姜弘立) 등이 조총병을 중심으로 편성한 조선군 1만 명이 후금의 철기병에 거의 몰살당했다. 이 전투가 발생하기 전인 1618년, 파병을 대비하는 과정에 『국조정토록』을 활용한 것이다. 어쩔 수 없는 파병이었지만, 『국조정토록』에 수록된 여진족과의 전투 내용과 경과 처리 방식은 국방 정책에 상당한 도움이 되었다.

이처럼 『국조정토록』에는 조선의 능동적인 자주권 발동 사례가 담겨 있다. 몇백 년 전이나 오늘이나 국제 관계는 늘 긴장의 연속이다. 실리를 추구하려면 복잡한 관계에 현명하게 대처해야 한다. 한 번의 실수로 국민 모두가 큰 고통을 겪을 수 있기에 실리 외교는 늘 국가의 현안일 수밖에 없다.

2장

임진왜란 이후
잿더미에서 일어서다

임진왜란으로 깨달은 전략
『무예제보』

조선군의 괴멸적 패배

1592년(선조 25) 4월 13일, 긴 전쟁의 서막이 올랐다. 부산 가덕도 응봉 봉수대에서 적선의 출현을 알리는 최초의 봉수가 오르며 임진왜란이 시작되었다. 당시에 보고된 내용은 "약 90여 척의 왜선이 가덕도 남쪽에서 부산포를 향해 항해 중이다"라는 것이었다. 조선은 삼포왜란을 비롯해 왜구의 잦은 출몰을 겪어왔기 때문에 이러한 상황을 국지전으로 파악해 효과적으로 대응하지 못했다.

개전 하루 만에 부산진의 정발鄭撥이 패전하고 이튿날 동래성이 함락되었다. 당시 조선군은 보병에 북방 세력 견제를 위해 훈련된 기병 중심으로 짜인 오위 편제가 중심이었고, 여기에 활과 총통 등 원거리 무기

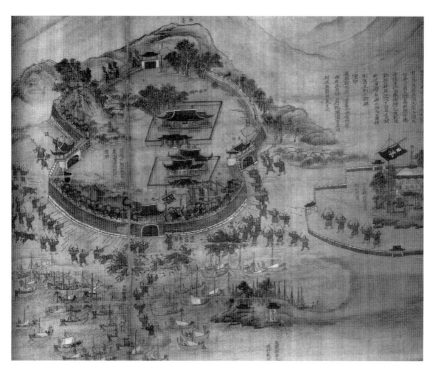

임진왜란 중 부산진에 공격해 들어오는 왜군을 묘사한 〈임진전란도王辰戰亂圖〉다. 남문을 사이에 두고 왜군과 치열한 접전이 벌였지만, 부산진 첨절제사 정발은 끝내 전사하고 진을 빼앗겼다. 규장각 한국학연구원 소장.

약간을 전략적으로 활용하고 있었다. 그러나 일본은 16세기 중엽 포르투갈에서 수입한 조총을 개인 무기로 보급했다. 창검으로 구성된 기존의 단병접전短兵接戰 기법에 조총을 더해 한층 복합적인 전술을 운용했다.

부산을 점령한 일본군과 조선군 주력부대가 맞붙은 탄금대 전투를 보면 양군이 구사하던 전술의 차이가 확연히 드러난다. 당시 조령鳥嶺이라는 천연의 방어선이 있었지만 신립申砬은 기병 전술을 활용할 수 없다는 이유로 조령을 포기하고 충주성으로 회군했다. 조선군은 탄금대에 배수

진을 쳤다. 탄금대 전투의 패배는 조선 기병의 돌파 전술이 일본의 조총과 단병접전 전술에 취약하다는 것을 잘 보여준다.

탄금대 전투에 관한 일본 측 사료로는 포르투갈 선교사 루이스 프로이스Luis Fróis가 남긴 기록이 가장 자세하다. 탄금대 전투 당시 그는 마카오에 체류해 전투를 직접 보지는 못했지만, 1595년에 나가사키로 돌아온 후 전투에 참가한 이들과 면담해 당시 상황을 재구성했다. 이를 통해 당시 양군의 전술 차이를 명확히 알 수 있다.

그들(조선군) 대부분은 기마병으로 일본군과의 야전을 치르기 위해 선발된 왕궁의 신분 있는 병사들이었다.……아고스티뇨(고니시 유키나가小西行長의 세례명)는 병사들에게 전투 대열을 갖추도록 명령했다. 게다가 "막상 부딪쳐서는 조선인들을 놀라게 하지 않도록 아무 깃발도 올리지 말고 의기意氣를 잃은 것처럼 보이게 하면서 진격시켜라. 추후에 깃발을 일제히 펼럭이라는 명령을 내릴 것이다"라고 명했다. 조선군도 진을 정비하고 달모양으로 전투대형을 펼쳤다. 그들은 적군이 소수인 것을 보자 적진의 중앙을 공격하면서 한 명이라도 빠져나가지 못하게 포위하기 시작했다. 양쪽 군대가 접근했을 때 조선군의 예상은 어긋났다. 깃발들이 펄럭이고 다수의 일본 병사가 모습을 나타내고 조선군의 양 끝을 노리고 맹렬한 포화를 퍼부었다. 조선군은 그러한 공격에 견딜 수 없게 되어 조금 후퇴하였다가 이내 태세를 가다듬어 한두 번 다시 공격하기 시작했다. 그러나 일본군은 매우 계획적으로 진격하면서 총포에 더해 대도의 위력으로써 맹렬하게 공격하였기 때문에, 조선군은 싸움터를 버리고서 발을 날개처럼 하여 앞다투어 도망쳤다.

이 기록에 의하면 일본군은 깃발과 병력 대부분을 숨기고 기만전술을 활용해 조선군을 끌어들인 것으로 확인된다. 이후 조선군 기병이 달 모양의 전투대형으로 일본군 진영을 돌파하고 포위하는 전술을 구사했다. 여기서 말하는 달 모양의 전투대형은 조선 전기 기병 전투대형 중 언월진偃月陣으로 U자 모양으로 적을 포위해 섬멸하는 대형이다. 이러한 조선군 기병의 돌격 전술에 맞서 일본군은 깃발 부대로 기만전술을 펼치며 조총으로 집중사격을 가한 후 큰 칼과 장창으로 조선군을 격퇴했다.

일본군의 새로운 전법에 무력했던 조선군

당시 일본군의 핵심 전술은 아직 조선에 보급되지 않은 조총 부대를 선두에 세우고 선제 사격을 가한 뒤, 창과 검을 든 살수들이 달려들어 단병접전을 펼치는 것이었다. 임진왜란 당시 항왜가 일본군의 전술을 설명한 기록을 보면 다음과 같다.

왜군은 군대를 나눌 때마다 반드시 다섯으로 만든다. 일진一陣이 적을

> **항왜**降倭
> 항복한 왜군이라는 의미로, 임진왜란 중 조선군에 투항해 조총 기술과 왜검법을 전수하기도 했다. 약 1만 명 정도였다.

맞이하면 뒤에 이진二陣은 좌우의 날개를 벌려서 그들을 포위하며, 좌우 두 머리가 적을 대치하면 또 뒤의 두 진이 그 바깥으로 둘러 나와서 언제 고 우리 군사로 하여금 그들의 포위망으로 몰아넣는다.……(왜군은) 군사 들을 셋으로 나누어 편성해서 삼첩진三疊陣을 만들고 행렬을 이루었는데 앞에 선 행렬은 기치旗幟를 가졌고, 가운데는 조총을 갖게 하고, 뒤의 행렬 은 단병短兵을 가지게 한다. 적을 만나면 앞 행렬의 기치를 잡은 자들은 양 쪽으로 나누어 벌려 포위한 형태를 만들고, 중앙 행렬의 조총을 가진 자들 이 일시에 총을 발사하여 적진에 충돌하니 적군이 조총에 많이 상하여 적 진이 요동한다.……뒷 열의 창검을 가진 자들이 뒤에서 추격하여 마음대 로 적 도망병을 목 베어 죽인다.

이러한 일본군의 조총 발사 후 창검으로 격돌하는 보병 위주 전술은 조선군에 결정적인 타격을 입혔다. 명나라 조승훈祖承訓의 기병 부대 역 시 이러한 전술을 극복하지 못하고 전투에서 패배해 하루 만에 본국으 로 패퇴했다. 탄금대 전투 이후 도성이 함락되고 명나라의 1차 원군이 패퇴한 뒤 최초로 전술적 한계를 극복한 것은 조명연합군의 평양성 탈 환 전투였다.

조승훈이 이끈 명의 1차 원군이 활용한 전술은 기병 위주였기에 일본 군에 패배했으나, 2차 원군으로 온 이여송李如松은 근접전에 능한 절강보 병浙江步兵을 동원해 일본군의 전술을 극복했다. 임진왜란 과정에서 조선 군은 일본군의 조총뿐만 아니라 단병접전 무기인 일본검에 상당한 타격 을 입었다. 비록 평양성은 탈환했지만, 조명연합군의 평양성 탈환 전투

1593년 1월 8일, 고니시 부대가 점령한 평양성을 조명연합군이 합동으로 탈환하는 모습을 담은 〈임란전승평양입성도병 壬辰戰勝平壤入城圖屛〉이다. 평양성 탈환 전투의 승리를 시작으로 일본군을 몰아낼 수 있었다. 고려대학교 박물관 소장.

에서도 일본군의 창검에 심각한 타격을 입었다.

1593년(선조 26) 1월의 평양성 탈환 전투를 보면, 먼저 명군은 군사를 나누어 성 밖 서북쪽을 포위하고, 이후 일본군의 조총 부대가 가장 극렬하게 대응했던 모란봉 쪽에 궁수를 배치해 화포로 기선을 제압한 후 성문을 향해 돌격전을 감행했다. 좌참장으로 절강보병을 이끈 낙상지駱尙志는 평양성 함구문 쪽의 성을 따라 장창과 작은 방패를 짊어지고 전투에 직접 참가했다.

명군은 강력한 화포와 단병접전에 능한 절강보병으로 평양성을 수복했다. 하지만 적과 교전에서 칼날에 맞아 죽은 자가 1,000명이나 된다고 할 정도로 왜검은 명군에도 큰 타격을 입혔다. 이런 상황을 타개하기 위해 조선은 일본과 명나라의 단병 무예를 적극적으로 수용했다. 항왜에게 검술 교관 자리를 맡겨 조선군에게 왜검법을 직접 가르치도록 했다.

특히 선조는 새로 신설된 훈련도감訓鍊都監의 무사들이 시재試才(무예를 시험하는 것)할 때 검술이 우수한 자에게는 상을 주고, 검술 훈련이 미비한 자는 치죄하겠다며 검술 훈련을 독려했다. 선조는 검술의 중요성을 체감하고 적극적으로 왜검 익히기를 강조하며 일본 기술 포용책을 구사했다.

투항해온 왜병에 대해 외방으로 보낼 자는 빨리 내려보내고 그중에 머물러 둘만한 자는 한양에 머물러 두고 군직을 제수하여 총검을 주조하거나 검술을 가르치거나 염초焰硝를 달이게 하라.

선조는 적국의 기술이 곧 우리의 기술이라 강변하며 왜검법을 터득하기 위해 직접 나서서 이를 권장하기도 했다. 그러나 선조의 적극적인 지지에도 왜검법을 직접 전수받기에는 많은 문제가 있었다. 선조는 이에 우리나라 습속은 남의 나라의 기예를 배우기 좋아하지 않고 더러는 비굴하게 여긴다고 질책하기도 했다. 또한 항왜병 중 검술이 뛰어난 자들을 모아 군영에서 교습시킬 것을 다시 명령했으나 관심을 갖지 않고 흘어보냈다며 답답함을 호소하기도 했다. 그 과정에서 선조는 명군의 무예에 관심을 갖기 시작했다.

중국의 이순신, 척계광

명나라의 새로운 절강병법浙江兵法을 익히기 위해 1598년(선조 31) 훈련도감 낭청郎廳 한교韓嶠를 중심으로 명나라의 병법서인『기효신서紀效新書』에 수록된 무예 중 근접 거리에서 교전을 펼칠 수 있는 6가지를 뽑아 정리해『무예제보武藝諸譜』를 편찬했다. 절강병법은 평양성 탈환 전투에서도 확인되었듯이 전쟁의 판도를 바꿀 수 있는 계책으로 받아들여지기도 했다.

당시 절강병의 전술은 조선군이 접해보지 못한 새로운 전법이었으며 무기 역시 낯설었기 때문에 이를 배우기 위해『기효신서』의 무예를 도입하게 되었다.『기효신서』는 명나라 장수 척계광戚繼光이 쓴 병서로, 왜구에 우세했던 절강병법의 요체가 담긴 군사 서적이다.

척계광은 우리나라의 이순신에 비견될 정도로 중국에서 추앙받는 명장이다. 당시 명나라는 해안을 중심으로 왜구의 침입이 극심해지자, 전술이 뛰어난 장수를 파견했다. 1555년, 명의 중앙정부는 등주위지휘첨사 척계광을 저장浙江(절강)으로 발령해 참장參將 직위로 닝보寧波·사오싱紹興·타이저우台州의 군무를 관할하게 했다. 그러나 척계광이 저장 지역에 부임한 후 군대의 상태를 점검하니 상황이 말이 아니었다. 군사들은 기본 전술훈련도 제대로 하지 못할 정도로 오합지졸이었다. 게다가 왜구의 계속된 침입으로 세수가 부족해져 무기도 제대로 관리되지 못

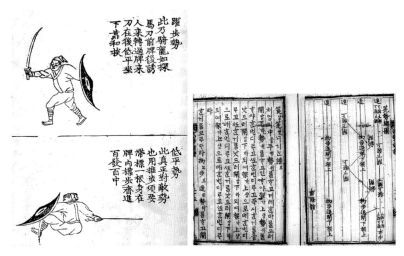

『기효신서』에 실린 등패(좌)와 『무예제보』에 실린 낭선(우)의 설명이다. 등패는 등나무를 이용해 만든 방패로, 그림은 등패로 막고 칼로 내려치는 약보세와 칼을 접고 표창을 뽑아 적에게 던지는 저평세의 모습이다. 낭선은 대나무 가지에 철조각을 달고 독을 묻힌 것으로, 움직이는 철조망 역할을 해서 적의 돌입을 막았다. 빗자루로 쓸어내듯 좌우로 적을 쓸어버리는 구개세가 특징이다.

했다.

척계광은 이러한 한계를 극복하기 위해 군대에 투입되는 비용은 최저로, 효율은 최고로 높이는 이른바 '가성비 전술'을 고민했다. 새로 부임한 지역을 꼼꼼하게 살펴 주변 지역에서 쉽게 구할 수 있는 재료로 무기를 만들고, 인근 농민을 규합해 새로운 형태의 군대를 조직했다. 이것이 바로 척가군戚家軍이다. 중국 남송시대 명장으로 추앙받는 악비岳飛의 군대 악가군岳家軍을 본뜬 것이다.

저장 지역은 강수량이 많고 기온이 높아 평지는 대부분 논이고, 산에는 등나무와 대나무가 잘 자랐다. 척계광은 인근 산에서 등나무를 채취해서 다듬은 후 여러 번 찌고 말린 뒤 표면에 기름을 발라 칼날에 쉽게 베이지 않는 방패를 만들어 등패藤牌라 불렀다. 대나무는 가지를 모두 떼어내고 날카로운 창날을 붙여 긴 죽창 형태로 만들었다. 가지가 튼실한 대나무는 가지를 그대로 두고 가지 끝에 작은 철 조각 여러 개를 달고 독을 묻혀 일종의 휴대용 철조망을 만들었다. 이는 낭선狼筅이라고 한다. 또한 농민들이 풀 더미나 두엄을 옮길 때 사용하는 가지가 3개 달린 농기구를 전투에 활용할 수 있게 발전시켜 당파鎲鈀를 만들었다.

당시 일본군의 칼은 일반적인 전투용 칼보다 길어 명군이 대적하기 어려웠는데, 척계광은 일본군이 사용하는 왜검보다 길고 무거운 장도長刀를 만들었다. 장도는 두 손으로 잡고 써야 해서 쌍수도雙手刀라 불렸다. 척계광은 이렇게 큰 비용 없이 무기를 확충하고 농민군의 특성을 살린 소규모 부대 단위 전술을 만들었다.

저장 지역은 논이 많아서 말이 빠르게 달릴 수 없을뿐더러, 전투마를 관리하려면 상당한 비용이 들기에 군사 전원을 보병으로 편성했다. 같은 마을에 살던 친숙한 농민 12명씩 조를 이루어 전투에 임하게 했는데, 군사들 사이에 끈끈한 정이 있으면 전투 능력을 높일 수 있다는 판단에 서였다. 논이 많은 지역이라 군대는 좁은 논두렁길을 따라 움직였고, 전투 역시 광활한 평지가 아닌 좁은 지역에서 펼쳐졌기에, 소규모 부대 중심의 전투는 탁월한 선택이었다. 이러한 척계광의 소규모 부대 진형을 원앙진법鴛鴦陣法이라고 한다. 부대원 12명이 한 쌍의 원앙처럼 서로 의지하며 전투 시 공조 체제를 갖추어야 하기 때문이다.

척가군의 훈련이 완성될 무렵인 1561년 4월, 1만 명이 넘는 왜구가 전선 수백 척을 동원해 저장성 동쪽에 있는 타이저우와 원저우溫州로 침입해왔다. 척계광은 척가군을 이끌고 출동해 용산과 안문령 일대, 타이저우와 주변 해안 구릉까지 진출한 왜구를 격파했다. 척가군의 창검에 왜구 1,400명이 도륙되었고, 물에 빠져 죽거나 불에 타 죽은 자는 4,000명이 넘었다. 척계광은 그 공로로 지휘사로 승진했다.

하지만 1년이 지나지 않아 왜구는 또다시 대규모 전투 선단을 조직했다. 2만여 명에 달하는 왜구가 푸젠성 취안저우泉州 · 장저우漳州 · 싱화興化(현재의 푸텐) 등지에서 노략질을 했다. 척계광의 군대는 이번에도 선봉이 되어 단 한 번의 패배도 없이 상륙한 왜구를 모조리 참살했다. 1563년 11월에는 센유仙游와 장푸漳浦 지역에서 왜구 2,000여 명을 격퇴했다. 1566년 무렵이 되자 왜구가 더는 명나라의 바다를 침범할 엄두를 내지 못했다.

조선군이 활용한 현장 중심 전술

임진왜란 당시 조선군은 명군이 사용한 당파나 낭선을 보고 의심을 넘어 비웃기까지 했다. 그러나 평양성 탈환 전투에서 일본군을 제압하는 것을 보고 명군의 무예를 인정하게 되었다. 『무예제보』에 실린 6가지 무예는 곤방棍棒 · 등패 · 낭선 · 장창長槍 · 당파 · 장도로, 일본군의 단병 접전을 방어하고 공격하는 데 효과적인 무예들이다. 이 6가지 무예가 전장에서 어떻게 활용되는지는 『병학지남연의兵學指南演義』에 자세히 기술되어 있다.

장창과 당파 두 종류는 적을 죽이는 기구고, 방패와 낭선 두 종류는 적을 방어하는 기구며, 창과 낭선은 단병 중에 장병長兵이고, 방패防牌와 당파는 단병 중에 단병이다. 이 진영은 하나는 긴 병기를 사용하고 하나는 짧은 병기를 사용하며, 하나는 적을 죽이는 병기를 사용하고 하나는 적을 방어하는 병기를 사용하며, 여러 가지 병기를 혼합 운용함으로써 승리를 거둔다.

낭선은 등패와, 당파는 장창과 짝을 이루어 신속히 공격과 방어를 펼칠 수 있도록 배치되었다. 이와 같이 긴 무기와 짧은 무기를 적절히 배치해 장이위단長以衛短(긴 무기로 짧은 것을 지킨다), 단이구장短以救長(짧은 무기로 긴 것을 구한다)을 이루었다. 이렇게 장단이 조화롭게 배치된 소규모 부대를 배치한 것이 원앙진법인데, 임진왜란 당시 평양성 탈환 전투에서도 원앙진법으로 일본군을 제압했다. 『무예제보』에는 이 원앙진법을 운용할 때 필요한 무예 6가지가 정리되어 있다.

화약 무기, 전장을 바꾸다
『신기비결』

전쟁의 모든 것이 바뀌었다

고려시대 최무선이 '국산화'를 이루어낸 화약 무기는 조선이 들어서면서 비약적인 발전이 이루어졌다. 국방력 강화가 절실했던 신생 국가에 화약이란 결코 포기할 수 없는 무기였다. 조선시대에는 천자天字 · 지자地字 총통 등 대구경 화포를 비롯해서 오늘날 권총과 비슷한 휴대용 무기인 세총통까지 개발되었다. 임진왜란 때 판옥선에서 발사한 거대한

> **판옥선**
> 조선 수군의 대형 군선으로, 배 위에 한 층을 더 만들어 1층에서는 노를 젓고 2층에는 전투에 임할 군사들은 배치했다. 배가 높기 때문에 왜군이 기어오르기 힘들며 활과 함포를 쏘는 데 유리했다. 125~130명이 승선할 수 있는 거대 함선이다.

조선 전기의 대표적인 화포 중 하나인 대장군포大將軍砲다. 위력이 대장군의 지략과 위엄에 비길 만하다 해서 대장군포라 불렸다. 발사 시 포신이 부서지지 않도록 대나무 마디 같은 8개의 죽절로 보강했다. 육군박물관 소장.

대장군전大將軍箭만 보아도 조선 총통의 위력을 알 수 있다. 여기에 신기전神機箭이라는 자체 추진형 로켓을 만들어 수백 개의 화살을 연속적으로 날리기도 했다. 조선 전기까지 우리나라는 당대 어느 나라에도 뒤지지 않는 화약 무기 기술을 보유하고 있었다.

화약 무기의 발전은 화약의 또 다른 용도인 불꽃놀이에도 커다란 영향을 끼쳤다. 화려한 불꽃놀이에 사용되는 기술은 국방에도 상당히 중요하다. 유사시에는 불꽃놀이 기술이 군사용으로 전환되기 때문이다.

불꽃놀이는 국방 기술의 우위를 알리는 외교 수단으로도 활용되었다. 1399년(정종 1) 한양에 도착한 일본 사신 앞에서 화약 무기를 담당하던 군기감이 초대형 불꽃놀이를 벌였다. 일본 사신은 "이것은 사람의 힘으로 하는 것이 아니고, 하늘의 신이 시켜서 한 것이다"라고 할 정도로 큰 충격을 받았다. 불꽃놀이로 그들의 기를 죽인 것이다. 조선 개국 초부터 지속적으로 북방을 약탈해온 여진족 사신 앞에서는 화산붕火山棚을 집중적으로 소개했다. 불꽃이 별똥별처럼 하늘을 가르고 우레와 같은 소리가 났다고 한다.

중국은 고려시대 이전부터 화약 무기를 개발해 사용해왔다. 당연히 중국인들은 자국의 불꽃놀이 기술에 자부심이 높았다. 중국 사신들은 조선의 불꽃놀이를 노골적으로 빈정댈 정도였다. 그러나 작심하고 보여준 불꽃놀이를 보고는 입을 다물지 못했다. 당시 화염이 수십 미터까지 치솟고 폭음이 궁궐 전체를 압도할 정도였다고 한다. 한 사신은 "그 넓은 중국 어디를 가도 이런 놀라운 모습을 볼 수 없었다"고 칭찬을 아끼지 않았다.

조선의 불꽃놀이 기술이 알려지자 화약 기술을 빼내기 위한 첩보 활동이 활발하게 벌어졌다. 당시 화약 기술은 일급 국가 기밀이었기 때문에 화약을 만드는 방법을 함부로 누설하거나 화약 무기를 국외로 빼돌린 자는 극형에 처했다. 1431년(세종 13) 예조판서 허조許稠는 화약은 곧 군사용으로 쓰일 수 있기에 보여주지 말자고 건의하기도 했다.

군기감軍器監
고려시대와 조선시대에 병기 제조를 관장한 관청이다. 『경국대전』에 따르면 600명이 넘는 분야별 장인이 근무했다고 한다. 다양한 부속 시설이 있었는데, 그중 하나가 화약 무기를 제조한 화약감조청火藥監造廳이다.

화약이 한정이 있는데 한 붕柵에 허비되는 것이 매우 많습니다. 더구나, 본국의 불을 쏘는 것의 맹렬함이 중국보다도 나으니 사신에게 이를 보여서는 안 됩니다. 저들이 비록 청하더라도 마땅히 이를 보이지 마십시오.

묵은해를 보내고 새해를 맞이할 때는 어김없이 궁궐에서 화려한 불꽃놀이가 펼쳐졌다. 굉음과 불꽃으로 잡귀를 몰아내고자 했던 것이다. 성종은 그 화려한 모습에 반해 군사용 비축 화약까지 사용하기도 했다. 1477년(성종 8)에는 불꽃놀이용 화약을 제조하던 제약청製藥廳에서 불이 나 강력한 폭발로 4명이 즉사하고 2명이 심한 화상을 입었다. 그런데도 성종은 불꽃놀이를 준비하라는 어명을 내렸을 정도로 불꽃놀이에 빠져 있었다. 성종은 "불꽃놀이는 군사 업무에 해당하는 일이니 단순한 놀이가 아니다. 특히 화약의 폭발 소리로 귀신을 쫓을 수도 있으니 재앙을 물리칠 수 있는 중대한 일이다"라고 강행 이유를 밝혔다.

이렇게 불꽃놀이를 하고 총통과 신기전 등 다양한 무기를 개발할 정도로 화약 기술이 발달했지만, 안타깝게도 이를 적극적으로 전장에 배치하지는 못했다. 조선의 화약 기술은 금비책禁秘策, 즉 특급 보안으로 북방이나 남해안 지역에서는 활발하게 사용하지 못하게 했기 때문이다.

그런 상황에서 임진왜란이 일어났고, 조선은 일본보다 우수한 무기가 있었는데도 조총을 중심으로 한 새로운 전술 체계에 적절하게 대응하지 못해 개전 20여 일 만에 도성이 함락당하는 치욕을 겪어야 했다. 임진왜란 당시 일본군 중 조총병은 20퍼센트 내외로 그다지 비율이 높지 않았다. 하지만 이를 다양한 병종과 혼합해 새로운 전술을 펼쳤기에 기병 중심의 조선군 체제로는 대응하기 어려웠다.

기술 보급은 빨랐지만 전술 활용은 더뎠다

조선군에도 화약 무기가 있었지만, 일본군은 빠르게 조총을 집단으로 운용했다. 이는 일종의 문화 충격이었고, 조선군은 혼란에 빠지기 충분했다. 게다가 조선은 개국 후 전면전보다 국지전 중심의 짧은 소규모 전투만 겪었기 때문에, 수년에 걸친 거대한 전쟁의 개념은 잃어버린 상태였다. 반대로 일본군은 200여 년간 센고쿠시대(전국시대)를 거치며 축적된 전쟁과 전투 노하우가 장수는 물론 하급 군사들에게도 남아 있었다. 임진왜란 초기 조선군과 일본군의 상황은 신출내기와 백전노장의 싸움과도 같았다.

다만 육지전과는 달리 바다에서는 조선 수군이 일본군을 확실하게 괴멸시키면서 전라 지역의 쌀을 비롯한 군량을 보호할 수 있었으며, 해로를 통한 빠른 도성 상륙을 막을 수 있었다. 조선 수군이 판옥선과 거북선에 총통을 비롯한 각종 화약 무기를 효과적으로 배치하고 운용해 일본 수군의 전술을 무력화시켰다.

임진왜란 개전 후 조선은 일본군의 조총과 전술을 분석해 조선군의

센고쿠시대戰國時代
일본의 무로마치室町 시대 말기 중앙정부의 힘이 약해지면서 지방 영주들이 다투던 시대를 말한다. 도요토미 히데요시가 1590년 전국을 통일하고 2년 뒤 임진왜란을 일으켰다.

임진왜란 중 이장손李長孫이 발명한 비격진천뢰다. 완구碗口로 발사하는데, 심지가 천천히 타들어가 적진에 떨어진 후 시간차를 두고 폭발해 내부의 철 조각이 비산해 적을 살상하는 무기다. 육군박물 관 소장.

전략 구축에 활용했다. 항왜병 중 조총 제작과 화약 제작에 능한 군사를 가려내어 군직을 내렸다. 이들을 적극 활용해 조선식 조총을 제작하고 조총 훈련을 주관하게 했다.

전쟁 중 치러진 무과 시험에 조총이 새로운 과목으로 채택되면서 조 총수의 역할은 한층 중요해졌다. 조총병은 삼수병 중 포수砲手의 역할을 맡았으며, 전쟁이 끝나갈 무렵에는 상당한 실력을 갖춘 정예부대가 되 었다. 이들은 훗날 나선정벌羅禪征伐의 선봉에 서기도 했다.

조총과는 별개로 지연신관의 개념을 도입한 발사형 폭발물인 비격진천뢰飛擊震天雷, 고춧가루나 석회 가루 등을 혼합해 호흡기나 눈을 공격하는 비몽포飛礞砲 같은 새로운 형태의 화약 무기가 개발되어 전장에서 활용되기도 했다. 특히 비격진천뢰는 투척 후 일정 시간이 지나 폭발하기 때문에 일본군을 혼란에 빠뜨리기 충분했다. 전쟁 이후에는 소구경 화포인 호준포虎蹲砲와 불랑기佛狼機, 대구경 화포인 홍이포紅夷砲 등을 중국에서 들여와 활용하기도 했다. 그 외에 매화법埋火法이라고 해서 긴 도화선을 연결해 계곡 너머까지 여러 개의 폭발물을 터뜨리는 무기가 개발되기도 했다. 성산화星散火는 불꽃놀이의 일종으로 군사용 신호로 활용되었다. 성산화를 사용하면 오늘날의 야간 불꽃 축제와 비슷한 장면이 연출되었다.

이렇게 다양한 화약 무기가 제작되고 보급되면서 화약 무기에 관한 병서가 만들어졌다. 대표적인 것이 임진왜란 중 한효순韓孝純이 편찬한 『신기비결神器秘訣』이다. 임진왜란 중에 이미 일본군의 화약 무기 성능이 확인되었기 때문에 그동안 조선에서 통용된 화약 무기 금비책은 효용성이 사라졌다.

지연신관
포탄이나 폭탄이 떨어진 뒤 일정 시간이 지나 폭발하도록 만든 신관을 말한다. 살상력이 높고 적에게 공포심을 준다.

조총과 총통 준비법부터 연습법까지

『신기비결』은 북방에서도 가장 험한 함경도 순찰사로 있던 한효순이 1603년(선조 36)에 편찬해 함흥에서 간행한 1책 71장의 활자본 병서다. 책의 머리글인 권두에 쓰인 서명은 『신기비결제가병법부神器秘訣諸家兵法附』인데, 줄여서 『신기비결』이라 불렀다. '신기神器'는 신묘한 무기라는 뜻으로 화약 무기를 말한다. '신기비결'은 '신묘한 무기에 대한 비밀스러운 방법'이라는 뜻이다. 거기에 '제가병법부'라 해서 여러 군사 이론가의 병법을 체계적으로 정리했다. 화약 무기를 이용한 효과적인 전투 방법을 담고 있기에 병법론과 군사 운영에 관한 분량이 많다.

『신기비결』은 「권두」·「본문」, 부록인 「제가병법부」·「발문」 등 4개 체제로 구성되었으며, 화약 무기 운용법과 군사훈련 방법까지 세밀하게 다루었다. 「권두」에는 대포 1위位와 조총 1문門의 구성 요소를 설명했다. 예를 들면, 조총 1문은 삭장欒杖(총구 속 화약을 다지기 위한 긴 나무) 1뿌리, 석별錫鼈(큰 화약통) 1개, 약관藥管(화약 넣는 작은 통) 20개, 피대皮袋(가죽 주머니) 1개, 총투銃套(조총 덮개) 1벌, 소연자小鉛子(작은 납 탄알) 적당량, 화승火繩(불을 붙이는 데 쓰는 노끈) 적당량, 화약 적당량 등이다. 쌍안총·백자총·대소의 승자총통 이하 여러 총통은 모두 이 방법과 같다고 했다. 따라서 조총을 사용하는 포수는 반드시 이 8가지 도구를 몸에 지니고 다녀야 했다.

「본문」에서는 권두에서 소개한 무기의 훈련 내용을 단계별로 실었다. 화약 무기를 발사하기 위한 단계를 노래로 만들어 쉽게 외우도록 한 것

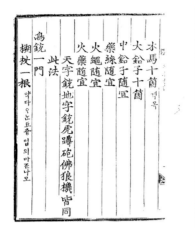
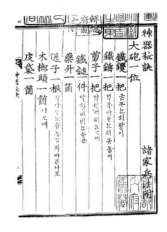

「신기비결」을 보면, 대포 1위를 발사하기 위해 철확·철추·전자·전자·철봉·약승·송자·목랑두·피대·목마·대연자·중연자·약선·화승·화약 등이 필요했다는 것을 알 수 있다.

도 볼 수 있다. 대표적으로 조총 발사법인 「총가銃歌」가 있다. 총가를 순서대로 살펴보면 총 닦고, 화약 부어 넣고, 삭장으로 화약 밀어 넣어 채우고, 납 탄알 집어넣고, 삭장으로 납 탄알 밀어 넣고, 복지覆紙(총알이 밀려나오지 않도록 막아주는 덮개 종이) 내리고, 복지 밀어 넣고, 화기 아가리 열고, 화약심지 내리고, 화기 아가리 흔들어 아가리 화약을 몸통 화약과 섞고, 곧바로 화포 아가리 닫고, 용두龍頭(갈고리쇠)로 화승 누르고, 명령에 따라 화포 아가리 열고, 적을 조준해 발사하는 등 총 14개 동작으로 구성되어 있다.

그다음에는 이러한 연속 동작을 효과적으로 익히기 위해 탄환이나 화약 등 발사 도구를 몸에 어떻게 부착하는지 설명했다. 군사는 자신의 조총에 들어가는 납 탄알의 무게가 어느 정도고, 한 번 발사에 필요한 화약의 양은 얼마인지 미리 계산해 준비한다. 대나무를 잘라서 통으로 만들어, 허리에 찬 가죽 주머니 20개에 하나씩 끼워 신속하게 발사할 수 있도록 준비한다.

덧붙여 화약 무기 발사 상황에서 발생할 수 있는 다양한 문제를 지적하기도 했는데, 먼저 아무런 준비도 하지 않고 있다가 발사 순간이 되면 주변 군사의 눈치를 살짝 보고 빈총을 들어 하늘을 향해 쏘는 모습만 흉내내는 군사가 있다고 지적했다. 또한 전쟁 중 적이 가까이 오면 탄알과 화약 없이 발사하는 시늉만 하고 달아날 생각만 하는 군사도 많다고 지적한다. 심지어 장전된 조총을 전장 한가운데에 내던져버리고는 얼굴에 검정을 바르고 고성을 지르며 탄알과 화약이 떨어졌다고 호들갑을 떨기도 한다는 것이다. 이런 군사들은 반드시 군법으로 다스리게 했다.

조총 훈련이 멈추면 군대도 멈춘다

「제가병법부」에는 군대를 통솔하는 다양한 방법을 서술해놓았다. 조선 후기 군사 편제는 속오법束伍法이라 해서 11명의 군사로 구성된 1대隊, 3대의 군사들이 모여 1기旗, 3기의 군사들이 모여 1초哨, 5초의 군사들이 모여 1사司, 5사의 군사들이 모여 단독 부대 구성이 가능한 1영營이 된다. 각 단위의 지휘관은 대장隊長, 기총旗摠, 초관哨官, 파총把摠, 영장營將으로 불린다. 보통 1개 영에는 영장 1명, 파총 5명, 초관 25명, 기총 75명, 대장 225명이 있었다. 총병력 2,475명이 1개 영을 구성하는 것이 기본 원칙이었다.

이렇게 예하 부대가 편성되면 원군법原軍法이라고 해서 군사가 전투에서 달아날 경우 11명을 통제하는 대장은 병사의 귀를 자르고, 33명을 통제하는 기총은 대장의 귀를 자르고, 99명을 통제하는 초관은 기총의 귀를 자르게 했다. 또한 죄가 뚜렷하면 초관은 대의 군사인 대병隊兵을 참수하고, 파총은 즉시 초관의 목을 칠 수 있는 권한을 부여했다. 전투 중 이러한 사실을 알면서도 고의적으로 군사를 놓아주면 연좌제로 함께 처벌했다.

연사練士라 해서 정예병을 선발하는 규정을 세밀하게 설명하기도 했다. 예를 들면, 용맹스럽고 힘이 뛰어나 죽음을 두려워하지 않는 자들을 선발해 1개 부대를 만들고, 기력이 세며 체력이 강인한 자들을 선발해 1개 부대를 만든다. 발이 빨라 달리기를 잘하는 자들을 선발해 1개 부대를 만들고, 전공을 세워 높은 관직에 오르려고 하는 자들을 선발해 1개 부대를 만든다. 마지막으로 복수심에 불타는 자들을 선발해 1개 부대를 만들고, 무거운 짐을 지고 먼 길을 갈 수 있는 자들을 선발해 1개 부대를 만들어 특수부대처럼 운용하도록 했다.

마지막 부분에는 거대한 전략의 단위인 시계(국방 계획)와 작전作戰(병력 동원 계획)을 비롯해 모공謀攻(국가 전략)과 군형軍形(군사 전략) 등 전시 국가 운영과 관련한 다양한 내용을 정리했다. 이처럼 『신기비결』에는 임진왜란이라는 거대한 전쟁을 겪어낸 현장 지휘관이 조선군을 처음부터 끝까지 변화시키고자 하는 바람이 담겨 있다.

진짜 적은 누구인가?

『무예제보번역속집』

광해군, 성군聖君인가 혼군昏君인가?

임진왜란에 참전한 조선·명·일본은 각각 엄청난 후폭풍에 시달렸다. 명은 국가 기반 자체가 흔들리며 새롭게 일어선 여진족이 왕조를 전복하는 사태가 발생했다. 일본 역시 센고쿠시대를 마무리하고 통일국가를 선포한 도요토미 히데요시豊臣秀吉 정권이 무너지고 도쿠가와 이에야스德川家康의 세상이 펼쳐졌다.

전쟁의 한복판이 되었던 조선의 피해는 상상을 넘어서는 수준이었다. 다양한 사료를 분석해보면, 임진왜란 직전까지 약 1,100만 명이었던 조선 인구는 7년간의 전란 이후 약 900~800만 명으로 줄었다. 당시 인구의 20~30퍼센트에 해당하는 200만 명이 사망한 것이다. 임진왜란 당시 군사로 동원된 사람이 약 10만 명 정도였기에, 민간인으로 학살된 사람이 대부분이었음을 짐작할 수 있다. 임진왜란은 동아시아 세계대전급의 처절한 전쟁이었다.

문제는 살아남은 사람들이다. 살아남은 사람은 죽음의 무게를 짊어지고 살아가야 한다. 전쟁 통에 부모 형제가 죽고 자식을 잃어버렸어도 배는 고프다. 살아남으려면 먹어야 하는데, 전쟁을 거치며 국토는 황폐화되있다. 농사를 10년 가까이 짓지 않은 땅은 지력이 떨어져 몇 년을 일구어야 되살아난다. 전쟁 전후 전결 수를 비교해보면 농토의 약 3분의 2가 쓸모없는 땅으로 변해버린 것을 알 수 있다.

전쟁으로 폐허가 된 땅에 새로운 왕이 들어섰으니, 바로 광해군이다. 근래 광해군에 대한 평가는 명과 후금 사이에서 중립 외교를 펼치려 했으나 반정으로 억울하게 쫓겨난 왕이라는 해석이 주를 이룬다. 특히 대동법의 적용이나 심하 전투 때 강홍립에게 내린 항복 밀지를 근거로 그런 주장을 펼친다.

그러나 임진왜란이라는 거대한 전쟁을 밑바탕에 두고 당대 정국을 읽으면 사뭇 다른 평가가 이루어진다. 예를 들면, 세간에는 광해군이 개혁의 선봉장이 되어 대동법을 적극 펼치려 했지만, 집권층의 반발로 좌절

전결田結
논밭에 물리는 세금, 국가 재정을 확보하기 위해서는 무엇보다도 전국의 전결을 정확히 파악하는 것이 중요했다. 조선 후기에는 관리들이 있지도 않은 전결을 만들어 농민을 착복한 허결虛結 문제가 심각했다.

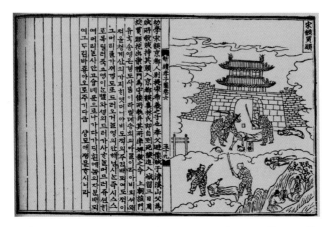

『동국신속삼강행실도東國新續三綱行實圖』 중 「송영매두宋蘗買頭」. 1617년(광해군 9) 왕명으로 홍문관 부제학 이성 등이 편찬한 책으로 임진왜란으로 피폐해진 백성을 교화하기 위해 만들었다. 일본군이 전쟁 중에 저지른 만행과 관련한 사례 576건이 삽화와 함께 실려 있다.

되었다는 평가가 주를 이룬다. 하지만 실제로 광해군 대 집권층은 강성인 북인 세력이었다. 북인은 임진왜란 시 분조에서 광해군을 중심으로 규합된 인사들로 정책 면에서 광해군과 동반자적 관계에 있었다.

따라서 대동법이 왕에 반대한 집권층의 반발로 무산되었다는 설명은 말이 안 된다. 사료를 찾아보아도 광해군은 대동법의 확대에 찬성한 적이 없다. 고작 경기도에만 잠시 시행했으며, 그조차도 대동법을 담당하던 선혜청宣惠廳의 운영을 문제 삼으며 직접 폐지 의사를 밝히기까지 했

분조分朝

조정을 나눈다는 뜻으로, 임진왜란이 일어나고 전세가 급격히 나빠지자 선조는 중국으로 망명을 염두에 두고 의주의 행재소行在所를 원조정元朝廷이라 하고 세자인 광해군이 있는 곳을 분조라 했다.

다. 당시 광해군의 최측근이었던 좌의정 기자헌奇自獻을 비롯한 북인 핵심은 공공연히 대동법 반대를 주장했다. 따라서 집권층의 반발로 대동법이 무산된 것이 아니라, 광해군이 스스로 대동법을 포기한 것이라고 보는 것이 합당하다.

이유는 간단하다. 방납 비리의 핵심은 북인이었다. 이들은 대동법 실행이 자신의 재물 축적에 도움이 안 된다고 판단했다. 대동법이 시행되어 세금이 쌀로 단일화되면 그동안 지역 특산물 납품을 독점하며 누렸던 엄청난 이윤을 포기해야 했다. 대동법은 기나긴 전쟁으로 굶주리는 백성들의 과도한 특별 세금을 줄여줄 정책이었지만, 북인과 광해군에게는 그만큼 못마땅한 정책이었다. 또한 그의 형인 임해군臨海君의 옥사獄死와 동생인 영창대군永昌大君과 관련한 역모 사건 처리 시에 집권 세력인 북인, 그중에서도 친親광해군파인 대북大北을 제외한 나머지 세력은 모조리 처단했으니 균형 잡힌 정책이 펼쳐질 리 만무했다.

여기에 궁궐 공사까지 살펴보면, 광해군이 성군이라는 평가는 의심스러울 수밖에 없다. 광해군이 집권한 1608년부터 1623년까지 16년 동안 궁궐 공사가 쉼 없이 진행되었다. 물론 임진왜란으로 경복궁이 불타버렸으니 궁궐 건설이 필요하긴 했으나 궁궐 공사는 광해군 집권 내내 단 한 번도 쉬지 않고 지속되었다. 선조 후반부터 공사를 시작했던 창덕궁은 광해군 원년에 완공되었으니 이것을 제외하고도 창경궁 · 경운궁 · 경덕궁 · 인경궁 · 자수궁 등 도성 안의 거의 모든 궁궐을 새로 짓거나 수리했다. 도성 안 핵심 지역은 모두 공사판이었다고 해도 과언이 아니다. 당시 사관은 실록에 이렇게 기록을 남겼다.

서사西師가 패전하여 수만 명의 백성이 쓰러져 죽어갔으니, 군사를 징발하고 군량을 운송하여 강변으로 들여보내는 것이 당장의 급무였는데도 밤낮으로 일삼는 것이라고는 오직 궁궐을 짓는 한 가지 일밖에 없었다.……구름에 닿을 정도로 웅장한 궁궐을 짓느라고 '영차 영차'하는 소리가 끊어지지 않았고, 공사公私의 비축이 다 떨어져 관작까지 팔았다. 어떤 극단적인 일도 마다하지 않고 마음과 힘을 다 기울였으니, 만약 궁궐을 짓고 보수하는 마음으로 나라를 다스렸다면 어찌 어지럽거나 망하는 화가 있었겠는가.

그러나 궁궐 공사는 계속되었다. 광해군이 폐위되던 해까지도 궁궐 이곳저곳은 공사판이었다. 이미 7년 전쟁으로 황폐해진 땅에 살아야 하는 백성들은 궁궐 공사에 필요한 세금까지 내야 했다. 하지만 세금은 고사하고 당장 먹을 것조차 없어서 굶어 죽는 사람이 널려 있었기에 궁궐 건설 자금 확보는 갈수록 어려웠다.

광해군은 관직을 팔아서라도 자금을 충당하고자 했다. 대표적인 것이 궁궐 공사 비용 조달을 위해 만든 특별 세금 징수관인 조도사調度使와 세금 운반관인 독운별장督運別將이었다. 당시 조도사는 매관매직으로 들어왔기에, 악질 중에 악질로 소문난 탐관오리였다. 이들이 자행한 폭정이 얼마나 심했을지는 눈을 감고도 보일 지경이다. 그래서 인조반정이 성공한 후 가장 먼저 내린 결단이 궁궐 공사 중지와 조도사 응징이었다.

항복 밀지설의 진실

광해군의 중립 외교와 심하 전투 시 강홍립에게 내린 밀지설도 주목받고 있다. 일설에는 광해군이 후금과의 전투를 피하기 위해 거짓으로 항복하라는 명령을 명군 몰래 강홍립에게 전달했다고 한다. 하지만 당시 심하 전투 내용을 면밀하게 살펴보면 그 진위를 파악할 수 있다.

당시 조선에서 파견한 군사는 대략 포수 3,500명, 사수射手 3,500명, 살수殺手 3,000명 등 총 1만 명으로 보병 중심이었다. 조선군 보병 1만 명은 강홍립을 오도도원사로, 김경서金景瑞를 부원사로 삼고 1618년(광해군 10) 9월 평양에 집결했다. 다음 해 2월에는 모든 병력이 압록강을 건넜으며, 이후 전시 작전권은 명군에 귀속되었다.

그러나 후금의 수도인 홍경노성興京老城을 향해 진군할 때 군량 공급이 제대로 되지 못했고, 후금의 기병대와 산발적인 전투를 반복하면서 사기가 많이 저하되었다. 더욱이 눈보라가 치는 악천후 속에 강을 건너면서 옷과 군장이 젖어 동사자가 발생했다. 같은 해 3월 4일, 심하深河 지역에 도착한 조선군은 후금 철기병 3만 명의 기습을 받아 궤멸 상태에 이르렀다. 조선군을 빠른 철기병을 맞아 화포를 쏘며 저항했으나 갑자기 모래바람이 덮쳐 시야 확보가 어려워졌고, 조총의 재장전 시간보다 빠른 후금의 돌격 기병 전술에 휘말려 약 9,000명의 전사자를 내고 항복하게 되었다.

그렇게 '남의 전쟁'에 참전한 조선군 1만 명 중 9할이 전사했다. 말 그대로 '의미 없는 죽음'이었다. 어떻게 이런 전투를 놓고 항복 밀지설이

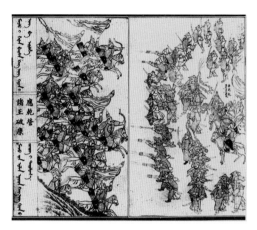

『만주실록滿洲實錄』 중 명군 강응건영 격파 장면이다. 심하 전투에서 기병으로 구성된 후금군이 명군과 조선군을 괴멸했다. 조총으로 무장했을지라도 넓은 들판에서 엄폐물 없이 기병과 싸우는 것은 죽음을 자초하는 일이었다.

통용되는지 이해가 가지 않는다. 전사자가 1할 이하로 발생했거나 실제로는 참전하지 않고 관망하다 항복했다면 광해군의 항복 밀지설도 논리적인 뒷받침이 가능하다. 하지만 당시 살아남은 1할 중 후금의 포로로 잡힌 이민환이 남긴 『책중일록柵中日錄』이라는 포로 일기를 보면 그 참담함은 이루 말할 수 없을 정도다. 그런데도 심하 전투를 광해군 중립 외교의 근거라고 이야기할 수 있을까?

　광해군에 대한 긍정적인 평가는 일제강점기 식민 사학자인 이나바 이와키치稻葉岩吉가 1933년 『광해군시대의 만선관계光海君時代の滿鮮關係』라는 책을 펴내면서 시작되었다. 이나바는 일본 식민 사학의 권위자로, 조선사편수회 간사로 활동하며 식민 사학의 뿌리를 제공했다. 이나바가 광해군을 재평가한 것은 광해군이 억울하게 폐위되어야 인조반정의 명분이 약해지고, 그래야 조선 후기 군주들이 정통성을 상실하기 때문이다.

그러면 자연히 일제 식민지 경영의 명분과 실리를 찾을 수 있다. 그러나 조선 후기 실학파 중 역사를 바로 세우기 위해 사료를 검증했던 정약용丁若鏞이나 홍대용洪大容, 잡학다식의 최고봉이자 쓴소리꾼 이익도 광해군을 성군으로 인정하지 않았다.

남쪽의 왜구와 북쪽의 여진족

임진왜란 중에 일본군의 단병접전에 대항하기 위해 만든『무예제보』는 군사들이 도검刀劍의 중요성을 깨우치는 데 도움이 되었다. 이번에는 북방 여진족의 세력 확장에 대비해 빠른 기병에 대항할 무예를 보급해야 했다. 남방의 일본 보병, 북방의 여진족 기병을 모두 방어할 수 있는 무예서가 필요한 시점이었다.

1610년(광해군 2)에『무예제보』를 보강하기 위해 훈련도감 도청 최기남崔起南이『무예제보번역속집武藝諸譜飜譯續集』을 편찬했다. 이 병서에는『무예제보』에서 빠진 무예를 보완하기 위해 맨손 무예인 권법拳法을 비롯해 자루가 긴 칼의 일종인 언월도偃月刀, 창의 형태지만 창날이 짧은 협도곤夾刀棍, 갈고리가 달린 창인 구창鉤槍, 일본군의 칼 쓰임새를 파악해 대응하기 위한 왜검倭劍 등이 수록되었다. 그중 협도곤과 청룡언월도靑龍偃月刀는 보병뿐만 아니라 기병에게도 효과적이었다. 협도곤은 북방 기병에 대응하기 위한 무예로 소개했다.

북방의 오랑캐들을 막을 때, 철기병이 일제히 돌격할 때에 장창을 쓰면

『무예제보번역속집』의 청룡언월도 설명 부분. 청룡언월도는 자루가 튼튼해서 북방의 여진족 기병을 방어하는 데도 유용했다. 일반 군사들이 쉽게 읽을 수 있도록 언해본을 함께 실었다.

걸핏하면 부러지기 때문에 대봉大棒과 도곤刀棍만을 사용하는 것이 제압하여 이기는 방법이다.

협도곤의 도해 뒤에는 일종의 갈고리 창인 구창의 그림을 함께 싣고 "그 용법이 협도곤과 같다"고 해서 기병을 방어하는 무예로 적극 활용한 것으로 보인다. 구창처럼 가지가 아래로 달린 창은 주로 말 위에 탄 기병을 걸어 떨어뜨리는 데 사용되었다. 공성전에서 성을 방어하는 군사를 끌어내리는 데 사용되기도 했다. 청룡언월도는 긴 자루를 이용해 보병뿐만 아니라 기병을 상대하거나, 적 기병이 탄 말의 목이나 다리를 베는 데 사용했다.

임진왜란의 한을 갚다

『무예제보』는 대부분 중국의 무예를 담고 있기에 『무예제보번역속집』에 실린 왜검을 자세히 들여다보면 임진왜란 당시 왜검에 대항하기 위한 기술의 변화를 엿볼 수 있다. 『무예제보번역속집』의 왜검보를 통해 임진왜란 당시 조선 군영에 보급된 왜검의 형태를 짐작할 수 있다.

『무예제보번역속집』은 왜검을 겨루기 형태의 교전 방식으로 구성해 설명했다. 진전살적^{進前殺賊} · 선인봉반^{仙人捧盤} · 하접^{下接} · 제미살^{齊眉殺} · 용나호확^{龍拏虎攫} · 적수^{適水} · 향상방적^{向上防賊} · 초퇴방적^{初退防賊} · 무검사적^{撫劍伺賊} 등의 자세가 수록되어 있다. 이러한 이름은 곤^梶과 장도의 중국식 자세 명칭으로, 공격의 방향이나 방어의 모습에 따라 재조합해 사용했다.

『무예제보번역속집』의 가장 큰 특징은 "오른 다리를 물리며 조금 쪼그리고 앉아 을^乙의 왼 팔목을 친다", "오른편으로 들어가 옆으로 서서 칼을 들어 을의 목덜미를 친다", "을의 왼 손등을 누르고 그 칼날로 오른손을 당겨 을의 칼을 빼앗는다" 같이 구체적인 움직임과 공격 부위를 제시한다는 것이다. 주로 갑주를 착용한 적을 효과적으로 제압할 수 있는 자세로, 전쟁터에서 바로 사용할 수 있어 실용적이다. 예를 들면, 완전히 뒤로 돌아 상대를 제압하거나 상대의 칼을 제압하고 갑옷의 방호력이 떨어지는 목덜미나 뒷다리를 집중 공략하는 식이다.

『무예제보번역속집』의 왜검법과 1790년(정조 14)에 완성된 『무예도보통지^{武藝圖譜通志}』의 왜검 교전법을 비교해보면 움직임의 차이가 보인다. 첫째, 둘 다 일대일의 약속격검 형태를 보이나『무예제보번역속집』
의 왜검은 한 가지 공격법을 중심으로 공격자와 방어자를 확정해 교전
한다. 그러나『무예도보통지』에서는 동일한 세를 갑과 을이 선후로 진행
한다. 한 가지 공격 기법을 동일하게 주고받으며 수련할 수 있도록 변화
한 것이라고 볼 수 있다.

둘째,『무예제보번역속집』의 왜검 교전에는 찌르기 기법인 자법刺法이
없으나『무예도보통지』의 왜검 교전에는 일도일자일타一挑一刺一打라고
해서 상대방을 향해 깊숙이 파고들어 달려들어가 찌르는 기법이 존재한
다. 이는 검법 훈련의 목적이 달랐기 때문이다.『무예제보번역속집』이
편찬될 때는 시급하게 왜군과 대적하기 위해 긴 외날 도刀의 핵심 용법
인 적을 한번에 내려 베는 공격법이 주를 이루었다. 하루빨리 교전법을
익혀 전장에 투입해야 하는 절박한 상황이었기에 실전적인 기법이 주를
이루었다. 반면『무예도보통지』는 다양한 검의 활용법을 익히는 것이 목
적이었기 때문에 찌르기 훈련이 추가된 것이다.

셋째,『무예제보번역속집』의 왜검 교전에는 칼을 아래에서 위로 올리
는 요撩나 약撩, 칼을 허리 뒤쪽 아래로 이동해 공격하는 과좌跨左나 과우
跨右가 보이지 않는다. 그러나『무예도보통지』에는 외일박내일박外一拍內一
拍이나 수검일타垂劍一打 등 검이 좌우 허리 아래에서 위로 움직이는 공격

약속격검

목검이나 가죽으로 감싼 피검으로 순서에 따라 교전하는 방식.

법이 자주 등장한다. 이는 찌르기의 등장과 마찬가지로 사용하는 무기의 변화와 연관 있다. 칼이 크고 무거우면 아래에서 위로 올려 치는 기법보다 위에서 아래로 내려치는 기법이 효율적이다. 그래서 스포츠화化된 현대의 검도Kendo에도 아래에서 위로 올려 치는 기법이 아예 존재하지 않는다. 칼이 길고 무거우면 걸쳐 올리기 위해 칼을 좌우로 넘길 때 전면이 노출되는 시간이 길기 때문이다. 반면 칼이 짧으면 좌우로 넘겨 올려 치는 시간이 짧다. 따라서 칼이 짧으면 아래로 내려치는 기법과 거의 대등한 비율로 올려 치는 기법이 발달한다.

넷째,『무예제보번역속집』에서는 상대방을 공격하는 부위가 머리 · 팔 · 손목 · 무릎 · 뒷다리 등 다양하다. 그러나『무예도보통지』에서는 상대방의 머리나 몸통을 공격하라고 한다. 사용하는 칼의 길이가 달라졌고, 정조 대에 접어들면서 실제로 타격을 입히기 위한 수련법보다는 칼을 사용하는 데 필요한 기본기를 익히는 방향으로 수련 방식이 변화했기 때문이다.

『무예제보번역속집』의 뒷부분에는 〈신서왜검도新書倭劍圖〉 · 〈일본국도日本國圖〉 등을 수록해 일본을 이해하는 것을 도왔다. 또한 일본의 문화 · 왜선 · 왜구 · 왜도倭刀 등을 소개해 일본군의 전술을 총체적으로 파악할 수 있게 했다. 책의 말미에 편찬자인 최기남은 "적국을 알지 못하면 안 된다"고 하며 일본의 재침입에 강한 반감을 표현했다. '소 잃고 외양간 고친다'는 속담이 있지만, 소를 잃고도 외양간을 고치지 않는다면 다음에는 소가 아니라 나라를 잃게 된다. 그것이 역사다.

전투마를 위한 병서

『마경초집언해』

반정의 성공, 하지만 이괄의 난이 발생하다

1623년 3월, 광해군을 몰아내고 인조가 왕위에 올랐다. 인조반정이
성공한 것이다. 반정 세력은 1623년 음력 3월 12일을 거사일로 정해 준
비했는데, 궁궐 안에서는 훈련대장 이홍립李興立이 금군을 통제하고 도성
인근에서는 장단부사 이서李曙와 이천부사 이중로李重老 등이 수하 군졸
을 이끌고 모여들었다.

훗날 인조로 등극한 능양군은 1,400여 명의 반군 핵심을 이끌고 연서
역延曙驛으로 가서 이서 등과 합류했다. 이들은 삼경에 도성의 사소문 중
북문 또는 자하문이라 불렸던 창의문의 빗장을 부수고 도성으로 들어가
광해군이 머물고 있던 창덕궁으로 들이닥쳤다. 이홍립이 훈련도감군으

서울 홍제천에 있는 세검정을 그린 유숙劉淑의 그림인 〈세검정도洗劍亭圖〉다. 인조반정 시 이귀, 김류 등이 칼을 씻으며 반정을 결의했던 곳이라는 전설이 전해진다. 국립중앙박물관 소장.

로 궁궐 문을 장악했고, 초관 이항李沆이 돈화문을 열어 반정 세력을 궐 안으로 끌어들였다. 반정은 손쉽게 성공했다. 전날 역모 소식이 광해군 에게 전달되었으나, 이를 신경 쓰지 않아 화를 키웠다.

광해군에게 씌워진 죄목은 크게 3가지였다. 첫째는 폐모살제廢母殺弟로 어머니인 인목대비를 폐하고 동생인 영창대군을 죽인 죄였고, 둘째는 민생도탄으로 궁궐 건설에 몰두하며 쉼 없는 토목공사로 백성을 도탄에 빠지게 한 죄였으며, 셋째는 재조지은再造之恩으로 명나라를 배신하고 오 랑캐인 후금과 화친을 맺은 죄다. 이 죄목들은 광해군을 폐주廢主로 몰아 넣기 충분했다. 이 사건으로 북인은 몰락하고 서인의 세상이 펼쳐졌다.

그러나 인조반정 성공 꼭 1년 후, 이괄李适의 난이 일어나 북방의 군사 력이 초토화되었다. 인조반정 때 이괄은 병마절도사의 보좌관 격인 북 평사로 부임하기 직전 거사 계획을 듣고 동참 의사를 밝혔다. 이후 이괄 은 반정군의 부대 편성을 맡았다. 그러나 거사의 대장이었던 김류金瑬가

집결 장소에 늦게 나타나면서 반정군 내부에 동요가 일어났다. 이괄은 이를 다잡았고, 반정 성공 이후 인조와 공신들에게 능력을 인정받았다. 이괄은 폐위된 광해군과 폐세자를 강화도로 호송하는 막중한 임무를 맡았고, 이후 포도대장으로 임명되어 도성 내의 실질적인 무력을 통제했다.

그러나 그해 윤 10월 상황은 급변했다. 53명의 정사공신靖社功臣이 녹훈되었을 때, 이괄은 당연히 1등 공신에 올라갈 것이라 기대했다. 그러나 그는 1등 공신에서 제외되고 2등 공신의 제일 앞에 놓였다. 당시 녹훈을 담당했던 김류는 "칼을 잡고 갑옷을 입고 백성들의 마음을 기동시켰으며, 군용을 갖추는 데 공이 커서 2등의 맨 첫머리에 두었다"라고 평가했지만, 이괄의 아쉬움은 컸다.

게다가 이괄은 다시 변방으로 발령되었다. 평안 병사 겸 부원수로 임명되었지만 평안도는 깊은 산골, 도성에선 먼 변방이었다. 반면 훈련대장 이흥립은 인조가 직접 도성 안에 두면서 혹시 모를 반정을 사전에 차단하게 했다. 이중적인 인사 정책이었고, 이괄은 토사구팽兎死狗烹이라는 고사성어처럼 '팽'당한 것이다. 변방으로 쫓겨난 이괄은 조용히 이를 갈고 있었는데, 때마침 울고 싶은 이괄의 뺨을 친 사건이 발생했다.

1624년(인조 2) 1월 16일, 조정에 이괄이 역모를 품고 있다는 고변告變이 이어졌고, 그를 잡아들여야 한다는 이야기가 퍼져나갔다. 이 소식은 이괄의 귀에도 들어갔다. 이괄과 그 휘하의 군대는 또다시 완전무장을 갖추었다. 강력한 함경도 기병대와 임진왜란 최정예인 항왜가 도성으로 밀려들었다.

인조가 자초한 굴욕

이괄의 반군은 1월 22일에 거병해 불과 20일도 걸리지 않은 2월 9일에 한양에 무혈입성했다. 인조는 궁궐을 버리고 충청도 공주로 꽁무니를 뺀 상황이었다. 당시 이괄의 병력은 약 1만 2,000명이었다. 그중 선봉 기병대 700기는 마상편곤馬上鞭棍을 휘두르는 최정예로 완전무장하고 빠르게 관군의 저지선을 뚫었다. 그 뒤로는 수백의 항왜 선봉대가 조총과 왜검으로 무장하고 관군을 괴멸시켰다. 거기에 지형지물을 이용한 이괄의 탁월한 전술 감각까지 보태지니 무적이 되었다.

궁궐을 버리고 도망가기 바빴던 인조는 정치적 이유로 투옥되었던 반대 세력의 목을 모조리 잘랐다. 전 영의정 기자헌과 이시언李時言 등이 제대로 재판조차 받지 못하고 반군에 합류할지 모른다는 이유로 목이 날아갔다. 이괄의 반군이 도성 부근에 이르던 2월 7일, 조정에서는 임진왜란 때처럼 왕과 세자의 분조 의견이 있었지만, 그다음 날 임진강 방어선이 뚫리면서 인조는 공주로 파천을 강행했다.

2월 13일 공주까지 가는 중 안현鞍峴에서 이괄군이 패퇴했다는 소식이 전해졌음에도 인조는 반군의 잔당이 두려워 움직이지 못했다. 공주의 공산성公山城에 은거한 인조는 2월 15일, 반군의 자중지란으로 이괄

파천播遷

왕이 도성을 떠나 다른 곳으로 피난 가는 것을 말한다. 임진왜란 때 선조의 의주 파천, 이괄의 난 당시 인조의 공주 파천, 고종의 아관(러시아 공사관) 파천 등이 있었다.

과 한명련韓明璉 등의 목이 떨어졌다는 소식을 듣고 마음을 놓았다.

　인조는 그들의 수급首級을 직접 확인하고 2월 18일에 귀경길에 올랐다. 22일에 도성에 도착한 인조는 종묘에 제례를 올리고 경덕궁慶德宮으로 들어갔다. 불과 20일도 안 되는 짧은 기간이었지만, 왕이 도성과 백성을 버리고 또다시 파천을 강행하자 민심은 극도로 흉흉해졌다. 인조가 궁궐을 버리자 임진왜란 때처럼 백성들이 궁궐에 난입해 각종 공문서와 서적에 불을 지르고 귀한 보물을 약탈했다. 심지어 춘추관春秋館에 보관된 실록이 모두 불타버리고 승정원의 기록을 비롯한 귀한 자료들이 소실되었다.

　하지만 가장 심각한 문제는 조선의 북방 방어력이 괴멸되었다는 것이다. 이괄의 난에 반군으로 참여한 군사는 모조리 반역죄로 다스려졌다. 약 1만 2,000명의 조선 최정예 북방 방어군이 순식간에 사라졌다. 핵심 군기軍器인 조총은 난리 통에 자취를 감추어버렸다. 조정에서는 조총을 관에 제출하면 쌀로 갚아주자는 논의가 진행되기도 했지만, 조총은 쉽게 회수되지 않았다. 병력과 물자를 비교해 살펴보면, 이괄의 난 이후 전투력의 60퍼센트 이상이 손실되었다.

　이괄의 난 이후 또 다른 반정을 사전에 차단하기 위해 이른바 기찰譏察이 공공연히 진행되어, 변방을 책임지는 장수들을 압박했다. 기찰은 실

승정원承政院

조선시대에 왕명을 출납하던 관아로, 『승정원일기』는 국보로 지정되었다. 현재 남은 것은 3,243책이며 임진왜란과 이괄의 난으로 불에 타 인조 이후의 기록만 남아 있다.

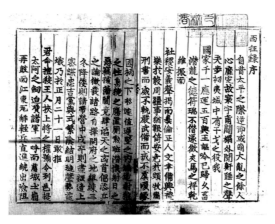

이괄의 난 때에 도원수 장만張晩의 종사관으로 참전한 김기종金起宗이 토벌 과정에서 벌어진 일과 전후 사실을 정리해 편찬한 진중 기록인 『서정록西征錄』이다. 한국학중앙연구원 장서각 소장.

제 병력을 움직일 수 있는 변방의 고위 장수들을 중심으로 진행했으며, 정규 군사훈련조차도 중앙정부의 기찰이 무서워 시행하지 못하는 사례가 자주 발생했다. 조선판 안보 정국이 펼쳐진 것이다.

이괄의 난 이후, 북방 병력 손실과 기찰을 통한 안보 정국으로 후금과 마주한 함경도와 평안도의 국경 방어력은 최악으로 떨어졌다. 게다가 인조반정 직후 서인이 국정을 운영하면서, 세력 유지를 위한 중앙 군영 통제가 진행되어 중앙군에도 왜곡 현상이 나타났다.

결정적으로 이괄의 난 때, 인조는 명나라의 책봉을 받지 못했기에 정통성이 약한 상태였다. 이괄의 난을 함께한 홍안군이 먼저 책봉을 받는다면 인조는 정통성 면에서 심각한 타격을 입을 수밖에 없었다. 당시 명나라는 발호하는 후금에 밀려 쇠락하고 있었지만, 천자의 나라로서 존재감은 여전했다. 인조는 명의 잔존 세력인 모문룡毛文龍에게 환심을 사

임진왜란 이후 잿더미에서 일어서다

기 위해 친親명 정권임을 명확히 보여주어야만 했다.

인조반정과 이괄의 난은 조선의 북방 군사력에 큰 구멍을 냈다. 거기에 명나라와 친밀하고 후금을 배척하는 친명배금정책親明排金政策은 임진왜란을 겪은 지 30년이 안 되어 또 다른 전쟁을 겪는 빌미가 되었다. 정묘·병자호란의 패배로 인조는 조선 역사상 가장 치욕적인 사건인 '삼전도의 굴욕'을 겪어야 했다. 하지만 이 굴욕은 인조가 자초한 일이었다.

기병 강화의 필수 조건, 전투마

인조반정을 거치면서 집권 세력이 후금에 적대적이 되자 군사적인 변화도 함께 일어났다. 이와 더불어 이괄의 난 때 반란군이 마상편곤으로 무장한 빠른 경기병으로 도성을 함락하고, 이를 진압하려던 토벌군의 선봉 또한 기병에 붕괴되자 기병 양성에 관한 논의가 이루어졌다.

조선군의 기병 양성 논의는 후금이 명나라 장수 모문룡 세력을 제거한다는 명분으로 조선을 침공한 정묘호란을 겪으면서 구체화되었다. 정묘호란 당시 인조반정의 핵심 세력은 후금 세력을 저지하기 위해 다양한 노력을 했다. 그러나 전쟁은 조선의 참패로 끝났다. 당시 후금군은 철기병을 선두에 배치해 조선군의 방어망을 삽시간에 꿰뚫었다. 다행히

책봉冊封
중국에서 사신을 보내 임금을 세우는 것을 말한다. 당시 외교 관계상 조선은 제후국이었기 때문에 명나라의 승인이 필요했다.

조선군에 후방이 차단당할지 모른다는 불안감 때문에 후금은 먼저 조선에 화친을 제의했다.

후금이 제의한 화친은 평안 병사平安兵使와 목사가 안주성安州城 방어를 위해 화약으로 자폭하는 등 뼈아픈 타격을 입은 조선에는 이후에 있을 전쟁의 방비책을 마련하는 기회가 되었다. 이후 나타난 가장 핵심적인 변화는 주적을 여진족으로 보고 왜구 방어 형태인 어왜御倭가 아닌 여진족 방어 형태인 방호防胡로 전환한 것이다.

이러한 전략 변화는 병서의 보급과 군영 편제 변화를 통해서도 확인된다. 훈련도감은 훈련을 어왜전술에서 방호전술로 변화하며 기병 전술이 보강된 명나라의 병서인 『연병실기練兵實紀』를 토대로 훈련했다. 삼수병을 중심으로 한 보병 편제에 좌·우령領에 200~300명씩 모두 5초哨의 기병 부대를 만들었다. 지방의 속오군 또한 『연병실기』를 기반으로, 보병 편제에 기병 편제를 포함하도록 변화시켰다.

그러나 기병 강화 정책이 성공하려면 무엇보다 전투마가 확보되어야 한다. 임진왜란을 거치면서 해안이나 섬을 중심으로 만들어졌던 국영 말 목장의 복구가 지연되어 전투마 수급에 문제가 많았다. 전투마 수급 문제를 해결하기 위해 광해군 대에는 혁파되었던 감목관監牧官 제도를 부활시키는 한편, 말의 번식 증가와 효과적인 관리를 위해 마의서馬醫書 간행도 이루어졌다. 중국에서 들여온 『마경대전馬經大全』을 정리해 조선판으로 만든 『마경馬經』이 대표적이다. 이후 한자에 어두운 목장 관리인을 위해 언해로 풀이한 『마경언해馬經諺解』를 전국에 배포했다.

좋은 전투마가 국방의 근본

『마경언해』의 정식 명칭은 『마경초집언해馬經抄集諺解』였다. 그런데 표지와 목록에 '마경언해'로 기록되었기에 이 명칭으로 알려졌다. 이 책에는 서문이나 발문이 없어 간행 시기나 지은이를 알기 어렵지만, 다행히 계곡 장유張維의 문집인 『계곡집谿谷集』에 관련 기록이 남아 있다. 『계곡집』 제7권의 서序에서 『마경언해』의 간행 내용을 설명했다.

국가에서 말을 기르는 정사는 모두가 경시同寺(사복시司僕寺)의 관할이다. 그런데 완풍부원군完豐府院君 이공李公 서曙가 그 일을 주관하면서, 마병馬病의 치료가 어려운 점과 마의馬醫들이 치료 방법에 어두운 점을 염려해오던 나머지 일단 『마경』을 4권으로 간행한 다음, 중요한 내용만을 간추려 언어諺語로 번역하고는 이를 널리 유포하였다. 그리하여 하인이나 종 할 것 없이 한번 보기만 하면 모두 치료 방법을 환히 알 수 있게끔 하였으니, 그가 마음을 쓴 것이 근실하였다고 하겠다.

이 내용을 보면 책의 저자는 완풍부원군 이서이며, 『마경』 4권을 간행한 이후 모든 사람이 쉽게 읽을 수 있도록 언해로 풀어 『마경언해』를 만들었음을 알 수 있다. 이서는 사복시 제조로 부임하면서 마의서를 직접 편찬하고, 각종 총 쏘는 방법과 화약 굽는 방법을 기술한 『화포식』의 한글 번역본인 『화포식언해火砲式諺解』도 편찬했다.

『마경언해』는 상하 2권으로 구성되었다. 상권에는 좋은 말의 관상을

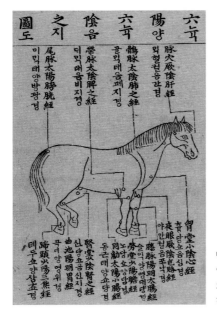

보는 법, 좋은 말을 고르는 법, 말의 이빨을 살피는 법과 그림, 맥을 짚어
병을 진찰하는 법, 말의 뼈 위치와 그림 등 66항목이 있다. 하권은 주로
말에게 나타나는 질병을 설명했다. 설사, 파상풍, 소변을 보지 못하는 질
병 등 54가지 증세를 글과 그림으로 설명했다. 특히 소화기와 관련된 병
이 많이 수록되어 있다.

　말은 초식동물이라서 산통疝痛이라는 소화기계통의 통증이 자주 발생
한다. 산통이 발생했을 때 응급처치가 제대로 이루어지지 않으면 24시
간 안에 죽을 수도 있다. 지금도 말 관리는 쉽지 않은데, 의료 기술과 장
비도 부족했던 조선시대에는 보통 까다로운 일이 아니었을 것이다. 따
라서 소화기계통의 질병을 중심으로 한 마의서를 간행해 전투마를 한

필이라도 더 확보하려고 한 것이다. 『마경언해』는 조선시대 말 관련 백과사전이라고 할 수 있을 정도로 다양한 내용이 수록되어 있다. 어려운 한자를 모르는 백성도 쉽게 읽을 수 있도록 언해로 만들어 보급했기에 더욱 실용적이었다.

하지만 기병 수급을 위한 전투마의 확보와 편제 개편에도 병자호란에서 조선은 패배했다. 임진왜란 이후 쇠퇴한 기병력을 복구하지 못한 조선이 청나라 기병의 전술적 우위와 수적 우세를 감당하지 못했기 때문이다. 병자호란 당시 청나라 기병은 선봉대가 조선군의 전략 거점인 산성을 하나하나 격파하며 시간을 끌지 않았다. 오히려 후미 부대가 산성을 포위 공격하고, 선발대가 도성을 향해 빠르게 진군했다. 이러한 방식은 산성의 군사들이 뚫고 나와 중간의 보급로가 차단될 약점이 있지만, 청나라 기병은 워낙 숫자가 많아 후미 부대에도 병력을 넉넉히 배치했기 때문에 전통적인 조선군의 방어 전술인 청야수성전술淸野守成戰術을 무력화시킬 수 있었다. 기병을 이용한 빠른 진격에 조선의 강화도 피난 전략은 한계에 부딪혔고, 결국 인조가 남한산성에 고립되는 사태가 발생했다.

옛 전법과 새 전법을 잇다
『연기신편』

효종의 북벌과 왕권 강화

병자호란을 거치고 왕위에 오른 효종의 가장 큰 관심사는 북벌이었다. 병자호란으로 인조가 청나라에 항복하자 후에 효종이 되는 봉림대군은 형 소현세자와 함께 청나라에 볼모로 끌려갔다. 소현세자는 청나라가 비록 오랑캐며 원수였지만, 과학기술과 지식이 충만한 베이징에 머물며 천문·과학·종교 등을 공부했다. 그러나 이러한 소현세자의 친親청 행보는 인조와 조정 중신의 반감을 사기에 충분했다. 그리고 그에 대한 대가는 죽음이었다.

형의 죽음을 뒤로 하고 왕위에 오른 효종은 청에 복수심이 가득했다. 그러나 당시 조정에서는 친청 세력의 핵심인 김자점金自點 일파가 관직을 장악하고 있었고, 청의 간섭도 극심해 군사적 변화를 도모하기 어려웠다. 다행히 효종이 사림의 지지를 받았고 친청 세력의 핵심인 김자점의 아들 김귀金鈗의 역모 혐의가 폭로되면서 북벌을 위한 군비 확충이 가능하게 되었다.

효종 대의 군비 강화는 1625년(인조 3) 이후 청의 정세 완화를 틈타 중앙군을 확장하고 남부의 지방군을 강화하면서 시작되었다. 북벌의 상징이었던 이완李浣과 유혁연柳赫然 등 무신을 대거 특채해 군사 양성 임무를 맡겼다. 심지어 그동안 문신만 오를 수 있었던 문관 청요직인 승정원 승지 자리에 무신을 임용할 수 있게 하는 등 파격적인 인사 조치를 취했다.

그러나 실제 북벌 추진 상황을 살펴보면, 청에 대한 복수보다 왕권의 안정이 목표였던 것으로 보인다. 병자호란 이후 조선군의 병력은 중앙군이 3~4만 명을 넘지 못했으며 지방군을 동원해도 10만 명의 정예군을 편성하기 어려웠다. 청나라를 공격하기에는 어림없는 규모다. 당시 청나라는 동아시아 최강의 군사력을 보유하고 있었다. 최정예 팔기군八旗軍만 하더라도 15만 기 이상이었으며, 한족과 이민족의 군사력을 포함하면 50만 명에 육박하는 엄청난 군세를 유지하고 있었다. 따라서 효종이 천명한 북벌은 인조반정으로 강성해진 서인 세력을 비롯한 신권臣權

청요직

청직淸職과 요직要職을 합친 말로 높은 지위를 뜻한다. 조선시대 문관 청요직으로는 의정부·이조·병조·사헌부·사간원·홍문관이 있었고, 무관 청요직은 도총부都摠府·선전관·부장部將 등이 있었다.

에 대한 왕권 강화 차원에서 들여다볼 필요가 있다.

당시 정축조약丁丑約條의 군비 금지 조항 때문에 실질적인 북방 군사력 복구는 이루어질 수는 없었다. 다행히 청나라가 나선羅禪(러시아) 정벌을 위해 조선에 포수 100명을 동원 요청한 것을 구실로 삼아 군비를 재건할 수 있었다. 이 부대는 공격보다 방어를 목적으로 편성되었고, 정벌 이후에도 방어군으로 편입되었다.

기병 강화가 중요하다

효종의 명분론적 북벌 계획에 따른 군비 강화는 수어청守禦廳을 강화하는 것부터 시작되었다. 청의 재침에 대비해야 했기에 도성 방어를 위해 남한산성을 관할하는 수어청을 가장 먼저 강화한 것이다. 수어청 강화에는 강화도와 남한산성이 가장 좋은 피난처라는 당시의 인식이 크게 작용했다. 효종은 수어청 강화를 위해 수어사 이시방李時昉을 중심으로 병력을 증강하고 산성을 개축했다. 이후 어영청御營廳의 병력을 증강해 기존 7,000여 명이던 수성군 군액軍額을 2만 1,000명으로 확대하는 등 중앙 군영을 중심으로 군사력을 강화했다.

이러한 효종 대의 군비 확장 정책에서 가장 두드러지게 나타나는 특징은 기병의 강화다. 병자호란의 패배 원인 중 하나가 청의 빠른 기병을 적극적으로 막아내지 못한 것이기 때문이다. 효종은 금군 전 병력의 기병화와 훈련도감·어영청의 기병 강화에 상당한 관심을 보였다. 이는 청나라 기병에 대한 대비책인 동시에 혹시 모를 내란을 사전에 차단하

〈진주목장창선도지도晋州牧場昌善島地圖〉. 창
선도는 지금의 경상남도 남해군 창선면
지역으로 당시에는 진주목에 속해 있었
다. 조선 후기에는 서해와 남해 인근의
섬에 말 목장을 설치했는데, 호랑이의 공
격에서 말을 보호하기 위해서였다. 규장
각 한국학연구원 소장.

기 위한 방책이었다. 심지어 효종은 창덕궁 후원에 금군 기병이 말을 타
고 활을 쏠 수 있는 공간을 만들고 시예試藝를 치르도록 했다. 당시 황해
병사로 있던 유혁연柳赫然은 황해도의 활이 튼튼하고 말이 굳세니 중앙
에 올려 보내자고 해서 기병 600기를 어영청에 배치하게 했다. 이들은
훈련도감과 같이 근무하면서 효종 대 북벌의 중심 세력으로 부각되었
다. 이때 설치된 기병은 별마대別馬隊라 불렸다.

중앙 군영의 기병 강화를 위해 우선 여러 섬에 설치한 목마장牧馬場의
관리를 강화하고 제주 공마濟州貢馬의 수를 늘렸다. 여기서 보급된 관마官
馬를 금군과 훈련도감에 제공해 전투마로 훈련시켰다. 함경도도 좋은 전
투마가 나는 지역이라 해서 이곳에서 생산되는 북마北馬는 왼쪽 귀를 잘

라 표시해두었다가 전투마로만 활용하도록 법으로 정하기도 했다. 기병과 함께 작전을 펼칠 대포 부대도 증설했는데, 어영청에는 대포만 전문적으로 다루는 별파진別破陣이라는 특수부대를 만들어 기병의 공격 전술을 다각화했다.

마상무예의 발전

효종의 기병 강화 정책은 마상무예 발전으로 이어졌다. 대표적으로는 관무재觀武才의 강화를 꼽을 수 있다. 관무재는 왕이 친림親臨한 무예 시험으로, 이 시험으로 승진하고 녹봉을 받는 등 혜택이 많았다. 효종의 관심 아래 창덕궁 후원에서 기사와 마상재馬上才를 비롯한 다양한 마상무예를 훈련하기에 이르렀다. 1652년(효종 3) 9월에 금군을 증원하면서 매월 시사試射의 형태로 마상무예 훈련을 진행하기도 했으며, 1657년(효종 8) 4월에는 궁궐의 후원에서 종친들과 모의 사냥 훈련인 모구毛毬를 시행했다.

기병의 기본 무기였던 마상 환도馬上環刀도 청나라의 제도를 따라 자루를 짧게 하고 검두劍頭에 끈을 매달아 원심력을 극대화했다. 무과 시험에도 변화가 있었다. 조선 전기 무과 시험에서는 원형 표적에 활을 쏘았으나, 효종 대에는 사람 모양의 짚 인형에 활을 쏘는 기추騎芻로 변화했다. 청나라 기병과 전투를 치를 수 있도록 훈련을 강화하고 무예의 성격을 변화시킨 것이다.

중앙 군영의 기병 강화를 살펴보면, 어영청의 기병 부대인 별마대는

1657년부터 인원을 확보해 다음 해부터 번상을 했다. 별마대는 황해도에서만 뽑게 되어 있어서, 황해도의 인적자원을 적극 활용한 것으로 보인다. 두 차례의 호란과 이후 사신 왕래의 경비 부담에 지친 황해도의 재정난을 도내의 쓸모 있는 군사들로 채우고자 했다. 이후 약 300명의 군사가 확보되어 어영청 기사장騎士將의 통솔 아래 번상을 지속했다.

어영청 기병 증강에 이어 금군의 기병화도 진행되었다. 효종은 도성에서 가까운 어마御馬 목장인 살곶이 목장의 말을 금군에게 지급하는 방식으로 전투마 확보를 시도했다. 임진왜란으로 선조가 몽진蒙塵할 당시 금군 상당수가 도망쳤는데, 왕이 직접 전투마를 내려줌으로써 금군의 위상과 충성도를 높이려 했던 것이다. 동시에 금군의 겸직을 대폭 줄여 금군 임무에만 전념하도록 했다. 금군의 기병화는 유사시 빠르게 대처하기 위한 것으로, 병자호란이나 이괄의 난 같은 불상사를 미연에 방지하고자 한 것이다.

효종은 당시 병조판서였던 박서朴遾의 건의를 받아들여 기존의 내금위內禁衛 · 겸사복兼司僕 · 우림위羽林衛로 나뉜 내삼청內三廳을 좌우 별장이 나누어 맡도록 조직을 개편하고 살곶이 목장의 말과 외방外方 분양마를 선

번상番上
지방의 군사가 번番의 차례에 따라 서울 군영으로 올라오던 일.

살곶이 목장
조선시대 국가에서 운영하던 양마장으로, 한강과 중랑천의 합류로 생긴 삼각주 위에 있었다. 물과 풀이 풍부해 말을 기르기에 좋았다고 한다.

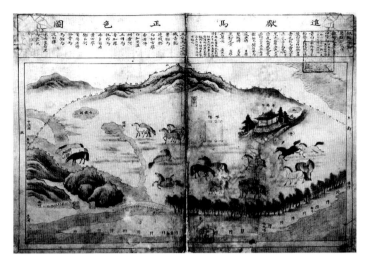

『목장지도牧場地圖』는 조선시대 궁중의 가마·말·목장 등을 관장한 관청인 사복시의 책임자 허목許穆이 1663년(현종 4)에 편찬한 지도책이다. 138개 소의 도별·군현별 목장 소재지 지도로 구성되어 있다. 효종 대 북벌 정책 추진 과정에서 청나라의 기병력에 대응하기 위해 마정馬政의 중요성이 강조되면서 목장 지도가 만들어졌다. 부산대학교 소장.

별해 금군에 지급했다. 이후 지속적인 금군 강화로 629명이던 원수元數를 1,000명으로 늘렸다. 이러한 기병 증강 노력은 훈련도감으로도 이어져 1634년(인조 12)에 만들어진 마병 5초哨에 100명을 더해 6초의 병력을 기병 부대로 재편했다. 그러나 재위 10년 만에 효종이 승하한 후 재정 뒷받침이 어려워지자 금군의 기병은 원래대로 축소되고 만다.

『오위진법』과 『병학지남』을 잇는 병서

임진왜란과 병자호란이라는 전대미문의 전쟁을 거치면서 조선군은 기본부터 흔들렸다. 임진왜란 때는 일본군의 보병 전술에 무참히 도륙

당했고, 병자호란 때에는 후금군의 기병 전술에 속절없이 무너졌다. 이는 조선 전기의 기본 전술 체제인 기병 중심의 오위 체제가 무너졌다는 것을 뜻한다. 병자호란을 겪으면서 임진왜란 시 중국에서 들여온 포수와 살수를 강화한 보병 체제의 한계도 경험하게 되었다.

효종과 숙종 대의 문신 안명로安命老는 행정을 주 업무로 하는 관료였지만 이러한 한계를 직시하고 있었다. 안명로의 집안은 대대로 무인을 배출해왔는데, 조부인 안홍국安弘國의 삼형제가 모두 무과에 급제했을 정도로 무풍武風이 강했다. 안명로가 17세 되던 해에 병자호란이 발발해 그가 살고 있던 용인 지역까지 전쟁의 참화가 미치면서 조선군 전술에 대한 고민이 시작되었다. 31세가 되던 1650년(효종 1)에 증광시 문과에 급제해 벼슬길을 시작한 안명로는 형조좌랑에 있을 때, 다른 문관들은 관심 없었던 기마술에 재능을 보여 효종이 직접 준마를 내려주기도 했다. 이후 양산 군수로 근무하면서 1660년(현종 1) 무렵에 『연기신편演奇新編』을 편찬했다.

『연기신편』의 특징은 무엇보다 균형 잡힌 관점이다. 조선의 전통적인 오위 진법은 청나라 기병을 상대하기에는 효과적이었지만, 일본을 상대하기에는 부족했다. 일본군을 상대하는 데는 명나라에서 수입한 단병접전술이 효과적이었다. 『연기신편』은 조선의 관점에서 『오위진법』과 『병

증광시增廣試
조선시대에 왕의 즉위 같은 큰 경사가 있을 때 시행한 특별 과거 시험으로, 1401년 태종의 즉위를 축하하기 위하여 처음 실시되었다. 소과·문과·무과·잡과가 있었다.

안명로는 양산 군수로 있을 때 『연기신편』을 조정에 보내 병제 개편을 요청했다. 이 책이 채택되지는 않았지만 병사 훈련에 중요한 지침서가 되었다. 강화전쟁박물관 소장.

학지남兵學指南』을 잇는 교량 역할을 했다.

『연기신편』은 전체 3권 3책으로 구성되었다. 제일 앞에는 목차에 해당하는 12가지 범례와 1658년(효종 9) 홍석구洪錫龜가 쓴 서문, 1659년에 김득신金得臣이 쓴 서문, 1660년에 안명로가 쓴 서문이 순차적으로 실려 있다.

상권에는 「구군팔진방위지도九軍八陣方位之圖」·「구군팔문장교배열지도九軍八門將校排列之圖」·「구군팔문기정지도九軍八門奇正之圖」·「구군방진변위구군원진도九軍方陣變爲九軍圓陣圖」·「악기경주해관견握奇經註解管見」·「구군방진변위악기팔군원진도九軍方陣變爲握奇八軍圓陣圖」·「육화진거기보합영지도六花陣車騎步合營之圖」·「오행원방곡직예지도五行圓方曲直銳之圖」·「당독고급풍후악기진도唐獨孤及風后握奇陣圖」·「대명장엽소연마륭편상거진도大明張燁所演馬隆偏廂車陣圖」·「척계광분배팔진도戚繼光分配八陣圖」·「사통변위학익도四統變爲鶴翼圖」 등 고대부터 당·송·명의 중국 진법과 조선 전기의 진법을

도식과 해설로 설명했다. 상권의 마지막에는 「부병진기계변통설附兵陣器
械變通說」이라 해서 병진兵陣(군사들의 진법)과 기계器械(군사들이 사용하는
무기)를 일목요연하게 정리하고 의견을 피력했다. 그중 당시 최고의 무
기로 평가받던 화약 무기에 대해서는 다음과 같은 견해를 밝혔다.

오늘날에는 화포가 천하의 흉기로 되어 대순大楯(큰 방패)과 견갑堅甲도
의지할 수 없게 되었다. 그러나 큰 바람과 큰 비를 만나면 화포의 공교함
도 손을 쓸 수가 없다. 이 또한 만전萬全한 장기는 아니다. 화포를 윤방輪放
(교대 사격)하는 방법 또한 좋으나 앞사람이 물러나고 뒷사람이 나아갈 때
행렬과 대오가 번거롭게 움직이고 진세가 분란하여 지세가 경사지고 험한
곳을 만나면 윤방하는 법도 효과가 없을 것이다. 그 결과 마침내 서로 육
박전하기에 이르면, 대소의 포화는 쓸모가 없어지고 활과 칼만도 못하게
되어 포화의 기능에 의지할 수가 없게 된다.

안명로는 화약 무기의 불완전한 기동 능력을 정확하게 인지하고 대안
을 제시했다.

매 진의 사면에 삼재三才(포수 · 창수 · 궁마수)를 나누어 배치한다. 포대
를 앞 1행으로 하여 주둔지를 떠나지 않고 1인을 우두머리로 하고 2인을
날개로 하여 서로 번갈아가면서 좌우에서 장화裝火(화약 장전)를 하여 전해
주고, 각자도 함께 아울러 쏘아 화포 3발을 쏘게 하면 진영이 흐트러지지
않고 화포 사격이 단절되지 않는다. 이렇게 되면 비록 철마가 바람의 형세

를 타고 온다 할지라도 그 앞에 와서 충돌하지 못할 것이다.

중권에는 왕의 도리, 신하의 도리, 장수의 선택, 장수의 임명부터 부대가 경계할 사항, 각종 군령, 장수에 대한 논평까지 36가지 항목을 제시했다. 고대부터 당대까지 병법과 부대 지휘 방법에 대한 세세한 내용을 요약해서 정리한 것이다. 『육도六韜』와 『삼략三略』을 비롯해 『소서素書』·『사마법司馬法』·『태을통종太乙統宗』 등 중국 병서의 핵심 내용을 간추려 실명했다.

하권에는 「천문초天文抄」에 「이십팔수분야도수재상휴구결二十八宿分野度數災祥休咎訣」·「일월오성론日月五星論」·「풍기점風氣占」·「운기점雲氣占」·「출군택일법出軍擇日法」 등 12가지, 「태을보감초太乙寶鑑抄」에 「엄박관수길흉론掩迫關囚吉凶論」·「태을정주객승부칠십이음국도太乙定主客勝負七十二陰局圖」 등 18가지, 「둔갑기문초遁甲奇門抄」에 「삼기육의구성팔문결三奇六儀九星八門訣」·「세응병기점법世應兵機占法」 등 11가지가 실려 있다. 이는 모두 점占과 관계된 것으로 병가에서 사용하던 술수다. 책 끝에는 부록으로 「병가지리설兵家地理說」·「천시총론天時總論」 등이 실려 있다.

뛰어난 병서를 썼지만 유배를 당하다

그러나 세상은 색안경을 쓰고 안명로와 그가 쓴 병서를 비난했다. 임진왜란 이후 척계광의 보병 전법으로 대체하는 것이 일반적인 분위기였기에 오위 진법으로 돌아가자는 주장은 파장을 일으키기에 충분했다.

당시 실록에 실린 이야기를 살펴보면 다음과 같다.

경상 감사 이상진李尙眞이, 양산 군수 안명로가 지은 『연기신편』을 올렸다. 명로는 자신만이 홀로 악기握奇의 법을 얻었다고 여기고서 척계광의 병제兵制를 변조하여 스스로 『연기신편』이라는 글을 찬술하였다.……안명로는 망령되고 용렬한 사람이다. 효종조 이후에 군사일에 유의하는 것을 보고 스스로 장수다운 책략이 있는 자로 자처하더니, 등급을 뛰어넘어 발탁되어 광주·수원·의주·평안 등지의 감사직을 맡게 되자, 내심 기뻐하여 사모한 나머지 망령스레 병서를 지어서 국가의 제도를 바꾸려 하였다. 척계광의 법이 비록 옛 법은 아니라 하더라도 그전부터 실행해오면서 누차 시험하여 남방에서 여러 번 공이 있었다. 이것이 어찌 안명로 같은 무리가 그 득실을 논의할 수 있는 것이겠는가. 명로가 그 뒤 소망이 이루어지지 않자, 적당을 축출하려다가 형을 받아 먼 곳으로 귀양을 갔다. 그 사람이 이렇게 보잘것없는 것은 논할 것도 없거니와 그 사람을 대단히 믿고서 그 글을 드러내고 심지어 간행해서 조정에 올려 이것으로 당시에 시행되게 하려 하였으니, 이것으로 보면 이 사람도 역시 알 만하다.

인신공격에 업적 폄하까지 비난이 가득하다. 그를 추천한 이상진까지 비난을 받았다. 이유는 단순하다. 당시는 서인 천하였는데, 안명로는 남인계 인물이었던 것이다. 결국 안명로는 1680년(숙종 6)의 남인 대숙청 사건인 경신환국에 휩쓸려 변방으로 유배되어 쓸쓸하게 생을 마감했다. 그것은 슬픈 조선의 국방 현실이기도 했다.

정조, 새로운 군대를 꿈꾸다
『병학지남』

북쪽의 청나라, 서쪽의 정금, 남쪽의 일본에 둘러싸이다

현종 말에 중국에서 삼번三藩의 난이 발생했다. 반군은 세력을 급속히 확장했다. 반란의 지도자 오삼계吳三桂는 명나라 말기에 청나라 군대의 베이징 입성을 선도하는 등 청나라에 적극적으로 협력했으나, 이후 청나라에 대항해 스스로 황제가 되었다. 오삼계는 한때 양쯔강 이남 일대와 쓰촨, 산시까지 세력을 형성해 주변국에 많은 영향을 끼쳤다.

조선은 청나라의 변화를 감지해내기 위해 사행使行을 적극적으로 활용했다. 조선은 청나라로 떠나는 사행사에게 기회가 되는 대로 온갖 수단을 동원해 청나라 내부를 탐문하게 했다. 특히 청나라와 국경을 접한 의주 부윤은 청나라의 사정을 곧장 알리기 위해 빠른 기병을 확보해, 첩보

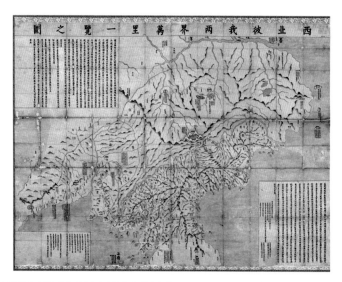

18세기 전반에 만들어진 〈서북피아양계만리일람지도西北彼我兩界萬里一覽之圖〉다. 분쟁이 잦았던 조선과 청나라의 국경 지리 정보를 정리한 군사지도로, 평안도와 함경도의 세부 사항이 잘 묘사되어 있다. 규장각 한국학연구원 소장.

를 입수하면 말을 달려 바로 아뢰도록 했다. 이러한 상황에 조선 내부에서도 유생들이 북벌을 재주장하는 일이 공공연히 벌어졌으며, 숙종 원년에는 조정 대신 중 윤휴尹鑴을 비롯한 집권 남인들이 이러한 입장을 내세우기도 했다.

여기서 한 걸음 더 나아가 중국 내의 반反청 세력과 동조해 청을 직접 공격해야 한다는 주장이 제기되기도 했다. 병자호란의 패배를 거울삼아 전거戰車를 제작하는 등 다양한 방어 무기를 생산하자는 주장이 적극적으로 개진되었다. 윤휴는 급진적인 북벌론을 주장했다.

청인과 오삼계가 서로 전투를 치르고 있는 지가 여러 해 되었는데 이는 천하가 크게 둘로 나뉘고 있다는 증거이며, 이러한 때에 조선의 군사들이 정예하니 이때를 당하여 대의大義를 외치고 대중을 이끈다면 청을 멸망시킬 수 있다.

윤휴를 비롯한 급진적인 유생들은 청나라의 내분을 틈타 북벌을 감행해 병자호란의 한을 씻자는 주장을 펼쳤으나 오삼계의 세력이 갈수록 커지자 새로운 의견이 제시되었다. 청나라가 중원을 버리고 다시 만주 지역으로 돌아오는 상황을 우려하기 시작한 것이다. 따라서 청나라에 대한 직접적인 공격보다는 이를 대비해야 한다는 의견이 강해졌다. 이러한 흐름에 따라 이후 조선의 군사정책은 국경을 방호하는 방식으로 가닥이 잡혔다.

당시 청의 귀향 움직임을 '영고탑寧古塔 회귀설'이라고 부른다. 영고탑은 청나라를 세운 여진족의 고향이다. 청나라가 붕괴되어 중원을 버린다면, 여진족은 고향으로 돌아갈 것이다. 그런데 여진족이 회귀하면 조선 국경과 맞닿은 만주로 가게 되기에 군사적 마찰이 발생할 가능성이 커진다. 특히 청의 주력인 팔기군 등 기병대와 전투가 벌어질 가능성이 컸다.

영고탑 회귀설은 제2의 병자호란이 일어날지 모른다는 우려가 만연했던 당시 상황을 반영한다. 조정의 중신들은 중원을 버린 여진족이 의주와 양덕陽德·맹산孟山을 거쳐 조선을 침입하는 상황을 예상했다. 그래서 국경 방비를 더욱 견실하게 할 필요성이 커졌다. 특히 청 기병의 침입에 대한 우려는 압록강이 얼어붙는 매년 겨울마다 반복되어 숙종 말기까지 논의가 지속되었다.

한편, 청나라는 조선이 명나라의 재건을 외치며 타이완을 중심으로 반청 운동을 벌였던 정금鄭錦 세력과 동맹을 구축해 청을 공격할 것이라 우려했다. 조선은 이에 대한 방비도 해야 했다. 청이 제시한 논리와 반대로 정금이 청을 공격하기 앞서 조선을 공격할 수도 있기 때문에 해안 방어 강화를 고민해야만 했다. 쓰시마 도주 소 요시자네平義眞가 "동녕의 정금사가 군사를 크게 모아 바닷길로 만 리 길을 와서 조선을 침범한다"고 해서 조정을 비롯한 백성 모두가 이를 심각하게 받아들이기도 했다. 소문은 증폭되어 도성에서는 피난하는 백성이 줄을 이었다고 한다. 여기에 일본의 침입설까지 제기되면서 민심은 갈수록 흉흉해졌다. 이것이 단순한 소문에 불과했을지라도, 백성에게 미치는 영향이 심각해 조정은 대책을 세워야 했다. 실각한 남인 세력이 정금과 제휴해 정변을 기도한다는 소문이 어영대장 김익훈金益勳의 밀계密啓에도 등장했다.

사방의 적과 맞서다

1691년(숙종 17) 5월에는 청나라 관외에서 전쟁이 벌어졌다는 판단 하에 조선이 전쟁에 휘말릴 가능성이 제기되자 기병 강화뿐만 아니라 포수의 살수 기법도 강화하게 되었다. 대내적으로는 현종 대부터 극성을 부렸던 도적이 집단화되고, 노비들의 도망과 항거가 이어지는 등 다양한 사회문제가 대두되었다. 조정에서는 이를 극복하기 위한 군사적 방편을 모색했고, 그 결과 기동력을 앞세워 국경과 해안 지역을 방어하는 기병 부대를 창설했다. 이는 청의 기병에 대비한 전략이었으며, 정금이 서해안에 상륙했을 때 해안에서 빠르게 토벌하려는 전략으로도 볼 수 있다.

이렇게 새롭게 만들어진 지방의 특수 기병대는 함경도의 친기위親騎衛 · 평안도의 별무사別武士 · 황해도의 별무사 · 경상도의 별무사 · 동래東萊의 별기위別騎衛 등이 대표적이다. 이들은 적게는 300명에서 많게는 2,000명에 이르는 상당한 군세를 유지했다. 평안도 지역의 특수 기병대 창설도 논의되어 비변사를 중심으로 600~700기의 기병 부대를 창설하고 후방을 보조할 황해도에는 어영청 별마대와 금위영 별효위別驍衛를 재정비하자는 의견이 제시되었다. 또한 적선을 공격할 수군을 점검하고 무예 훈련 증진 계획을 세워 해안 방어를 준비했다.

숙종 대에 창설된 기병대는 지상에서 철전鐵箭과 유엽전柳葉箭을 쏘는 것을 기본으로 하고, 수성전에도 활용 가능한 조총과 편전이 시험 과목으로 선택되었다. 마상무예는 기창 대신 말을 타고 달리며 쇠도리깨 형태의 편곤을 휘두르는 편추가 추가되어 돌격 전술을 구사했다.

왜검법을 보급하기 위해 일본에 잠입해 검술을 익혀오기까지 했다. 김체건金體乾이 그 임무를 담당했다. 영조 대 문인 유본학柳本學이 쓴 『김광택전金光澤傳』에 그에 관한 기록이 남아 있다.

> **편전**片箭
> 애기살이라고도 불리는 짧고 작은 화살로, '통아'라는 보조 덧살에 넣어 발사한다.

숙종 대 지방의 기병 강화를 위해 함경도의 친기위와 황해도의 별무사 등 다양한 기병 부대가 만들어졌다. 이와 함께 교전 능력 향상을 위해 쇠도리깨 형태의 편곤을 휘두르는 편추가 추가되었다. 사진은 마상편곤을 시연하고 있는 모습이다.

김체건은 숙종 때 훈련원에서 무예를 더 익히기로 하였는데, 조선의 검술이 왜인들보다 못하다는 생각에 스스로 왜관에 들어가 하인 노릇을 하였다.……체건은 그들끼리 검술을 겨룰 때 남몰래 지하실에 숨어 엿보았다. 그렇게 몇 해가 지나자 왜인의 검법을 다 익히게 되었다.

책 제목에 등장하는 김광택은 김체건의 아들로, 김광택 역시 조선의 검선劍仙이라고 불렸을 정도로 부자가 조선 제일 검으로 이름을 날렸다. 『김광택전』에 실린 이야기를 살펴보면, 그는 칼춤 실력이 신의 경지에

도달해 "땅 위에 꽃이 가득 쌓인 것처럼 칼에 몸을 숨겨 보이지 않는다"고 한다. 죽은 후 혼백이 빠져나가 신선이 되었다고도 한다. 김체건과 김광택은 왜검법이 원수 나라의 검법이지만, 조선을 지키는 좋은 방법이라고 생각해 이를 배우기 위해 혼신의 힘을 다했다. 그리고 왜검법을 연마해 조선화된 검법을 창안하기에 이른다.

중국 병서의 조선화

『병학지남』은 명나라 장수 척계광이 쓴 『기효신서』에서 군대 훈련과 군사 선발에 필요한 부분을 발췌해 편집한 병서로, 임진왜란을 겪으며 대대적으로 변화한 조선 후기 군사 조련에 가장 큰 영향을 미친 병서다. 『병학지남』은 그 이름처럼 조선 후기 '군사학의 길잡이'가 되었다.

『병학지남』은 명나라 병서인 『기효신서』를 바탕으로 만들어졌지만, 조선군에 필요한 내용으로 재구성하는 과정에서 주체적인 문화 수용이 나타났다. 임진왜란을 겪으며 처음에는 『기효신서』의 내용 몇 가지를 뽑아서 훈련에 차용하다가 수정·보완을 거듭하면서 점차 단일 병서로 묶어나갔을 가능성이 높다.

현재 남아 있는 『병학지남』 중 가장 이른 시기에 만들어진 것은 1684년(숙종 10)에 충청도 병마절도사 최숙^{崔橚}이 판본을 모아 정리한 것으로, 이전부터 다양한 이름으로 편찬되었던 것으로 보인다. 예를 들면 『무예제보』를 비롯한 여러 병서를 편찬한 훈국랑 한교는 『기효신서』의 군사 조련 부분만을 발췌해 『조련도식』을 펴내기도 했고, 선조 후반에는 군기

軍旗 사용 절차와 수성守城 등을 더하기도 했다. 이후 각 지방 군영에서 군사훈련에 필요한 부분을 발췌해 사용한 흔적들이 여럿 발견된다.

조선군 훈련의 기둥 역할을 했던 『병학지남』은 각 군영, 혹은 시기마다 조금씩 내용이 달랐다. 정조 대에는 10여 종의 판본이 존재했다. 군사훈련 통일화를 강조했던 정조는 규장각에 명을 내려 판본의 종류를 파악하고 보관 위치까지 상세하게 정리하게 했다. 정조는 당시 실정에 가장 알맞은 『병학지남』 정본正本을 만들라고 지시했고, 훈련도감·남한산성·황해도에서 사용 중이던 주요 판본을 비교해 교정 작업을 진행했다. 그 결과 1787년(정조 11)에 완성판 『병학지남』을 간행해 중앙 군영은 물론이고 지방까지 보급했다. 당시 병서 간행은 훈련도감에서 담당했는데, 정조 대에는 친위 군영이었던 장용영壯勇營에 서국書局을 만들어 간행 업무를 담당하게 했다.

정조가 만들면 다르다

정조는 문집인 『홍재전서弘齋全書』의 「군서표기群書標記」에서 『병학지남』 간행 배경을 이렇게 설명했다.

이 책은 척계광의 『기효신서』를 간추려 엮은 것이다. 어떤 이는 유성룡柳成龍이 편찬한 책이라고도 하는데 지금으로서는 분명히 알 수 없다. 우리나라에서 군사를 훈련하는 제도는 이 책을 교량으로 삼았다. 그래서 중외의 여러 군영에 모두 판목版木이 보관되어 있다. 그러나 여러 차례의 판각

板刻을 거치면서 생긴 오류가 많고 의례도 판본에 따라 상략詳略의 차이가 있었다. 그래서 선전관 이유경李儒敬에게 명하여 여러 판본을 수집하여 단점을 버리고 장점만을 택하여 격두格頭의 사이사이에 주석을 붙인 다음 인쇄하여 배포하고, 책판冊板은 장용영에 보관하도록 하였다.

정조는 『병학지남』의 「친찬서親撰序」에서 자신이 직접 작업을 진두지휘했음을 밝히기도 했다.

우리나라의 수전水戰 · 육전陸戰부터 군에 관한 부세賦稅의 징수와 군기軍器의 수선, 그리고 중앙과 지방의 군사 조직과 훈련 방식 등 모든 병무가 『기효신서』를 바탕으로 하지 않은 것이 없다. 그러나 보태고 빼는 과정에서 다른 것이 섞이고 빠지고 잘못된 것도 많으며, 가끔 서로 모순되는 것도 있다. 그래서 내가 여러 판본을 모아 정리한 다음 목판에 새겨 세상에 펴내도록 지시하였다.

정조의 명으로 통합된 『병학지남』은 총 5권 1책으로 간행되었다. 책머리 격인 「권수卷首」에는 서문과 범례 등이 담겨 있고, 권1에는 「기고정법旗鼓定法」 · 「기고총결旗鼓總訣」이라고 해서 군사 신호용으로 사용한 북이나 꽹과리 같은 다양한 악기와 군사용 깃발의 제원부터 쓰임새와 신호 전달 방식까지 세세하게 풀어놓았다. 권2에는 「영진정구營陣正彀」라고 해서 군사를 선별하는 방식을 시작으로 원앙진을 비롯한 다양한 소형 진법부터 수천 명이 이루는 거대 진법, 진법 훈련과 전투 시 진법 구성

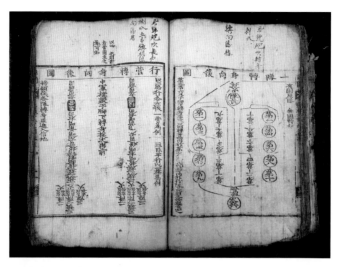

『병학지남』의 「행영전신향후도行營轉身向後圖」와 「일대전신향후도一隊轉身向後圖」다. 이동 중인 영營과 소규모 한 대隊의 군사들이 방향을 바꿀 것을 명하는 전신나팔轉身喇叭 신호에 맞추어 진행 방향의 반대로 부대를 돌리는 동작을 보여준다.

에 관한 내용을 담고 있다. 본문을 한문으로 작성하고 언해본을 더해 한문을 읽을 수 없는 하급 군사도 볼 수 있게 했다. 일반 군사들은 한자보다 한글을 썼기 때문에 조선 후기의 병서 상당수는 언해를 함께 실었다.

권3과 권4에는 「영진총도營陣總圖」라 해서 다양한 진법 운용 형태를 그림으로 상·하로 나누어 정리했다. 권5에는 일상적인 군사 조련 내용을 담았다. 훈련장에서 조련하는 「장조정식場操程式」, 밤에 조련하는 「야조정식夜操程式」, 성안에서 조련하는 「성조정식城操程式」, 바다에서 수군을 조련하는 「수조정식水操程式」 등이 실렸다.

조선 후기의 기본 병서

『병학지남』은 군사훈련과 관련된 거의 모든 내용을 정리해놓은, 조선 후기의 가장 기본적인 군사교범서다. 조선시대 군사훈련은 크게 성조城操와 수조水操로 구분했는데, 성조는 주조晝操와 야조夜操로 나누기도 했다. 수조는 1개월 전에 수군절도사가 훈련을 진행하겠다는 장계狀啓를 올려 승인이 나면 군사와 인근 백성에게 훈련 일정을 알리고 수백 척의 군선을 모아 진법 훈련과 화포 발사 훈련 등을 했다.

성조는 훈련 10일 전에 발표해 하루 전에 조련패를 달아 성곽 방어 훈련을 했다. 야조는 매복병을 성곽 여기저기에 배치하고 다양한 신호 체계와 함께 섶이라는 횃불과 오색 쌍등을 켜거나 끄는 방식으로 훈련했다. 군사들만이 아니라 성곽 안에 살고 있는 모든 민가가 함께 훈련했다. 등화관제 훈련처럼 일사불란하게 불빛을 통재하는 것이 야조의 핵심이었다.

그러나 『병학지남』은 척계광이 왜구를 격퇴할 때 만든 전법을 기본으로 하기에 청나라의 기병을 막는 데는 한계가 있을 수밖에 없었다. 당대에도 이러한 비판이 제기되었으며, 이를 보완하기 위한 기병 방어 전술과 조선의 지형에 맞는 새로운 전술 체계 마련이 공론화되었다.

우리글로 완성된 병서
『진법언해』

정치 9단, 숙종의 환국 정치

조선 후기 역사를 접할 때 가장 자주 등장하는 말이 붕당 혹은 당쟁黨爭이다. 좋은 말로 벗 붕朋 자에 무리 당黨 자를 써서 붕당이라고 하는데, 이 단어는 현대 민주정치의 핵심 요소인 정당론과도 연결되어 다원적인 정당 정치를 연상시키기도 한다. 그러나 숙종 대에는 권력의 미명하에 무리지은 당이 피바람을 일으켜 상대를 참혹하게 살육한 전쟁이었을 뿐이다.

조선 전기에는 공신 세력을 중심으로 형성된 훈구파勳舊派와 신진 정치세력인 사림파士林派가 대립했다. 그 결과물이 '사화士禍'로 사림이 크게 화를 입었다는 뜻을 담고 있다. 1498년(연산군 4)의 무오사화, 1504년

(연산군 10)의 갑자사화, 1519년(중종 14)의 기묘사화, 1545년(명종 즉위)의 을사사화가 대표적이다.

선조 대에 이르러 사림 세력이 정권을 장악했지만, 사림이 분열을 일으키며 붕당화가 진행되었다. 동인과 서인으로 분열되었다가 동인은 남인과 북인으로, 서인은 노론과 소론으로 분열했다. 그사이 수많은 정치적 이유로 붕당 내부에서도 쉴 없는 이합집산이 이루어지며 정치투쟁이 지속되었다. 효종 대 이후 예송논쟁으로 대립하던 붕당은 숙종 대에는 당쟁이라는 명칭에 걸맞은 정치 전쟁으로 변질되었다. 당쟁이 당리당략과 사리사욕만을 추구한 것이라고 말할 수 있는 시대가 시작된 것이다.

숙종 재위기를 환국換局 정치의 시대라 부르기도 한다. 양란 이후 극도로 피폐해진 조선의 국력이 간신히 되살아난 때가 숙종 대였다. 숙종은 비대해진 신권을 통제하고 왕권을 강화하는 차원에서 의도적으로 당쟁을 일으키고 국정 주도권을 장악하려 했다.

숙종 대 당쟁으로 발생한 핵심적 사건은 세 차례의 환국이었다. 고깃집에서 불판을 갈아치우듯, 정치판의 핵심 인물을 모조리 바꾸어버리는 정치적 판 갈이가 환국이었다. 환국이 벌어진 해의 간지를 따라 경신환국(1680년, 숙종 6) · 기사환국(1689년, 숙종 15) · 갑술환국(1694년, 숙종 20)이라고 부른다. 이 사건들의 주체는 당연히 왕인 숙종이었다.

예송논쟁禮訟論爭
현종 때 상복을 입는 기간을 두고 서인과 남인 사이에 벌어진 두 차례의 사건. 예법에 대한 학문적 해석 차이에서 벌어진 의견 대립이 정파 간 대립으로 확산되었다.

경신환국으로 남인이 축출되고 서인이 등용되었다. 1674년(현종 15)에 일어난 갑인예송으로 정권을 잡은 남인은 그해 즉위한 13세의 어린 숙종을 대신해 각종 정무를 처리하며 승승장구했다. 그러나 달도 차면 기우는 법이다. 1680년 남인의 우두머리였던 영의정 허적許積이 자신의 집에서 잔치를 벌이는데 궁궐의 유악을 가져간 일이 정치적 사건으로 비화했다. 숙종은 비가 오니 허적의 집에 유악을 보내주라고 명을 내렸는데, 이미 사용하고 있다는 보고를 듣자 화가 머리 꼭대기까지 오른 것이다. 6년간 제왕 수업을 받으며 힘을 키워온 숙종은 이를 빌미로 과도한 권세를 부리던 남인을 일거에 숙청해버렸다. 정권은 서인에게 돌아갔다.

두 번째 환국은 그로부터 9년 후인 1689년에 일어났다. 숙종의 첫 번째 부인인 인경왕후 김씨는 공주만 둘을 낳고 20세에 요절했다. 두 번째 왕후인 인현왕후 민씨가 사내아이를 낳지 못하자, 후궁인 숙원 장씨를 총애해 왕자를 낳으면서 상황이 급변한 것이다. 숙종은 이 아이를 세자로 책봉하고 장씨를 희빈으로 삼으려 했지만, 집권 세력인 서인의 반대에 부딪혔다. 하지만 이 정치 싸움에서도 승자는 숙종이었다. 서인은 모조리 귀향길에 올랐고, 남인이 정계에 화려하게 재입성했다. 서인의 지지를 받던 인현왕후는 폐비가 되어 궁궐에서 쫓겨났다.

> **유악**油幄
> 기름칠을 해서 비가 새지 않게 만든 대형 천막으로, 허적이 가져간 것은 용과 봉이 새겨진 용봉차일龍鳳遮日이었다.

그러나 5년 후인 1694년에 또다시 환국이 발생했다. 세자를 낳은 희빈 장씨의 오만불손함이 궁궐 이곳저곳에 미치자 숙종은 사가로 쫓겨간 폐비 민씨를 그리워하게 되었다. 거기에 숙빈 최씨가 훗날 영조가 되는 연잉군延礽君을 낳자 희빈 장씨에 대한 관심을 끊어버렸다. 당시 서인은 조심스럽게 폐비 민씨 복위 운동을 전개하다가 남인에게 발각되었다. 이를 계기로 남인은 서인의 잔존 세력을 정계에서 소멸시키려 했지만, 오히려 정치 9단 숙종에게 철퇴를 맞았다. 희빈 장씨는 사약을 받았고, 남인은 정계에서 소멸되는 지경에 이르렀다. 정계에 남은 서인은 노론과 소론으로 분열했다.

왕권 강화를 위해 관우를 이용하다

서인 중심의 일당 독점 정계 운영이 시작되자 숙종이 추구하던 왕권 강화는 의미가 퇴색하는 듯했다. 숙종은 서인에 맞설 새로운 세력을 찾아야 했다. 숙종은 외척 세력에 눈을 돌렸다. 조선 후기 편성된 훈련도감을 비롯한 중앙 군영의 군사권을 외척에게 몰아주는 방식을 선택했다. 숙종의 외척으로 급부상한 가문은 청풍 김씨, 광산 김씨, 여흥 민씨 등이 대표적이었으며, 이후 안동 김씨 역시 이러한 기반을 바탕으로 정국의 주도권을 쥐었다. 그러나 숙종이 지원한 외척 세력은 권문세가權門勢家 혹은 세가대족世家大族으로 불리며 노론과 연합해 새로운 권력으로 변질되었다. 이들은 왕권에 도전으로 비추어질 정도로 과대하게 성장하고 말았다.

명나라 나관중羅貫中이 지은 소설 『삼국연의三國演義』의 한글 번역본인 『삼국지통속연의三國志通俗演義』다. 『삼국지』에서 충성을 상징하는 관우는 훗날 관왕關王, 나아가 관제關帝까지 승격되었고 이후 신으로 모셔질 정도로 인기가 높았다. 한국학중앙연구원 장서각 소장.

숙종은 이러한 현실을 극복하기 위해 관우라는 카드를 내밀었다. 중국 삼국시대 촉한의 명장 관우는 임진왜란 중 조선에 무신武神으로 전파되어 신격화되었다. 특히 주군인 유비를 지킨, 충절을 상징하는 인물로 알려졌다.

숙종은 관우를 모신 사당인 관왕묘關王廟를 만들어 제의를 행하게 하고, 역대 충신들의 사당을 도성 이곳저곳에 세워 문무백관은 물론이고 백성에게도 충절의 이념이 퍼지도록 했다. 숙종은 도성의 남관왕묘와 동관왕묘에 자신이 직접 지은 시를 걸어두게 할 정도로 관우에 애착을 보였다. 심지어 신하들의 반대를 무릅쓰고 관왕묘에 친림해 문무백관을 이끌고 제사를 주관하기까지 했다. 당시 숙종이 남긴 관련 비망기備忘記가 남아 있다.

아! 무안왕武安王(관우)의 충의는 참으로 천고에 드문 것이다. 어제 들러

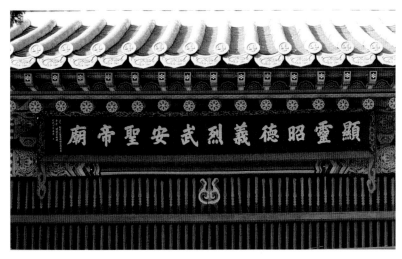

동관왕묘 정전의 현판에는 "현령소덕의열무안성제묘顯靈昭德義烈武安聖帝廟"라고 쓰여 있어 관우를 무신으로 신격화했다는 것을 알 수 있다. 임진왜란 때 명나라 원군으로 참전한 진인陳寅이 1598년(선조 31) 서울 후암동에 남관왕묘(남묘)를 세웠고, 이후 1600년(선조 33) 명나라의 칙령으로 서울 신설동에 동관왕묘가 건립되었다. 1902년(광무 6) 고종은 '무안왕'으로 불리던 관우를 '무안성제' 즉, 황제로 승격시켰다.

유상遺像(초상화)을 본 것은 참으로 세상에 드물게 서로 느끼는 뜻에서 나왔고, 또한 무사들을 격려하기 위해서지 본디 한때의 유람으로 즐기려고 한 것이 아니었다. 아아, 너희 장수와 군졸들은 모름지기 이 뜻을 본받아 충의를 스스로 애써 노력하여 왕실을 지키도록 하라. 이것이 바라는 것이다.

숙종은 관왕묘 제례로 신하들에게 자파의 이익에만 몰두할 것이 아니라, 왕실과 왕에 대한 충성으로 돌아오라고 권고한 것이다. 숙종은 선대왕의 능陵에 거동할 때면 능의 위치에 따라 동관왕묘나 남관왕묘에 먼저 들러 제사를 지내고 능행에 참여한 문무백관에게 충성 맹세를 하도록 압박했다. 숙종이 관우를 무안왕이라고 왕으로 격상하긴 했지만, 관우는 장수 출신이기에 문관들은 반발하기도 했다.

관왕묘는 임진왜란 시에 조선에 파견된 명군의 사기 진작을 위해 설치되었기 때문에 조정 관료들이 막아설 명분이 없었다. 그러나 전쟁이 끝나고 명군은 돌아갔으며, 이미 청나라로 중원의 세력이 바뀌었다. 신하들이 보기에 관왕묘의 존치나 제례의 명분이 없었다. 하지만 신하들의 반발에도 숙종은 한양뿐만 아니라 명군이 만들어놓은 전국의 관우 사당을 파악하고 보수한 뒤 제례를 진행하라고 어명을 내렸다.

관우를 이용한 충절 의식 고취는 영조와 정조를 거쳐 고종 때까지 이어졌다. 고종은 황제국을 표방하며 대한제국을 준비하던 때인 1896년(고종 33)에 조선의 모든 국가 의례를 새롭게 정리한 『대한예전大韓禮典』에 그동안 명문화되지 못했던 관왕묘 의례를 소사小祀에서 중사中祀로 격상시켜 관우의 충절을 공식적으로 알리려 했다.

조선의 독창적인 한글 전술서

『진법언해陣法諺解』는 그 이름처럼 진법을 언해 즉, 한글로 정리한 병서다. 이전에도 책의 일부를 한글로 번역해 부록으로 싣거나 한글본으로 번역한 병서는 있었다. 하지만 『진법언해』는 처음부터 언해로 만든 병서라는 데 의미가 있다.

한글로 『진법언해』를 펴낸 것은 가독성 때문이다. 즉, 한문을 읽지 못하는 군사들을 위해 펴낸 것이다. 실제로 고위 무관이 아니면 병서의 내용을 이해하기 어려웠다. 소규모 병력일지라도 지휘관이 병서를 읽지

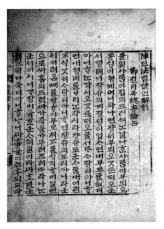

『진법언해』는 진법을 언해 즉, 한글로 정리한 병서다. 실제 전투에 투입되는 군사들은 주로 한글을 사용했기에 아예 한글로 만든 것이다.

못하면 군사 지휘에 심각한 문제가 발생하기 때문에 한글로 된 병서의 보급이 시급했다.

『진법언해』의 저자는 최숙으로 현종 대에 무관직에 올라 경상좌수사와 충청도 병마절도사를 거쳐 1698년(숙종 24)에는 종2품의 무관 최고위직 통제사를 역임한 명망 높은 무관이다. 최숙은 고위직에 오르기까지 지방의 현장 책임자인 주부主簿부터 현감과 부사 등 다양한 실무직을 거쳤다.

『진법언해』의 마지막 장에는 "전병사최숙해석前兵使崔橚解釋"이라는 내용이 있고, 마지막 줄에는 "계유오월일함경감영개간癸酉伍月日咸鏡監營開刊"이라고 해서 계유년인 1693년(숙종 19) 5월에 함경도 감영에서 간행했다고 쓰여 있다. 최숙은 숙종 초반에 『병학지남』을 분석해 언해본 해설서를 만든 경험이 있기에 『진법언해』는 조선 후기 실제 군사훈련의 내용을 가장 잘 담고 있다고 할 수 있다.

현재 『진법언해』는 총 23장의 필사본 형태로 국립중앙도서관에 단 1권 남아 있다. 본문은 서문 격인 「절목총론節目總論」을 시작으로 「오행진법伍行陣法」·「장조법場操法」·「사면조四面操」·「주습야조晝習夜操」 등 5장으로 구성되어 있다.

한글로 군사를 자유롭게 하다

「절목총론」에는 이 병서를 쓴 배경에 대해 적었다. 이 병서를 읽어야 할 사람을 한문을 모르는 현장 지휘관인 장관將官과 하급 군관인 기대총旗隊總과 일반 병사인 범군凡軍이라고 적시했다. 전투 훈련 시 가장 필요한 '싸움 절차'와 '상시 습진하는 방법'을 중심으로 편찬했다고 밝히고 있다. 또한 전투 시 마음가짐을 강조하는 내용을 첫머리에 실었다.

사람이 매양 살지 못하여 한 번을 아마도 죽으니 차라리 싸우다가 죽으면 나라에 충신이 되고……도망하여 살기는 욕이요, 전장에서 죽기는 영화요, 도망하여 살기는 몹쓸 놈의 일이요, 전장에서 죽기는 장부의 일이니 이 말이 조금도 헛말이 아니라 이 책을 읽으며 매우 생각하면 알리라.

그리고 기고정법旗鼓定法이라 해서 군사 신호용 깃발과 악기를 사용하는 방법을 언급했다.

두 번째 장인 「오행진법」에서는 군사 신호에 사용하는 오방기伍方旗를 사용하는 방법, 행군 시 요령, 원앙대鴛鴦隊의 배치 등 진법 시 움직임을 수록했다. 원앙대는 조선 후기 대표적인 행군법이자 원앙진-삼재진-양의진으로 변형되는 1대(12명) 단위의 소규모 단독 진법이다. 그래서 원앙대의 배치 순서와 훈련 방법을 담아놓은 것이다.

세 번째 장인 「장조법」은 훈련장에서 펼치는 군사들의 움직임을 정리한 것으로 『병학지남』의 「장조정식場操程式」을 언해로 풀어놓은 것이다. 모두 29항목으로 조련 시작을 알리는 「현조패懸操牌」를 시작으로 나무하고 물 길러 간 병사를 거두고 밥을 짓는 「취반炊飯」으로 끝을 맺었다.

네 번째 장인 「사면조」는 6개 세부 항목으로 나뉘는데, 군사 조련 과정을 단순화한 것이다. 사방에서 조련을 시작하는 「사면조」부터 고정된 군사 주둔지인 영營을 거두는 「수영收營」, 군사 전체를 훈련 시작 위치에 줄을 세우는 「회신지回信地」, 훈련을 마치고 당부의 말을 전하는 「사조謝操」, 훈련의 해산을 선포하는 「산조散操」, 조련장의 깃발을 내리는 「낙기落旗」 등으로 구성되어 있다.

다섯 번째 장은 「주습야조」로, 밤중에 훈련하는 야조를 대낮에 연습하는 내용이다. 원래 야조는 밤에 진행하는 것이나 군사들의 모습을 눈으로 확인할 수 없기에 낮에 연습하는 것이다. 「주습야조」는 9단계로 구성되어 있다. ① 조련, ② 진영 설치, ③ 야간 암구호 전달, ④ 등을 달아 주변을 밝힘, ⑤ 야간 순찰 명령, ⑥ 신전信箭을 전달해 시간 변화를 알림, ⑦ 적이 갑자기 등장할 때 대처 요령, ⑧ 은밀하게 진영을 옮김, ⑨ 진영을 거둠이다.

조선의 자주국방을 담다

조선 후기에 가장 많이 활용한 『병학지남』과 비교해보면 몇 가지 차이가 눈에 띈다. 먼저 훈련 총론에 해당하는 「절목총론」과 임전 태세, 교전 규칙 등은 『진법언해』에만 보여서, 이 책이 현장 지휘관과 병사를 위한 책이라는 것을 알 수 있다. 총론에서는 "장수에게 정성이 없으면 내 부모를 은혜롭게 여기지 아니하는 일이오, 같은 대오를 서로 사랑하지 아니하면 내 형제를 버리는 일이라"고 하며 장수와 군사, 군사와 군사가 부모나 형제처럼 끈끈한 정으로 뭉쳐야 강한 군대가 될 수 있다고 설명한다.

또한 전체가 한글로 되어 있기에, 당시 명령어를 복원할 수 있다. 예를 들면 "오른편으로 가라치거든 오른편으로 가고, 앞으로 가라치거든 앞으로 가고, 뒤흐로 가라치거든 뒤흐로 가라"라고 이동 명령을 표기하고 있어, 당시 실제 사용한 명령어를 파악할 수 있다.

임진왜란과 병자호란을 거치면서 조선의 전략 전술 체제는 송두리째 바뀌었다. 그 과정에서 중국의 병서를 대거 차용했지만, 조선의 현실은 중국과 달랐다. 『진법언해』와 같은 독창적인 진법서는 조선만의 색깔을 담아낸 자주국방의 발현물로 볼 수 있다.

3장

조선의
부활을 꿈꾸다

백성과 함께 한양을 지키다

『수성책자』

영조, 위기를 기회로 만들다

영조 대 국정은 정치적 위기의 반복이었다. 숙종 대부터 악화된 당쟁이 한계에 달했다. 게다가 영조가 경종 독살설에 연루되자 소론은 이를 시빗거리로 삼았고 정통성 문제가 대두되었다. 특히 1722년(경종 2)에 발생한 임인옥사壬寅獄事에 관련된 노론에 면죄부를 주는 등 정치적으로 치우치자 왕권은 안정되지 못했다.

> **경종 독살설**
> 경종이 병이 났는데, 연잉군(훗날 영조)이 올린 게장과 생감을 먹고 사망했다는 의혹이다.
> 영조는 이 의혹을 강하게 진압했지만, 재위 기간 내내 끊임없이 제기되었다.

조선의 부활을 꿈꾸다

당쟁은 단순히 권력층의 정권 다툼 문제로 끝나지 않았다. 양반 내부의 알력과 갈등은 곧 피지배 계층인 양천良賤의 토지 생산력에도 영향을 미쳤다. 18세기 초반 영조 대에는 지주제의 발달과 더불어 화폐경제가 광범위하게 자리 잡으면서 신분제의 동요와 재편성이라는 사회변혁의 움직임이 서서히 표출되었다. 그러나 중앙정부는 사회 밑바닥부터 발생한 근본적 모순을 효과적으로 방어해내지 못했다. 지배층인 양반은 양역良役의 폐단으로 불리는 양인 농민의 과도한 조세 부담을 인지하고 있었지만, 실질적인 대응책을 만들어내지 못했다.

이러한 영조 대 초반 위기 상황에서 발생한 것이 이인좌李麟佐의 난으로 알려진 무신란戊申亂이었다. 무신란은 단순히 소론 일파의 왕권 교체 요구가 아니라, 사회 전반에 걸친 모순이 총체적으로 표출된 분수령이었다. 1728년(영조 4)에 일어난 무신란은 소론계의 이인좌·정희량鄭希亮 등이 주동해 소현세자의 증손인 밀풍군密豊君 탄坦을 추대해 일으킨 난이다.

무신란은 지방의 사족과 토호뿐만 아니라 유민까지 다수 참여하면서 민중운동으로 발전했다. 초기에는 이인좌를 위시한 충청도 지역의 반군이 청주성을 점령하고 경종의 원수를 갚는다면서 진천을 거쳐 안성과 죽산으로 진군할 정도로 위세가 대단했다. 그러나 이들은 관군의 토벌 작전에 각개격파 당했다. 영남에서는 정희량이 거병해 거창·합천·함양을 점령했으나 역시 토벌군에 진압당했다. 호남 지역에서는 거병도 하기 전에 박필현朴弼顯 등 가담자가 체포되어 제대로 된 전투조차 할 수 없었다.

중앙정부의 대응에서 가장 주목되는 점은 도성사수론都城死守論이다. 이른바 '목숨 걸고 한양을 지키겠다'는 논리로, 임진왜란이나 병자호란 때처럼 왕이 도성을 버리고 파천하지 않고 도성을 중심으로 결진해서 방어하겠다는 것이다. 이전에는 전쟁이 발생하면 왕과 종친을 비롯한 문무백관이 도성을 버리고 강화도로 피난 가는 전략이 일반적이었지만, 병자호란을 거치면서 백성과 함께 도성을 지키며 전쟁을 치러야 한다는 도성사수론이 급속도로 확산되었다. 양란을 극복하는 과정에서 도성의 중요성이 부각되었고, 경제적으로도 한양을 중심으로 부가 집중되어 인구의 밀집도가 높아지면서 도성은 단순히 왕이 거처하는 곳을 넘어 사회·경제적 중심지로 변화했기 때문이다.

따라서 숙종 대부터 진행된 도성과 인근의 북한산성을 비롯한 성곽 보강 작업은 도성 방위를 튼튼하게 하는 전략 중 하나였다. 무신란 당시 도성을 방위하던 핵심 군영은 훈련도감·어영청·금위영禁衛營 등 삼군문三軍門으로, 훈련도감은 도성 수비 전반을 총괄했고, 금위영과 어영청은 한강 나루의 파수를 맡아 반란군의 도강을 저지했다. 훈련도감은 임진왜란 때부터 연하친병輦下親兵이라는 별칭이 붙을 정도로 금군 성격이 강한 부대였다. 훈련도감은 도성을 중심으로 방어를 펼치고, 어영청과 금위영은 경기도 인근까지 부대가 포진해 있었기에 주력 임무가 달랐다. 또한 반군의 움직임에 따라 기찰과 파수를 강화해 북상하는 반란군의 내통자나 세작을 미리 봉쇄했다.

신속한 기병의 진압

도성의 안정적인 방어를 바탕으로 토벌군이 빠르게 구성되었는데, 빠른 기동작전을 위해 다수의 기병으로 구성되었다. 훈련도감에서 기병 3초가 투입되었고, 금위영에서는 보병 8초를 더해 1,400여 명의 기·보병으로 구성되었다.

기병과 보병의 전투력 비교를 볼 때, 이러한 편성 방식은 기병 중심의 편성이라고 볼 수 있다. 기병 중심의 편제는 반란군을 신속하게 토벌하기 위한 것이었다. 『영조실록』의 기록에서 무신란 토벌작전 때의 기병·보병 배치와 운용을 살펴볼 수 있다.

오명항吳命恒이 멀리서 그 지형을 바라보니, 청룡산 한 줄기가 수백 보 정도로 길게 구부러져 마치 소가 누워 있는 형상으로 3면을 둘러 앉았는데, 50~60호의 마을이 그 안에 자리해 있었으며 전면은 평야였다. 즉시 중군 박찬신朴纘新으로 하여금 보군步軍 3초와 마군馬軍 1초를 나누어 거느리게 하고 경계하기를 "기旗를 눕히고 북소리를 내지 말며, 갑옷과 투구를 벗고 빨리 달려나가되 보군 1초는 산 뒤쪽을 거쳐 먼저 높고 험한 곳을 점거하고, 2초는 두 날개로 나누어 포를 쏘고 화전火箭을 쏘아 그 촌락을 불태우라. 그렇게 하면 그 형세로 보아 반드시 앞들로 도망해나올 것이니, 이에 마군으로 짓밟으라".

이는 무신란 당시 가장 중요한 전투였던 안성 전투에 대한 설명이다.

당시 반란군은 안성 청룡산에 숨어들어가 죽산으로 갈라졌다. 반란군은 이후 합세해 도성으로 진입하기 위해 토벌군과 일전을 치르려 했다. 그러나 반란군의 간첩 최섭崔涉이 토벌군에 붙잡혀 군사와 관련된 사실을 토설하자 도순무사 오명항이 인솔하던 토벌대 선봉군이 이를 제압했다.

토벌군의 보병은 적을 포위한 후 화전을 비롯한 원사 무기로 적을 공격하고 이후 기병이 달려들어 적을 궤멸시켰다. 그 이튿날 죽산 전투에서도 토벌군은 산 정상에서 기병을 선봉에 두고 빠르게 돌격해 반란군의 방진方陣을 무너뜨려 승기를 잡았다. 이 전투에서 이인좌를 비롯한 반란군의 수괴를 사로잡았다. 오명항의 선봉 토벌군이 안성과 죽산의 반란군 핵심을 진압하자 삼남 지방에는 경기방어사 이여적李如迪의 지휘하에 경병 1,000명과 기병 1초의 남벌군南伐軍이 편성되어 난을 마무리했다.

영조 집권 초반에 발생한 무신란은 삼군문을 중심으로 한 수도 방위 체제 안정의 계기가 되었다. 무신란 진압 과정에서 확인된 기병의 기동력을 이용한 전술은 용호영龍虎營이라는 기병 중심 부대의 재편으로 나타났다. 용호영은 1755년(영조 31)에 금군 강화를 위해 출발했다. 내금위 · 우림위 · 겸사복 등 금군 친위병을 묶어 지휘 체계의 일원화를 구축한 것이다.

영조 초반 정국 혼란을 극복하기 위한 가장 효과적인 방법은 강력한 군권 확립과 함께 부와 인구가 집중된 도성의 안전을 회복하는 것이었다. 영조는 왕권과 신권의 갈등을 빠르게 해결해야 정국의 안정을 찾을 수 있겠다는 판단에 따라 탕평론蕩平論을 들고 나왔다. 영조는 무신란이라는 정치적 위기를 당색과 파벌을 가리지 않고 인재를 등용하는 탕평

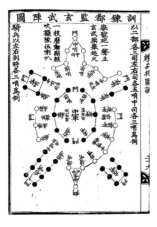

『속병장도설』의 현무진이다. 군사들의 배치 모습이 마치 거북이 모양이라서 붙여진 이름이다. 영조는 왕 중심의 오위 체제를 다시 구현하고자 했다.

책의 기회로 탈바꿈시켰다.

중앙 군영인 오군영도 정치 인맥으로 대장이 되는 등 정치 세력화되는 폐단이 발생하고 있었다. 이러한 한계를 극복하기 위해 영조는 조선 전기 왕 중심의 오위 체제로 돌아가고자 했다. 이로 인해 영조 대 정착된 도성 삼군문 방어에서 각 영의 부대 편제는 임진왜란 이후의 속오법이 아닌 조선 전기인 오위 체제로 변형되었다.

오위 체제로 복구하기 위해 조선 전기 진법서인 『진법』을 서문만 바꾸어 『병장도설兵將圖說』로 재간행했다. 그러나 250여 년 전에 만들어진 전술서는 실용화에 상당한 문제가 있었다. 양란을 거치면서 군사 편제는 물론이고 군사들이 사용하는 무기까지 변했기 때문이다. 이런 상황에서 구닥다리 전술서로 군사훈련을 하는 것은 불가능했다.

전술적 간극을 좁히기 위해 당시 군사 조련에 사용하던 『병학지남』의 부대 편제에 맞게 수정해 간행한 것이 『속병장도설續兵將圖說』이다. 『속병장도설』 간행과 동시에 진행된 오위 체제 복구는 이후 「병조변통절목兵曹變通節目」 발표로 명확히 정리되었다. 왕 직속 병조판서의 위상을 오군영 대장보다 높게 정립하면서 군권은 조금씩 안정되었다.

백성과 군사가 도성을 사수하다

『수성책자守城冊子』는 1751년(영조 27)에 편찬되었는데, 도성을 방위하기 위한 전술이 담겨 있다. 이 병서는 「어제수성윤음御製守城綸音」·〈도성삼군문분계지도都城三軍門分界地圖〉·「도성삼군문분계총록都城三軍門分界總錄」·「수성절목守成節目」 등 영조가 하명한 글과 도성 지도 등을 합본해 편집했다.

총론격인 「어제수성윤음」에서는 목숨을 걸고 도성을 사수하겠다는 영조의 강력한 의지를 엿볼 수 있다.

옛적 촉한蜀漢의 소열昭烈 황제는 조그마한 성의 백성도 차마 버리지 못하였는데, 더구나 도성의 누십만累十萬의 사람은 바로 옛날에 애휼하던 백성이니, 어찌 차마 버리고 홀로 갈 수가 있겠는가? 이것으로써 생각한다면 모든 백성과 더불어 마음을 같이한다고 할 수 있다. 이번 이 하교의 의도는 실상 백성을 위한 것이다. 지금 비록 원기와 정신이 피곤하지만 도성을 지키려는 뜻은 저 푸른 하늘에 질정할 수 있으니, 설혹 이런 일이 있다면 내가 먼저 기운을 내서 담에 올라가 백성을 위로할 것이다. 만일 근거 없는 의논으로 인하여 그 지키는 바가 흔들린다면 이는 우리 백성을 속이는

행위일 뿐만 아니라, 내 마음을 속이는 것이니, 어찌 차마 이런 짓을 할 수
가 있겠는가?

영조의 이러한 결기는 도성을 방위하는 군사뿐만 아니라 도성에 살
고 있는 모든 백성이 유사시 성을 방어해야 한다는 것을 전제한다. 임진
왜란이나 병자호란 같은 큰 전쟁이 발발할지라도 왕이 직접 성 위에 올
라 그곳에 살고 있는 백성을 지휘하며 함께 사수하겠다는 의지의 천명
이었던 셈이다. 활과 조총이 있는 백성은 무기를 들고, 아무것도 없는 이
는 돌멩이라도 가지고 올라가 적에게 던질 것을 제시했다. 흔들림 없는
백성의 마음가짐이 더해진다면 도성을 반드시 사수할 수 있을 것이라며
어명으로 세상에 알렸다.

〈도성삼군문분계지도〉는 영조 대 새롭게 자리 잡은 삼군문인 훈련도
감·금위영·어영청의 방위 구역을 설정한 지도다. 도성을 중심으로 외
곽 산까지 그렸다. 맨 위 가운데 부분인 삼각산 옆으로 얇은 점선이 내
려와 창덕궁에서 왼쪽으로 구부러져 도성 전체를 삼등분한 것을 확인할
수 있다.

당시 삼군문의 방어 지역을 간략하게 살펴보면, 한양의 서북쪽은 훈련
도감의 관할 구역이며 서남쪽은 금위영, 동쪽은 어영청의 관할 구역이
다. 그중 우두머리 격인 훈련도감은 도성의 중심인 창덕궁을 비롯한 인
근 궁궐 전체를 보호할 수 있도록 가장 넓은 영역을 배정받았다.

이 지도에 표시된 군영의 부대 배치는 임진왜란 이후 정착된 속오법
에 따른 '영營-부部-사司-초哨-기旗-대隊-오伍' 편제가 아니라 조선 전기

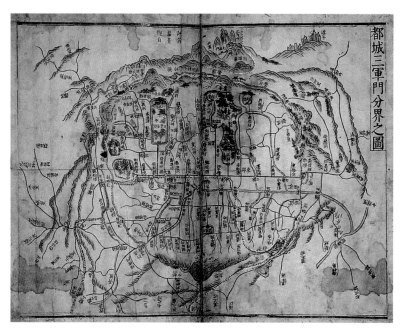

『수성책자』 중 〈도성삼군문분계지도〉로, 경복궁과 창덕궁을 비롯한 도성의 핵심 건물과 주요 도로의 모습이 그려져 있다. 규장각 한국학연구원 소장.

오위 체제의 편제 방식인 '전前-후後-좌左-우右-중中'으로 되어 있다. 각각의 군영을 전군 · 후군 · 좌군 · 우군 · 중군으로 나누어 조선 전기의 오위 편성법과 유사하다. 예를 들면, 지도 우측 상단의 도성 성곽을 따라 표시된 전영前營 · 좌영左營 · 중영中營은 어영청의 부대를 전 · 좌 · 중으로 구분한 것이다. 지도의 좌측 상단은 훈련도감의 방어 지역으로, 후훈後訓 · 중훈中訓 · 전훈前訓 등으로 구분했다.

또한 단순히 성벽만 방어하는 것이 아니라, 도성 내부를 삼등분해 전투 발생 시 유군과 백성을 효과적으로 징집하고 물자를 징발할 수 있게 했다. 또한 도성 내부를 흐르는 청계천이나 작은 시내에 놓인 다리를 두

드러지게 표현해 유사시 성곽이 무너져도 하천을 엄폐물로 삼아 사수 작전을 전개하도록 했다.

철두철미하고 체계적인 도성 방어 체제

「도성삼군문분계총록」에는 유사시 자원을 어떻게 동원해야 하는지 담고 있다. 당시 도성에 거주하던 실거주민의 수를 호수戶數에 따라 정확하게 배정했는데, 훈련도감 소속은 1만 4,587호, 어영청은 1만 4,587호, 금위영은 1만 4,768호로 균등하게 배정했다. 1호당 2명의 전투 자원을 확보한다면, 약 8만 7,000명의 군사를 확보할 수 있고 여기에 삼군문 병력을 합하면 10만 명에 가까운 병력으로 전투를 치를 수 있다. 이 정도 병력이면 당시 도성을 막아내는 데 문제없었을 것이다.

당시 성곽 방어는 성곽 위 담장의 총안 3개 영역인 1타垜당 5명 배치가 기본이었다. 도성은 전체 4,505타로 전체 병력 중 약 25퍼센트인 2만 2,525명을 성곽 방어에 투입했다. 사대문과 사소문 등 주요 전장이 될 가능성이 높은 곳에 병력의 25퍼센트를 배치해도 예비군 자원이 50퍼센트 정도 남기에 수성전이 가능하리라 판단했던 것이다. 도성보다 크기가 작은 수원 화성華城은 913타로 1타당 5명을 배치하면 성곽 방어에 4,565명이 필요하다.

화성의 성조에 사용한 무기는 다음과 같다. 5타마다 현등懸燈 1잔, 조총 1문, 쾌창快槍 1자루, 단창短槍이나 참마도斬馬刀 1자루, 크고 작은 돌멩이 100개, 도刀, 부斧, 곤棍, 궁시弓矢, 불랑기 1위 등을 배치했다. 그리고 성문 아래마다 대장군포 1~2위, 10타마다 150~200근짜리 대석大石 3개를 배치했다. 당시 중앙 군영에 배치된 물품 목록을 확인해보면 화성의 10배 이상이 배치되어 있어, 충분히 방어가 가능했으리라 판단된다.

「수성절목」에는 유사시 동원 절차를 9개의 조항으로 나누어 효율적으로 물자와 인력을 배치할 수 있도록 했다.

만일 위급한 일이 생기면 매 호戶에서 노약자와 집 지키는 사람을 제외하고는 모두 나와 성곽을 방어해야 하니 동서반東西班 실직과 전직 이상 및 유생·출신·잡과·한산인 등에 이르기까지 모두 성에 올라 힘을 합쳐 성을 지킴으로써 소민小民의 모범이 되어야 한다.

『수성책자』에 실린 도성사수론은 도성에 10만 명에 가까운 병력을 차출하는 것이 가능할 때 현실성이 있는 것이다. 이는 숙종과 영조를 거치면서 조선의 국부國富가 충분히 확보되었고, 도성에 20만 명 이상이 거주하고 있었기에 가능한 전략이었다. 18세기 후반 한양은 유럽의 대도시와 맞먹는 상업·군사도시였다.

뒤주에 갇힌 병서

『무예신보』

뒤주 속에서 한 많은 생을 마감하다

술을 좋아하는 사람에게는 술을 만들지도 말고 마시지도 말라는 금주령이 내려지던 조선시대는 암흑의 시대일지도 모른다. 그것도 왕의 명령으로 내려져 형법으로 다스려졌으니, 주당에게는 간담이 서늘해지는 일일지도 모른다. 하지만 흉년이 들면 수만에서 수십만 명이 굶어 죽던 시대에 귀한 곡식으로 술을 빚는 것은 천인공노할 일이었다. 한쪽에서는 왕이 땅바닥을 부여잡고 비 한 번 내려주십사 기우제를 지낼 판인데, 한쪽에서는 곡식으로 술을 만들어 곤드레만드레한다면 임금의 체면이 서지 않았을 것이다.

보통은 가뭄이나 흉년이 지나면 자연스레 금주령이 해제되었고, 백성들은 집집마다 술을 빚거나 술도가에서 대규모로 술을 빚었다. 술도가 근처 주막에는 대낮부터 취한 사람들이 넘쳐나기도 했다.

그러나 영조 대에는 달랐다. 영조는 경종 독살설에 휘말려 즉위 초반부터 위기를 겪었다. 재위 5년째인 1728년에는 이인좌 무리가 난을 일으켜 정치적 치명상을 입었다. 거기에 생모인 숙빈 최씨가 신분이 천한 침방 나인 출신이었던지라, 영조는 신분에 대한 콤플렉스로 가득 차 있었다.

이런 이유로 영조는 그 어떤 왕보다 모범적으로 살고자 했다. 혹시나 신하들이 수군거리기라도 하면 입방아에 오른 것 같아 신하들을 면박주기 일쑤였다. 하루 일정표를 미리 만들어 일각의 오차도 없이 하루하루를 살아갔다. 철저해도 너무 철저했던 왕의 삶이었다. 매일 새벽에 열리는 아침 조회에 가장 먼저 도착해서 신하들을 기다리는 왕이 영조였다. 영조는 조선의 왕 중 가장 집요하게 공부했다. 혹시 경연에서 내용을 잘못 외워 신하들 앞에서 민망해질까봐 사전에 스스로 검열하며 철저하게 공부했다.

상황이 이러니, 영조는 술에 대한 생각도 이전의 왕과는 극명하게 다를 수밖에 없었다. 조선의 왕을 생각하면 끼니마다 온갖 향기로운 음식과 술을 먹었을 것 같지만 영조는 몸소 검소하게 생활했다. 당연히 술은

술도가

술을 만들어 도매하는 집을 말한다. 철종이 서울 사동寺洞의 선달이 술도가의 술을 좋아했다는 이야기가 있다.

제외되었으며, 한 걸음 더 나아가 시시때때로 금주령을 선포해 애주가들을 괴롭게 했다. 영조는 재위 기간이 51년 7개월로, 조선 왕 중 재위 기간이 가장 길다. 그중 약 50년 동안 금주령을 내렸으니 얼마나 엄격했는지 조금은 이해가 될 것이다.

심지어 제사에도 예주를 쓸 것이며, 모든 술은 금지하고 위반자는 엄벌한다는 강력한 금주령을 선포하기도 했다. 금주령을 어긴 자는 사형으로 다스린다고까지 했으니, 술을 만들거나 마시면 죽은 목숨이나 마찬가지였다. 종묘에서 제를 올릴 때도 신하들은 목숨을 내놓고 술을 올리기를 청했지만 끝까지 고집을 꺾지 않고 감주로 대신하게 했으니, 조선 금주령의 '끝판 왕'이라고 해도 과언이 아니다.

그런데 바로 그런 상황에서 사도세자가 술을 마셨다. 그리고 낙선당에서 술 냄새 풍기며 공부하던 모습이 영조에게 딱 걸렸다. 이 사건으로 사도세자는 엄청난 질타를 받았으며, 뒤주에 갇혀 죽는 사건의 시발점이 되었다.

조선왕조, 아니 이 땅 반만년 역사에서 가장 참혹한 사건인 임오화변壬午禍變의 원인을 제공한 1756년(영조 32) 5월 1일, 창경궁 낙선당에서 공부하던 사도세자는 그곳에 불을 질렀다. 시위하던 신하들이 급수군汲水軍을 불러 불을 끄자고 했지만, 영조는 한마디만 했다. "치지置之!" 번역하면 "내버려두어라!"다. 그날 영조의 속이 얼마나 뒤집어졌는지는 그 한마디 말로 알 수 있다.

삐뚤어진 자식 사랑의 끝

영조는 사도세자를 42세에 얻었다. 세상 누구보다 귀한 아들이었으며, 그 어떤 세자보다 품위 있는 세자로 키우고 싶었다. 첫째 아들인 효장세자가 10세에 세상을 떠나 남은 한을 모조리 사도세자에게 쏟아부었다. 이는 미천한 어머니를 두었다는 출생의 콤플렉스를 벗어나기 위한 몸부림이기도 했다. 아들은 당당한 왕으로 만들고 싶었던 것이다.

그래서 당대 최고의 문인들로 세자시강원世子侍講院을 채우고 걸음마를 시작한 어린 시절부터 엄청난 공부를 시키며 몰아붙였다. 사도세자는 매우 영특해 요즘으로 치면 유치원도 들어가지 않았을 나이에 효孝라는 글자를 쓰고 의미를 설명했다고 한다. 영조는 흐뭇한 만큼 더 혹독하게 공부시켰다. 영조의 자식 사랑은 집착을 넘어 광기로 발전했다.

아들에 대한 집착은 거기서 그치지 않았다. 정치적인 행보가 더해졌다. 영조는 정책을 밀어붙이기 위해 신하들과 다툼이 발생하면 어김없이 일종의 '정치 시위'를 했는데, 여기에 사도세자가 휘말린 것이다. 시위가 경미할 때는 반찬을 줄이는 감선減膳이나 마시던 탕약을 거부하는

예주醴酒
감주의 일종으로, 알코올 성분이 거의 없어 맹숭맹숭한 맹물 같은 술이다.

효장세자孝章世子
영조의 첫째 아들로, 사도세자의 이복형이다. 세자에 봉해졌으나 10세에 사망했다. 사도세자가 폐서인되자 영조는 정조를 효장세자의 양자로 입적시켰다. 효장세자는 사후 진종으로 추존되었다.

『장헌세자현륭원원소도감의궤莊獻世子顯隆園園所都監儀軌』 중 청룡과 백호. 정조가 1789년(정조 13) 사도세자의 묘소인 영우원永祐園을 수원 화산花山으로 옮기고 현륭원顯隆園으로 조성한 내용을 수록한 책이다. 규장각 한국학연구원 소장.

정도였지만, 강도가 최고일 때는 양위讓位를 거론했다. 말 그대로 왕이 자신의 입으로 '나는 이제 왕을 하지 않겠다'고 선언하는 것이다.

조선시대에는 왕이 양위를 하겠다고 해서 신하들이 바로 세자를 왕으로 모시지 않았다. 신하들은 왕이 양위 선언을 하면 무릎을 꿇고 머리를 조아리며 '제발 그 어명만은 거두어주십시오!'라고 울부짖어야 했다. 양위 이야기가 나왔다고 해서 그 말 그대로 실행하면, 그 신하는 불충한 자로 여겨졌다.

세자가 해야 할 행동도 신하들과 같았다. '이제 제가 아버지를 대신해 왕이 되겠습니다'라고 한다면 영영 궁궐에서 쫓겨날 수 있었다. 왕이 양위 선언과 같은 정치적 시위를 하면 세자는 머리를 풀어헤치고 소복을 입고 왕이 머무는 건물 앞에 거적만 깔고 엎드려서 그 명을 거두길 빌어야 했다. 사도세자는 성인이 될 때까지 대여섯 번이 넘는 영조의 정치적 시위를 견뎌냈다. 엄동설한에도 영조의 시위는 멈추지 않았다.

영조의 이런 방식은 사도세자에게 커다란 마음의 상처가 되었다. 사도세자의 죽음과 관련해서 크게 2가지 이유가 알려져 있다. 첫째는 사도세자의 정신병 문제고, 둘째는 집권층인 노론과의 관계 악화다. 그런데 이 2가지를 모두 관통하는 것이 아버지 영조의 지나친 자식 사랑, 아니 '완벽한 세자 만들기'에 대한 집착이었다.

사료를 보면, 사도세자는 주량이 그다지 세지 않았던 것 같다. 그러나 낙선당 화재 사건 이후 폭음이 상상을 초월할 정도로 증가했다. 그리고 사도제자는 술과 함께 벌어진 수많은 사건과 오해로 급기야 뒤주 속에서 삶을 마무리하게 된 것이다. 사도세자에게 술과 여자, 폭음 중 광증은 소위 '바른 생활 왕' 아버지를 둔 세자라는 억압에서 벗어나기 위한 탈출구였을지도 모른다.

세상을 향한 사도세자의 마지막 외침

『무예신보武藝新譜』 편찬은 자신의 존재를 입증하기 위한 사도세자의 마지막 몸부림이었다. 하지만 『무예신보』는 현존하지 않는다. 어디엔가 감추어져 있을지도 모르지만, 아직까지도 책 이름과 대략적인 목차 정도만 다른 사료 속에서 찾을 수 있을 뿐이다.

『무예신보』는 1759년(영조 35)에 사도세자가 영조를 대신해 대리청정할 때 편찬한 병서다. 훈련도감의 군교 임수웅林秀雄이 중심이 되어 편찬한 『무예신보』는 『무기신식武技新式』이라는 명칭으로도 불렸다. 이는 사도세자의 묘지문인 「현륭원행장顯隆園行狀」에 기록된 것으로 『무기신식』은 별칭이었을 가능성이 높다.

사도세자는 대리청정 시절 전부터 노론과 마찰이 있었고, 영조와 지속적인 갈등으로 제대로 정무를 살필 수 없었다. 그런 상황에서 신흥 무반武班을 육성하고자 『무예신보』 편찬을 추진하게 되었다. 노론에 날개가 꺾이고, 아버지인 영조의 눈 밖에 났던 외로운 세자의 마지막 몸부림이 이 병서에 담겨 있는 것이다. 사도세자가 새로운 병서를 만들기 위해 무예가 뛰어난 장수들과 직접 만나고, 지방 군영의 상황을 파악하기 위해 평양행을 했던 것이 죽음을 앞당기는 계기가 되었을지도 모른다.

사도세자가 강조한 무예의 요체

『무예신보』의 내용은 사도세자의 문집인 『능허관만고凌虛關漫稿』와 정조 대에 완성된 무예서인 『무예도보통지』 등을 통해 무예의 종목을 확인할 수 있을 뿐이다. 『무예신보』에 대한 가장 자세한 내용은 『능허관만고』의 맨 마지막 부분인 「예보육기연성십팔반설藝譜六技演成十八般設」에 담겨 있다. 선조 대에 만들어진 『무예제보』의 보병 무예 6기를 연결해 완

대리청정代理聽政
왕의 허가를 받아 왕의 일을 대신하는 것으로 주로 세자나 세손이 했다. 왕의 어머니나 할머니가 대신 다스리는 것은 수렴청정垂簾聽政이라고 한다.

사도세자의 문집인 『능허관만고』 중
「예보육기연성십팔반설」로 『무예신보』
에 관한 내용이다. 18가지 무예가 정리
되어 있다.

성한 18가지 무예를 한 권에 담았다고 한다.

「예보육기연성십팔반설」의 첫 부분에는 척계광이 쓴 『기효신서』의 내용 중 단병접전용 무예 6가지를 선별한 것을 설명했다. 선조가 중국의 제독(이여송)의 병영에 직접 거둥해서 무예를 물어보고, 이후 재상 유성룡이 훈련도감 낭청 한교에게 이를 지시한 내용이 주를 이룬다. 그리고 한교가 중국의 장수와 무예에 대해 나눈 질문과 답변이 이어진다. 첫 번째는 "무예의 오묘한 요체가 무엇인가?"라는 질문에 중국 장수 허유격許遊擊이 "첫째는 대담함一膽, 둘째는 힘二力, 셋째는 정밀함三精, 넷째는 날램四快이다"라고 대답한 것이다.

조선의 부활을 꿈꾸다

군사 무예를 익히는 순서는 4단계로 나눌 수 있다. 첫 번째가 담, 즉 용기다. 창칼이 번득이고 화살과 총탄이 빗발치는 전장에서 담력이 없다면 아무것도 할 수 없다. 두 눈을 크게 뜨고 적의 움직임을 살펴 대응해야만 살아남을 수 있다. 제아무리 뛰어난 전투 기술이 있어도 담력이 없다면 아무 소용없다. 그리고 개인의 용기가 모이면 집단, 즉 군대의 사기士氣가 된다. 군대에서 사기가 꺾이면 전투는 무의미하다.

두 번째는 힘이다. 전쟁에서 맨손으로 싸울 수 없다. 적의 날카로운 병기를 막아내려면 두터운 갑옷을 입어야 하고, 적보다 날카로운 무기를 들고 싸워야 한다. 따라서 무기와 갑옷을 이겨낼 힘이 두 번째로 중요하다. 아무리 뛰어난 기술이 있어도 기본적인 완력이 받쳐주지 못한다면 의미가 없다.

세 번째는 정밀함이다. 전투가 발생하면 화약 연기가 하늘을 메우고 창칼이 난무한다. 아군과 적군이 뒤엉켜 싸울 때도 있고, 수십 명의 적에게 둘러싸여 고전을 면치 못하는 경우도 있다. 이때 가장 필요한 것이 정밀함이다. 무기를 100번 휘둘러야 겨우 적을 쓰러뜨린다면, 그다음 적과 싸울 때는 이미 힘이 매우 소진된 상태일 것이다. 전장에서는 정밀하게 일격 필살해야 살아남을 수 있다. 군사 개개인뿐만 아니라 거대한 진법 운용에도 정밀함이 필요하다. 군대를 정밀하게 움직여야만 승리를 얻을 수 있다.

네 번째는 날램이다. 군사가 대담하고, 힘도 세고, 정밀하기까지 하다면 전장에서 쉽게 우위를 점할 수 있다. 그러나 빠르지 않다면 아무리 날카롭고 육중한 무기를 정확하게 휘둘러도 적에게 타격을 입힐 수 없다. 특히 진법 운용 시 적의 움직임에 따라 재빨리 군대를 움직이지 못한다면 패전을 면치 못한다.

이러한 무예의 요체는 차례로 익혀야 한다. 담력은 없지만 힘이 세고 정밀하며 날랜 군사가 전투에 참가한다면, 전투가 벌어지자마자 가장 먼저 아주 빠르게 도망갈 것이다. 이러한 4가지 군사 무예의 요체는 현대 군사훈련에도 비슷하게 운용된다. 일단은 사기를 높이고, 무기를 운용하는 힘을 키우고, 정확한 사격 능력을 키우고, 빠르게 공격과 방어할 수 있도록 훈련하는 것이다.

조선 후기 보병의 기본 무예

『무예신보』에는 한교가 중국 장수와 나눈 이야기 외에도 장창의 움직임이나 신체를 구분해 몸·허리·손·발 등을 훈련하는 법이 담겨 있다. 그리고 이러한 설명 뒤에는 『무예제보』에 속한 곤방·등패·낭선·장창·당파·장도(쌍수도) 등 6가지 무예를 제외한 나머지 12가지 무예의 시작 자세와 끝 자세를 간략히 설명했다.

죽장창竹長槍에는 모두 7세가 있는데 태산압란세로 시작하여 백원타도세로 마친다. 기창에는 모두 16세가 있는데 용약재연세로 시작하여 야차탐해세로 마친다. 예도藝刀에는 모두 28세가 있는데 거정세로 시작하여 금강보운세로 마친다. 왜검에는 모두 8부류가 있는데 토유류부터 유피류에 이른다. 교전은 갑과 을이 나아가고 물러서기를 하는데 칼을 등에 짊어짐에서부터 던지는 데까지 이른다. 모두 42합이 있다. 월도月刀는 모두 18세가 있는데 용약재연세로 시작하여 수검가용세로 마친다. 협도에는 모두 18세가 있는데 용약재연세로 시작하여 수검가용세로 마친다. 쌍검은 13세가 있는데 지검대적세로 시작하여 항장기무세로 마친다. 제독검提督劍은 14세가 있는데 대적출검세로 시작하여 장검가용세로 마친다. 본국검本國劍은 모두 24세가 있는데 지검대적세로 시작하여 시우상전세로 마친다. 권법은 갑과 을이 나아가고 물러서기를 하는데 탐마세로부터 염주세까지 모두 38합이 있다. 편곤은 갑과 을이 나아가고 물러서기를 하는데 용약재연세부터 갑우순을에 이른다. 서로 맞붙기에 모두 20합이 있다.

이처럼 『무예신보』에는 보병이 익혀야 하는 기본 무예가 담겨 있다. 무기를 사용하는 자세 하나하나까지 세밀하게 살피며 병서를 만들었던 사도세자는 조선의 새로운 꿈을 담으려 했던 것인지도 모른다. 사도세자는 안타깝게도 뜨거운 여름날, 좁디좁은 뒤주 속에서 8일 동안 물 한 모금 밥 한 숟가락을 먹지 못하고 가엾게 떠났지만, 그의 한은 아들인 정조에게 전달되어 『무예도보통지』라는 이름으로 되살아났다.

새로운 시대의 새로운 통합 전술

『병학통』

죄인의 아들에서 벗어나다

영조의 뒤를 이어 왕위에 오른 정조는 사도세자 문제로 등극 초반부터 신하들과 많은 마찰을 빚었다. 임오화변 당시 사도세자의 부덕을 책망하던 벽파의 핵심 김귀주金龜柱는 물론이고 반대 입장을 취했던 시파時派와도 정치적으로 대립했다. 당시 오군영을 이끌던 군영 대장들도 혼인이나 정치적 거래로 노론과 유대 관계를 맺고 있었다. 조정의 중요한 회

> **벽파**僻派
> 사도세자를 배척한 당파로 벽파의 주류는 노론이었다. 정순왕후 김씨의 외척이 중심이었다. 이에 대립한 시파는 남인과 소론, 노론 일부가 가세했다. 시파는 정조의 정책에 편승하는 부류라는 의미다.

수원 화성 행궁 옆 화령전華寧殿에 모셔진 정조의 어진이다. 원본은 한국전쟁 때 불타버렸다.

의에서 "사돈, 그동안 잘 지내셨는지요?"라고 인사하는 일이 비일비재
할 정도였다. 따라서 정조에게 당시 오군영은 믿을 만한 존재가 아니었
다. 정조 대 이전부터 계속되어온 문벌文閥과 무벌武閥의 정치적 결합은
정조 시대 가장 큰 정치 적폐였다.

　이러한 한계를 극복하기 위해 정조는 사대부들의 정신적 바탕인 경학,
즉 성리학에 대한 새로운 해석을 내놓고 이를 바탕으로 왕 중심의 정치
논리를 만들어가야 했다. 정조는 이를 통해 기존의 문벌과 무벌의 사이
를 갈라놓거나 그동안 정계에서 소외되었던 남인계를 비롯한 신진 세
력을 국정 운영의 주체로 부각시킬 수 있었다. 그러나 집권 초기부터 정
치·군사적인 압박만 한다면 무신란 같은 역모가 발생할 수 있었다. 무
신란 이후 영조 대에 실시된 이른바 완론 탕평책은 정조의 국정 운영에

지대한 영향을 끼쳤다.

정조는 성리학 재해석으로 사대부를 압박했다. "근래에 선비라는 무리가 어魚 자와 노魯 자나 겨우 구별하면서 과거 시험장의 병려체에만 골몰하고 경학에 이르러서는 모두 아득하니 어둡다"라고 신하들을 직접 언급할 정도로 집요했다. 정조가 예로 든 어 자와 노 자는 과거부터 문신들이 학문에 힘쓰지 않을 때 언급하던 어로불변魚魯不辨에서 온 것이다. 심지어 "학문에는 활법活法이 있고 사법死法이 있다. 우리나라의 유학자 중에는 성리性理를 천명한 자가 많지 않은 것은 아니지만, 대부분 모방하거나 구속되는 병통이 있다. 그 때문에 진정한 대영웅의 기상이 없는 것이다"라며 사대부의 정신적 지주인 사림마저도 강력하게 비판했다. 성리학을 공부하고 이를 바탕으로 관직에 진출하는 사대부를 압박하면서 정조는 임금이자 스승인 군사君師로 자리매김하고자 했다. 자신이 새로운 성리학 해석을 바탕으로 사대부까지 교화시킬 수 있다는 것을 환기시킬 필요가 있었기 때문이다.

성리학에 대한 직접적인 문제 제기는 정조 즉위와 함께 만든 규장각 각신들이 있었기에 가능했다. 정조는 규장각을 통해 궐내의 성리학 연구 흐름을 주도했다. 정조는 즉위 이후 승정원 · 홍문관 · 예문관 · 사간원 등 당시 정국의 사상적 흐름을 주도할 수 있는 기관들을 병합 · 장악함으로써 이후 정책을 효율적으로 수행할 기반을 만들었다. 규장각의 초계문신뿐만 아니라 성균관과 사학四學, 지방의 유생들을 선발하는 일체의 과정을 주관해 당대의 학풍을 주도해나갔다.

규장각을 통한 기존 사대부의 경학 비판과 재해석은 초계문신제를 통해서 가속화되었으며, 이를 통해 정조는 기존의 문·무벌에 연관되지 않은 새로운 인재를 등용할 수 있었다. 이러한 정조의 경학 비판은 주자학에 대한 비판을 바탕으로 했으며, 주자의 학설이 시기에 따라 달라지는 부분이나 주자와 제자의 설이 상충되는 점 등을 들어 집요하게 공격했다. 정조는 경학 연구에서 기존의 학설을 그대로 따르기보다 오류를 지적하고 비판적으로 계승하는 것이 옳다고 보았다. 또한 그 비판이 학문의 영역에서 끝나는 것이 아니라, 정국 운영에 실질적 도움이 될 수 있도록 변화시키고자 했다.

문무겸전의 인재가 필요하다

정조는 경학 비판으로 사대부를 압박하는 동시에 무武에 대한 인식 전환도 요구했다. 정조는 즉위 초반부터 사대부들에게 문무겸전론을 강하게 요구하면서 이를 통해 새로운 인재를 양성하고 정책을 결정했다. 정조가 신하들에게 정책 자문을 요청한 글인 「책문策問」을 보면 고민의 깊이를 짐작할 수 있다.

문과 무를 병용하는 것이 국운을 장구하게 하는 계책이다.……예로부터

초계문신抄啓文臣
규장각 소속으로 교육받던 젊은 문신들을 이른다. 정조는 37세 이하의 당하관 중 젊고 재능 있는 문신들을 골라 규장각에서 교육시키고, 40세가 되면 졸업시켜 인재로 양성했다.

지금까지 문무의 재주를 겸전하기가 어쩌면 이렇게도 어려운 것인가!……

그러나 문인은 안일만 추구하고 무인은 즐기기만 하여 게으름만 피우고

잔약하다.……재상은 장부나 문서로써 작록의 자료로 삼고 장수는 훈련을

하잘것없는 것으로 여긴다.……어떻게 하면 국가를 다스리는 계책에 있어

서는 문무를 병용하는 실상을 다하고 인재를 등용하는 방안에 있어서는

문무를 겸전한 재목을 얻어서, 문무의 도에 부합하고 장구한 아름다움을

누릴 수 있겠느냐.

정조는 즉위 초기부터 문과 무의 겸전으로 국가의 미래가 보장되며,

문무겸전의 인재를 등용함으로써 관직이 안정된다고 설파했다. 특히 임

진·병자 양란을 거치고도 정신 못 차리는 당대 지배층을 무사안일하고

즐기기만 하는 무리라고 비판했다.

이후 정조는 지속적으로 문무겸전론을 상기시키면서 새로운 '무풍武

風'의 확산을 요구했다. 특히 문무의 관계를 "문강文講·무강武講·문제文

製·무사武射는 바로 수레의 바퀴와 새의 날개 같은 것이어서 한쪽만을

버릴 수가 없는 것이다"라고 언급하며 문과 무를 조화롭게 펼치는 것을

국정 운영의 중심 철학으로 삼았다. 정조의 문무겸전론은 기존 권력층

을 압박하기에 충분했다. 또한 당색에 물들지 않은 새로운 인재 등용을

위한 실용적인 정국 운영 철학이 담겨 있다. 다음의 사료는 이러한 정조

의 면모를 잘 보여준다.

조정에서는 실용의 정책을 강습하고, 백성들은 실용적인 생업을 지키

조선의 부활을 꿈꾸다

고, 문원에서는 실용적인 서적들을 찬술하고, 사병들은 실용적인 기예를 익히고, 상고들은 실용적인 재화를 유통하고, 공장은 실용적인 기계들을 만든즉 나라를 보위하는 데 무슨 근심이 있으며 백성을 보호하는 데 무슨 환난이 있겠는가!

이는 『무예도보통지』에 실린 내용으로, 조정의 정책부터 공장의 기계까지 모두 실용이라는 철학 위에 운영되어야 한다는 논리를 담고 있다. 이러한 실용적인 국정 운영 철학은 문과 무를 양립하는 방향으로 발전했다. 정조는 이를 통해 자신의 기반을 강화하고 성리학적 원칙과 실용주의 원칙을 양립하고자 했다. 또한 성리학적 원칙론에 끊임없이 문제를 제기해 문·무벌로 세력을 유지하고 있는 당색이 강한 사대부들(주로 노론)에게 자신을 군사로 내세우면서 궁극적으로는 왕권을 강화할 근거로 삼았다.

새롭게 완성된 조선의 통합 전술 병서

『병학통兵學通』은 1785년(정조 9)에 편찬된 병서로 2권 1책의 목판본이다. 정조 대 군사훈련을 변화시킨 병서 중 가장 먼저 편찬된 책이기도 하다. 도성을 방위하던 훈련도감·어영청·금위영과 금군 역할을 수행했던 왕 직할 용호영 등 네 군영의 군사훈련 방법이 주요 내용이다. 『병학통』 편찬 책임자인 서명선徐明善은 발문에서 중앙 군영의 군사훈련 통일을 위해 이 병서를 편찬했다고 밝혔다.

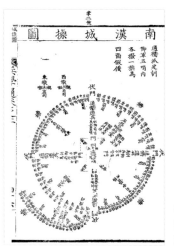

『병학통』에 실린 〈남한성조도南漢城操圖〉로, 남한산성을 방어하는 군영인 수어청 군사들이 방어 훈련 시 부대별로 분산되어 성곽에 배치된 모습을 그린 것이다.

우리 성상 즉위 초에 훈련도감의 장신將臣에게 명해 군영의 장교 중에서 군무에 익숙한 자와 함께 네 영의 장조정식場操程式을 모아 핵심을 세우고 주해를 나누되 서로 비교하여 헤아리고 진도陣圖를 붙여 편찬하여 하나의 통일된 체제를 만들었다

전대의 훈련 방식을 벗어나 새로운 군사훈련 체제를 만든 것으로 볼 수 있다. 『병학통』 편찬이 완료되자마자 모든 군영의 습진習陣을 비롯해 남한산성의 성조와 통영의 수조까지도 바뀌었다. 『병학통』으로 중앙 군영과 지방군의 중요 군사훈련의 개혁이 추진된 것이다.

『병학통』의 구성 형태를 보면, 먼저 맨 앞에 본받을 만한 사례를 범례로 적시하고, 바로 이어 목차를 배치했다. 권1은 대단위 군사를 조련하는 순서와 요령을 규정했는데, 훈련장의 형태에 따라 일반적인 군사 조

조선의 부활을 꿈꾸다

련장에서 하는 훈련인 장조場操를 시작으로 구군진九軍陣 · 팔진八陣 · 육화진六花陣 같은 여러 대형 진법의 신호 체계와 행동 양식을 담았다. 그리고 야간 군사훈련인 야조와 성곽 방어 훈련인 성조를 담아놓았다. 맨 뒤에는 바다에서 수군이 전선을 몰고 훈련하는 수조 내용을 정리했다.

군사훈련은 각 군영에서 거의 동일하게 전개되기에, 핵심 군영인 훈련도감의 훈련 체제를 가장 먼저 설명하고, 다른 군영의 훈련법은 작은 글씨로 차이점을 추가했다. 예를 들면, 용호영은 직할 군사가 기병으로만 구성되었기에 작은 글씨로 "용호영은 '걸음을 나아가고 멈추는 법을 익히며步閑進止'라는 구절은 없애고, 대신 '말을 달리며 쫓아가기를 익히고 채찍과 고삐를 조심스럽게 익혀야 한다'라는 구절을 덧붙인다"라고 써놓았다.

정조 대에도 훈련도감은 중앙 군영의 핵심이었다. 범례의 3항을 보면, "네 군영 중에서 훈국(훈련도감)이 연하輦下(임금의 가마)의 친병이므로 절제와 군용이 다른 군영에 비해 중요하다"라고 했을 정도다. 하지만 정조가 장용영을 설치하자 훈련도감을 비롯한 중앙 군영의 핵심 자원은 장용영에 이속되고, 장용영이 최고 군영으로 발돋움했다.

조선만의 전술훈련 완성

권2에는 다양한 군사들의 움직임을 그림으로 설명한 「진도陣圖」를 수록했다. 가장 처음에는 훈련의 시작을 보여주는 〈입교장열성항오도八教場列成行伍圖〉가 실려 있다. 군사훈련 날 훈련장인 교장에 훈련대장이 입장

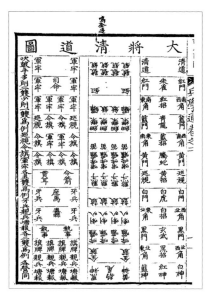

〈대장청도도〉다. 대장의 행렬 앞에는 청도기淸道旗가 있다. 중간에 배치된 군사들이 거꾸로 표시되어 있다. 한정된 지면을 효율적으로 사용하기 위한 방법으로 군사들이 좌우 열에 연달아 서 있는 것을 이렇게 표현했다.

하기 직전 훈련도감 군사들이 장대 좌우로 도열한 모습을 표현한 그림이다.

두 번째는 훈련대장이 교장에 입장할 때 함께 이동하는 수하 병력과 기수·악대 등 군사 신호용 악기와 깃발 부대의 배치 순서를 설명한 〈대장청도도大將淸道圖〉다. 그런데 좌위와 우위 군사들에 해당하는 문자는 바르게 썼는데 중간에 배치된 군사들에 해당하는 문자는 거꾸로 뒤집어져 있다. 이는 연결된 군사들의 위치를 보여주기 위한 것으로 군사들이 뒤를 돌아보고 서는 것이 아니라 좌우 열에 연달아 서 있음을 묘사한

장대將臺
전쟁터나 군사훈련을 할 때 군사들을 지휘하기 위한 대장의 자리.

것이다.

다음은 〈대장기고대상파열도大將旗鼓臺上擺列圖〉라고 해서 교장의 중앙 통로인 마로馬路로 입장하던 주장과 각종 군사 깃발과 군악대와 아병·친병 등 주장 직속 군사들의 배치를 중심으로 다루었다. 이 그림을 보면 중앙을 중심으로 교장 좌우에 군사들이 횡대로 도열해 서로 마주보듯 서 있고, 대장의 좌우에 배치된 아병·친병은 군사들을 바라보고 있음을 확인할 수 있다.

이후 주장의 명령에 따라 다양한 배치가 이루어지고, 〈개영행도開營行圖〉라 해서 군영의 문을 열고 부대별로 순차적으로 행군하며 전투 훈련을 전개했다. 그다음에는 중간 지휘관인 별장이나 천총에게 명령하는 그림을 담은 〈별장천총일체발방도別將千摠一體發放圖〉, 바다에서 전선이 전투 대열을 짓는 〈열선작전도列船作戰圖〉를 실어놓았다. 삼도수군통제사 소속 수군들이 적선 출현 경보를 받을 때는 세 층의 횡橫일자진 형태로 선단을 좌우로 펼쳐 적선의 침투를 막아내고 서로 대치하며 겹으로 공격하는 모습을 담은 〈삼도주사첩진도三道舟師疊陣圖〉 등 육군·수군을 가리지 않고 활용할 수 있도록 진형을 규정했다.

구체적인 전투 방식도 자세하게 그려놓았는데, 대표적인 것이 조총 쏘는 법을 설명한 〈조총윤방도鳥銃輪放圖〉다. 전투가 발생해 적군이 아군의 진형 100보 이내로 접근하면, 정렬한 조총병 1대隊가 지휘관의 명령에 따라 2명씩 5개 조로 나누어 앞뒤로 교체하며 연속적으로 사격한다.

그동안은 기병과 보병이 유기적으로 배치되어 함께 공방하는 것이 일반적이었는데, 『병학통』에는 기병 단독 진법인 〈좌우마병각방진左右馬兵各

方陣)이나 〈기사학익진도騎士鶴翼陣圖〉 등 다양한 기병 위주의 진법이 추가되었다. 기병 중심 진법을 추가되었다는 것은, 훈련 시에도 각 군영의 기병이 단독으로 훈련했다는 뜻이다. 이는 정조가 기병 단독 전술 능력 배양에 상당히 신경을 썼다는 것으로 볼 수 있다.

이러한 기병 강화는 청과의 대립뿐만 아니라, 내란이 일어날 경우 빠르게 대처하기 위한 전략이었다. 『병학통』은 정조 대 급박하게 변화하는 전장의 상황을 대비하기 위해 만든, 조선만의 전술 체제를 확립하고 통일하기 위한 전술서라고 할 수 있다.

동양 삼국 무예의 집대성

『무예도보통지』

개혁의 시대를 준비하다

18세기 조선 사회를 말할 때, 정조의 개혁 정치는 늘 화두가 된다. 특히 규장각을 통한 인재 양성과 문예 부흥은 당대를 이해하는 데 필수적인 요소로 인식되고 있다. 그러나 정조가 실행한 개혁 정치는 강력한 군권 장악과 새로운 국정 운영 철학이 뒷받침되어야만 가능한 일이었다.

정조 시대의 국정 운영의 방향은 '문치규장무설장용文置奎章武設壯營'이라는 문장으로 설명할 수 있다. 문은 규장각을 중심으로 초계문신제를 도입해 성리학을 바로잡으며, 무는 친위 군영인 장용영으로 왕권을 강화한다는 것이다. 특히 중앙 군영 장악은 국정 장악에 반드시 필요했기에 가장 중요한 개혁의 대상이었다.

〈동궐도東闕圖〉 중 규장각과 금군이 무예 훈련을 했던 영화당 앞뜰의 모습이다. 정조는 "분치규장무
설장용"이라고 말하며 문은 규장각, 무는 장용영을 중심으로 삼아 국정을 운영했다. 고려대학교 박
물관 소장.

　　정조의 무에 대한 특별한 인식은 장용영 설치와 함께 다양한 병서의
편찬으로 구체화되었다. 그중 병서의 지속적인 편찬은 중앙 군영뿐만
아니라, 지방군에까지 영향을 미쳤다. 조선시대 병서 편찬은 단순히 새
로운 병서를 보급해 군사훈련이나 무예를 변화시키는 1차적인 문제가
아니었다. 병서의 제작 준비부터 새로운 인재의 등용과 배치가 이루어
졌고, 병서가 간행되면 군제의 변화도 일어났기 때문에 군무 전반을 아
우르는 정책적 사업이었다.

　　정조 대의 병서 편찬은 군사들이 단체로 진을 짜서 움직이는 데 필요
한 진법류 병서인 『병학통』부터 이루어졌다. 이후 무예별감의 훈련을
위한 『이진총방肄陣總方』과 조선 후기 전투 무예의 완결판이라고 할 만한
군사 무예류 병서 『무예도보통지』 등이 간행되었다. 이외에도 기록상으

로만 보이고 현존하지는 않지만『군려대성軍旅大成』과『삼군총고三軍摠攷』를 비롯해『병학지남』의 재보급 등을 더한다면 정조 대는 조선시대 최대의 병서 편찬 시기라고 볼 수 있을 것이다.

정조의 병서 편찬에 관한 강한 의지는 단종을 몰아내고 왕위에 오른 세조와 유사하다. 세조의 군무 관련 업적을 순차적으로 보면『병장도설』을 시작으로, 소형명진小形名陣의 법식화(1456년, 세조 2), 대궐의 타종을 통한 숙위군 소집 확립(1457년, 세조 3),『병정』편찬과『병가삼설兵家三說』주해(1460년, 세조 6), 중요 병서의 등급화(1462년, 세조 8), 삼갑전법三甲戰法 창시(1463년, 세조 9),『병법대지』편찬(1464년, 세조 10) 등으로 이어진다. 세조는 지속적인 병서 편찬으로 자신의 정통성 한계를 극복하고자 했다.

정조 또한 생부가 사도세자라 정통성에 문제가 있었다. 이른바 '죄인의 아들은 왕이 될 수 없다'는 논리를 타개하기 위해 병서 편찬에 상당한 관심을 보였다. 신하의 입장에서 보면 세조와 정조 모두 왕위를 계승

무예별감武藝別監
왕을 호위하는 관서로 무예청武藝廳이라고도 한다. 훈련도감에 예속되어 있었다.

『대전통편』大典通編
『경국대전』이후 300년 만에 편찬된 통합 법전이다. 조선시대 법전으로는『경국대전』과『속대전』이 있었으나,『오례의』와 같이 법전의 효력이 있는 책들도 있어서 법제 운용에 어려움이 많았다. 정조는 법전 통합을 위해 찬집청을 설치하고, 전典별로 직접 결정한 뒤 대신들에게 검토하도록 했다. 1785년(정조9) 6월 15일 인쇄를 시작해 9월 6일 220부를 인쇄했다. 1786년 1월 1일부터 시행되었다.

『대전통편』의 책판이다. 목판에 글씨를 새겨 출판했다. 전통 인쇄법은 손으로 쓴 필사본, 금속 활자를 이용한 활자본, 목판을 이용한 목판본 등으로 구분된다. 책의 용도나 수요에 따라 각각 다른 방식으로 인쇄했다. 『대전통편』으로 정조는 '통의 시대'를 열었다. 규장각 한국학연구원 소장.

하기 어려운 이른바 '약한 고리'로, 정통성에 문제가 있었다. 정조는 효장세자의 아들이 되어 종법 질서에 편입되었지만 사도세자가 생부라는 한계가 있었다. 따라서 세조가 실행했던 병서 편찬을 통한 군사 업무 강화는 좋은 쇄신책이 될 수 있었다. 이런 이유로 정조 대에 편찬한 각종 병서의 서문에는 어김없이 세조가 등장했다.

정조 대 군사 개혁의 시작을 알리는 책은 『대전통편』이다. 비록 실질적인 병서는 아니지만 『대전통편』은 이후 병서 간행의 기본 바탕이 되었다. 이전의 법전과 『대전통편』의 가장 큰 차이는 육전六典 중에서도 단연 「병전兵典」이었다. 정조는 그중에서도 신층 무반 확보를 위해 관무재와 시사 등 취재取才에 가장 많은 신경을 썼다.

이전의 법제 정비는 「형전刑典」을 중심으로 했던 반면 정조는 실질적인 군사 운용을 담은 「병전」을 중심으로 법제를 정비했다. 그리고 정조는 수정한 법전의 이름에 '통通'이라는 글자를 집어넣었다. '통'은 모든 것을 완벽하게 이해하고 막힘없이 소통할 수 있는 상태를 말한다.

병서 간행으로 나라를 바로 세우다

『대전통편』의 반포일에 군제 개혁의 신호탄이 된 첫 번째 '통'인 『병학통』이 완성되었다. 정조는 그날 바로 이 사실을 조정에 알려 군무로 정국을 장악하겠다는 의지를 확실하게 표명했다.

『병학통』은 도성을 방위하던 훈련도감·어영청·금위영과 금군 역할을 수행한 용호영의 군사훈련을 통제하기 위해 만들어졌다. 정조는 바로 어명을 내려 숙위군뿐만 아니라 중앙 군영과 지방군까지도 『병학통』을 따라 훈련 체제를 수정하도록 했다. 이런 변화는 세조 대 다양한 병서를 편찬했던 것처럼 왕의 의도하에 군사 운영 방식이 개혁될 수 있음을 보여준다.

『병학통』과 짝이 되는 『무예도보통지』는 진법의 표준화와 함께 군사 개개인의 무예 자세를 통일하려고 간행했다. 각 군영의 무예 통일화는 정조가 즉위 원년부터 군사들의 무예 시취試取를 친람하면서 제기된 것이었다. 정조는 『무예도보통지』를 편찬해 중앙 군영은 물론 지방 군영 군사들이 익혔던 무예 명칭과 자세까지도 통일시켰다. 『무예도보통지』의 「고이표考異表」를 살펴보면, 훈련도감·금위영·용호영·어영청 등 중앙 군영의 군사들이 익혔던 당파·쌍수도·예도·왜검·교전·제독검·본국검·쌍검·월도 등의 자세가 서로 다름을 구체적으로 지적하면서 무예 통일 작업의 규범으로 이 병서를 만들었음을 명확히 밝히고 있다.

특히 『대전통편』의 최종 교정과 감수를 맡은 이덕무가 『무예도보통지』의 무예와 군무 관련 고증을 담당하면서 정조의 무에 관한 일관된 사상을 반영했다. 『대전통편』이라는 법전을 바탕으로 한 『병학통』과 『무예도보통지』의 간행·보급은 무를 통한 정조의 강력한 정국 장악 의지를 보여준다. 정조는 연이은 병서 간행으로 문무겸전론에 입각해 무를 우선한다는 국정 운영 철학을 보여주었다. 정조는 『병학통』·『무예도보통지』와 함께 『해동명장전海東名將傳』을 비롯해 이순신·임경업林慶業·김덕령金德齡 등 장수들의 전기집을 간행했다. 이러한 대대적인 무 숭모 사업은 당색에 물든 기존 문신을 압박하는 수단으로 활용되었다.

병서의 간행은 무반뿐만 아니라 하급 군사들에게도 실질적인 변화를 일으키기 때문에 파급효과가 지대하다. 더 나아가 왕권의 강화와 실천을 추구한 국가재조론國家再造論의 실질적인 방안이기도 했다.

이덕무李德懋

조선 후기의 실학자로 박제가·이서구·유득공과 함께 중국에까지 이름을 알렸다. 박학다식하고 문장에 뛰어났으나 서자였다. 정조의 서얼 등용책으로 발탁되었다. 장용영 초관 백동수는 그의 처남이다.

조선 후기 전투 무예의 집합체

『무예도보통지』는 1790년(정조 14) 4월, 4권 4책에 별도의 언해본을 묶어 목판본으로 편찬한 병서로, 보병 무예 18기와 기병의 마상무예 6기가 수록되었다. 『무예도보통지』는 그 이름에서도 알 수 있듯이, 무예를 그림圖과 글譜로 설명한 무예 실기 종합서通志다.

『무예도보통지』는 정조 대에 한꺼번에 완성된 것이 아니다. 『무예도보통지』의 편찬 과정을 살펴보면 임진왜란을 겪으면서 한교가 완성한 『무예제보』의 보병 무예 6기를 근본으로 했다. 임진왜란 개전 초기 조선군은 일본군의 단병접전술에 심각한 타격을 입었다. 이에 조선은 명나라의 무예를 익히기 위해 1598년(선조 31)에 명나라의 병법서인 『기효신서』에 수록된 단병 무예 중 6기를 뽑아내 『무예제보』를 편찬하게 했다. 『무예제보』에 실린 무예 6기는 곤방 · 등패 · 낭선 · 장창 · 당파 · 장도다. 이는 조선 후기 군영의 최소 전투단위인 1대(12명)의 단독 진법인 원앙진을 구축하기 위한 것이다. 장창 · 낭선과 같은 긴 무기와 등패 · 당파와 같은 짧은 무기를 조합해 전투 능력을 배가했다.

광해군 대 최기남이 편찬한 『무예제보번역속집』에는 권법 · 청룡언월도 · 협도곤 · 왜검 등 『무예제보』에 담지 못한 무예 4기가 수록되었다. 임진왜란이 끝난 후 여진족의 성장이 두드러졌다. 조선은 남쪽으로는 보병 중심의 일본군을, 북쪽으로는 기병 중심의 여진군을 방어해야 했다. 이런 이유로 군사 무예 보강 차원에서 1610년(광해군 2)에 『무예제보번역속집』을 간행한 것이다. 여기에는 권법과 왜검 등 임진왜란 중 어왜전술로 훈련했지만 구체적인 보譜의 형태로 정리하지 못한 무예를 실었다. 그리고 여진족의 기병을 막기 위한 방호전술의 일환으로 청룡언월도와 협도곤 등 대도류가 추가되었다. 청룡언월도와 협도곤은 자루가 길고 도검보다 원거리에서 적과 맞설 수 있었으며, 웬만한 충격을 견딜 수 있어 기병을 상대하기에도 효과적이었다.

이후 1759년(영조 35)에 사도세자가 구보舊譜인 『무예제보』의 6기를 정리하고 여기에 새로운 단병접전 무예인 죽장창·기창·예도·왜검·교전·월도·제독검·협도·쌍검·본국검·권법·편곤 등을 추가해 『무예신보』를 편찬했다. 사도세자는 북벌 의지가 강했던 효종과 용모가 많이 닮았다고 한다. 효종의 유품인 월도를 꺼내 무예를 연마했다는 일화가 사도세자의 어린 시절을 대표하는 이야기일 정도로 사도세자는 무예에 깊은 관심을 보였다. 그러나 사도세자는 대리청정을 하기 전부터 노론과 마찰이 있었고, 영조와 지속적인 갈등으로 제대로 정무를 살필 수 없었다. 이를 극복하려면 신흥 무반층 육성이 절실했다. 하지만 사도세자는 임오화변으로 뒤주 속에서 죄인의 신분으로 아사했고, 그 후 사도세자가 대리청정 시절에 남긴 업적은 모두 소멸되었다.

아버지를 위한 병서

1790년(정조 14)에 기창·마상월도·마상쌍검·마상편곤·격구·마상재 등 마상무예 6기를 더해 모두 24기의 무예가 수록된 『무예도보통지』가 만들어졌다. 편찬 실무는 규장각 각신인 이덕무와 박제가朴齊家

가 맡아 무예 이론과 고증을 담당했다. 무예 실기는 장용영 초관 백동수白東修가 맡았다. 『무예도보통지』의 인용서 목록을 보면 중국의 병법서인 『기효신서』는 물론이고 『무비지武備志』·『내가권법內家拳法』·『도검록刀劍錄』·『일본기日本記』·『왜한삼재도회倭漢三才圖會』 등 한·중·일 동양 삼국의 군사서와 무예서를 총망라했다.

사도세자가 만든 『무예신보』는 보병 무예 18기로 구성되어 있었는데, 『무예도보통지』는 보병이 익힌 무예 18기에 기병이 익힌 마상무예 6기를 더해 기병 강화의 의지를 보여준 동시에 생부인 사도세자의 위업을 세상에 알리고자 하는 정조의 의지를 보여주었다. 임오화변 이후 영조는 사도세자와 관련된 모든 논의를 금지했다. 따라서 사도세자가 공식적인 군무의 일환으로 편찬한 『무예신보』는 정조가 생부의 업적을 공식적으로 세상에 알릴 수 있는 방법이었다. 그래서 정조는 사도세자가 이룩한 업적인 『무예신보』를 충실히 이어받아 추숭 사업의 일환으로 『무예도보통지』를 펴낸 것이다. 「현륭원행장」 중 『무예신보』를 언급한 부분을 보면, 효종의 대對청 의식에 강한 동조를 표시하면서 사도세자가 북벌을 추진했던 효종과 닮아 실제로 무예를 익히는 것을 좋아했고, 사도세자의 유업 또한 대청 방비로 볼 수 있다고 했다.

『무예도보통지』의 맨 뒤에는 「고이표」를 붙여 훈련도감을 비롯한 중앙 오군영에서 각각 다르게 수련되었던 무예 내용을 적시하고 장용영을 기준으로 표준화하도록 했다. 조선 후기 병서나 무예서는 모두 훈련도감에서 도맡아 편찬했으나 『무예도보통지』는 장용영에서 관장했다. 정조는 『무예도보통지』 간행을 장용영의 위상을 높이는 계기로 삼았다.

『무예도보통지』는 조선·중국·일본·몽골 등의 다양한 무예를 담아낸 동아시아 대표 단병 무예서다. 2017년 10월 31일 북한이 유네스코 세계기록유산으로 등록했다. 규장각 한국학연구원 소장.

화성을 건설한 뒤 방어를 위해 만든 장용외영에서 『무예도보통지』의 무예가 가장 활발하게 펼쳐졌다. 당시 장용외영의 군사훈련 내용을 담은 「보군유방절목步軍留防節目」을 보면, "자체 훈련은 날마다 실시하되 첫날과 마지막 날은 훈련장에서 하는 규정과 똑같이 연습하고 중간 날에는 십팔반무예를 『무예도보통지』에 의거해 가르치고 시험을 보인다"고 했다.

정조는 『무예도보통지』에 군사 업무뿐만 아니라 다양한 정치적 입장까지 담아놓았다. 『무예도보통지』는 사도세자의 『무예신보』 편찬 의도와 맥을 같이하며, 이 병서로 기존의 당파와 무관한 새로운 무반을 육성하고 장용영을 중심으로 무예 체계를 표준화하고자 했기 때문이다. 임진왜란 후에 이루어진 단병 무예서 편찬은 『무예제보』, 『무예제보번역속집』, 『무예신보』, 『무예도보통지』로 이어지며 완성되었다고 볼 수 있다.

역사 속 무인을 기억하라

『해동명장전』

정조의 새로운 국정 철학, 문무겸전

정조 이전의 문무겸전론은 장수도 유학자의 자질을 갖추어야 한다는 유교적 무장武將 인식론이었다. 따라서 무장도 유학적 소양을 충분하게 갖춘 사람인지 아닌지를 기준으로 평가했다. 이러한 배경에 따라 무과 시험에서도 무예 실기와 병법서의 이해뿐만 아니라 유교 경전의 이해를 시험하는 강서講書가 필수로 지정되었다. 전투 능력이 뛰어나면서도 행정 능력을 갖춘 관료를 추구했던 것이다. 무과 시험에서 무예 실력은 뛰어나지만 강서 점수가 낮은 탈락자가 많이 발생하자 유교 경전을 제외하자는 논의가 있기도 했다. 그러나 장수의 지략과 밀접한 관계가 있다는 이유로 강서 시험은 유지되었다. 정조 대 이전의 문무겸전론은 주로

18세기 조선의 이상적 도시를 그린 8폭의 병풍 그림인 〈태평성시도太平城市圖〉 중 일부다. 성으로 둘러싸인 도시에서 생활하는 사람들의 다양한 모습이 그려져 있는데, 무예 24기에 해당하는 무예가 펼쳐지는 광경이 보인다. 거중기 등을 볼 때, 수원 화성의 이상향을 그린 것으로 추측된다. 국립중앙박물관 소장.

무신에게 해당하는 특수한 관료주의 논리였다.

그러나 정조의 문무겸전론은 무신에게만 한정된 것이 아니었다. 정조는 문무겸전론을 문신에게도 확대해 국정 운영 철학으로 삼았다. 특히 문에 비해 낮아진 무에 대한 인식을 전환해 궁극적으로는 왕권을 강화하고자 했다.

이를 위해 정조는 그동안 소외되었던 지역의 인재를 적극적으로 등용했다. 예를 들면, 전통적으로 무풍武風이 강했지만 상대적으로 대우받지 못하고 등용의 기회가 부족했던 북방 출신 인사들에게 지방 과거 시험인 도시都試를 비롯한 다양한 입신 기회를 주었다. 평안도에서는 매년 초 천거할 사람을 뽑아서 관찰사가 임금에게 직접 장계를 올렸다. 당시 서북 지역에는 무관에 대한 대우가 나쁘고 문풍文風이 확산되어 정조가 "실용성이 없는 문을 귀하게 여기고 유용한 무를 버려두고 있단 말인가"라고 질타할 정도였다.

이러한 인재 등용은 효과적인 국방 문제 해결 방안이었다. 당시 북방 지역은 북관개시를 비롯한 사행 무역이 활발해져 상업자본이 급속하게 축적되었다. 그래서 더욱 무사武士보다 문사文士가 대우받았다. 자본이 축적되자 너나 할 것 없이 유교 경전 공부에 뛰어들면서 칼을 쓰고 말을 타는 무사적 기질은 점차 사라졌던 것이다. 북방 국경 방어의 핵심은 기병인데, 해당 지역에 문풍이 확산되면서 기병의 전투 능력은 상당히 저하되었다.

함경도나 평안도를 비롯한 북부 지역은 태조가 나라를 세울 때부터 왕권과 밀접하게 관련이 있었다. 이는 정조가 왕권 강화책 중 하나로 이곳을 군사적 배후지로 삼고자 했던 이유이기도 하다. 또한 당시 이 지역의 군사력은 도성을 제외하면 가장 높았기 때문에 이들에 대한 정조의 적극적 관심 표명은 단순한 위무의 차원을 넘어서 강력한 충성을 이끌어내는 효과가 있었다. 정조는 서북 지역 사람뿐만 아니라 그동안 소외

북관개시北關開市
조선 후기 청나라의 요청으로 교역을 위해 개설한 함경도 회령시會寧市와 경원시慶源市의 국제 무역 시장이다. 관리의 감시 아래 일정한 수량만 공무역이 이루어졌으나, 차츰 사무역도 이루어지며 번창했다.

받았던 개성 출신이나 신분적 한계로 등용이 어려웠던 서얼庶孼 등을 활용하기 위해 법률을 개정하기도 했다.

정조가 그리워한 충무공 이순신

정조의 문무겸전론를 통한 무풍 확산의 노력은 충무공 이순신에 대한 재조명 작업으로 선명해졌다. 이는 임진왜란 때 전투에 참전한 장수들보다 선조를 호위했던 문신들을 높게 공신에 책정한 데 대한 반발심에서 출발한 것이다. 그동안 평가 절하되었던 무장의 위신을 높이는 것이 정국을 유리하게 이끌어갈 해결책으로 여겨졌다.

정조는 이순신을 "대체로 우리나라의 인물 중에 문무를 겸비한 사람을 꼽는다면 충무공 한 사람만이 해당된다 하겠다"라고 평가하며 문무겸전의 표상으로 삼았다. 정조의 문집인『홍재전서』를 보면 이순신에 대한 남다른 애정을 확인할 수 있다.

이순신은 참으로 천고 이래의 충신이요 명장이다. 그가 만약 중국에 태어났더라면 한나라의 제갈공명과 자웅을 겨룬다 하더라도 과연 누가 우세할지 장담할 수 없을 것이다. 더구나 임진왜란 때 왜구를 토벌한 공로는 백세토록 영원히 그 덕택을 입고 있고, 변방의 방비를 규획하는 데 방략方略이 두루 갖추어져 있으며, 그의 명성과 의열은 아직도 사람에게 늠연히 흠모하는 마음을 일으키게 한다. 열성조께서 하사하고 추증하는 은전은 더할 수 없이 극진했으나 문자로 새겨서 기리는 것은 아직 부족한 점이 있다. 내가 등극한 이래로 늘 사적을 모아 한 편으로 편찬하고, 또 묘에 비석을 세우고 생석牲石을 세우려고 했으나 아직까지 겨를이 없다가 근자에 와서야 비로소 이 일에 뜻을 두게 되었다.

정조는 이순신을 제갈공명과 비교해도 뒤지지 않을 절세의 지략가로 평가했다. 정조는 이순신에 대한 극진한 평가로 국가에 충성하는 것, 더 나아가 왕에게 충성을 바치는 신하야말로 후세에 오래 남을 인재임을 강조했다. 이러한 정조의 문무겸전론 설파는 당시 당색에 따라 움직이는 사대부에게 큰 자극이 되었다.

정조가 장용영의 초대 대장에 이순신의 직계 후손인 이한풍李漢豊을 낙점한 것도 이러한 의도가 작용한 것이었다. 당시 장용영은 규장각과 맞먹을 정도로 위상이 높았다. 장용영을 통해 중앙 군영을 통제하려 했기에, 장용영 대장은 나머지 오군영 대장의 직위를 능가했다.

무예를 닦고 병서 읽기를 권하다

『병학통』은 군사훈련 개혁을 위해 만든 병서였지만, 정조는 이 책이 완성된 후 정약용에게 술을 하사하며 "너는 문·무의 재주를 겸한 줄 안다. 훗날 동철東哲 같은 자가 생기면 네가 가서 정벌하게 될 것이니 너는 돌아가서 이 책을 읽으라"고 친히 내려주기도 할 만큼 문신에게도 병서 읽기를 권했다.

정조 자신 또한 활쏘기 수련을 거듭해 신의 경지에 달할 정도의 실력

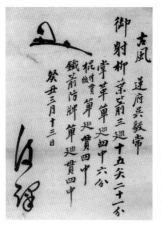

1793년 3월 13일 정조가 춘당대에서 직접 활을 쏜 후, 무신들의 활쏘기를 시험하고 장용영 장관 오의상에게 내린 어사고풍御射古風이다. 고풍은 왕이 활쏘기할 때 수행한 신하들에게 물품을 내리는 것을 말한다. 문서 상단에 정조의 서명인 수결手決이 들어 있다. 한국학중앙연구원 장서각 소장.

을 갖추었다. 정조가 활쏘기한 기록을 보면, 50발을 쏘아서 49발을 명중시킨 날이 10번이나 되고, 100발을 쏘아서 98발을 맞추기도 했다고 한다. 심지어 장혁掌革이라고 부르는 손바닥만 한 작은 과녁이나 곤봉 또는 작은 부채에 5발을 쏘아서 모두 맞추기도 했다. 정조는 자신의 뛰어난 활쏘기 실력을 선대부터 이어진 법도에 수련을 게을리하지 않은 결과라고 생각했다. 정조의 뛰어난 활솜씨는 문무겸전론의 실질적인 바탕이 되었다.

정조는 이름 있는 무반 가문이라도 잡기雜歧로 관직에 입문한 경우 장수직에 오르지 못하도록 법률을 제정해 부패의 고리를 끊어버렸다. 또한 숙종처럼 능 참배 이후 환궁 길에 관왕묘에 들러 전배展拜해서 문신들에게 압박감을 주었다. 정조의 문무겸전론은 무풍의 확산뿐 아니라, 이를 바탕으로 무인 속에서 새로운 인재를 찾는 것이 목표였다고 할 수 있다. 즉, 인적 쇄신의 문제와 직결된 것이다.

장수의 생애와 무훈을 기록하다

『해동명장전』은 1794년(정조 18)에 만들어진 6권 3책의 병서다. 이 병서는 우리 역사 속 명장 55명의 전기집으로 삼국시대부터 조선 인조 대까지 적국의 침략에 대항해 나라를 지켜낸 장수의 생애와 무훈을 담아놓았다.

이 책에 등장하는 무장을 국가별로 살펴보면, 신라 5명(김유신·장보고·정년鄭年·심나沈那·소나素那), 고구려 3명(부분노扶芬奴·을지문덕·안시성주安市城主), 백제 1명(흑치상지黑齒常之), 고려 22명(유금필庾黔弼·강감찬姜邯贊·양규楊規·윤관尹瓘·오연총吳延寵·김부식金富軾·조충趙冲·김취려金就礪·박서朴犀·송문주宋文冑·김경손金慶孫·이자성李子晟·김방경金方慶·한희유韓希愈·원충갑元冲甲·안우安祐·김득배金得培·이방실李芳實·정세운鄭世雲·안우경安遇慶·정지鄭地·최영崔瑩), 조선 24명(이지란·최윤덕崔潤德·이종생李從生·어유소·이순신·권율·곽재우·정문부鄭文孚·황진黃進·휴정休靜·유정惟政·영규靈圭·정기룡鄭起龍·김시민金時敏·이정암李廷馣·임중양林仲樑·김덕령·정충신鄭忠信·김응하金應河·김응해金應海·임경업·정봉수·유림柳琳·유형柳珩)이다.

이 책은 다른 병서처럼 국가가 주도적으로 편찬하지 않았다. 홍양호洪良浩라는 개인이 저술한 것이다. 홍양호는 당시 최고의 세도가였던 풍산홍씨의 일원으로 형조·공조·이조를 거쳐 예조판서에 있었기에 상당한 영향력을 발휘했다. 정조 대에는 군주에 대한 충성과 애국심을 고취하기 위해 무장에 대한 대대적인 숭모 사업이 진행되었는데, 당대 최고

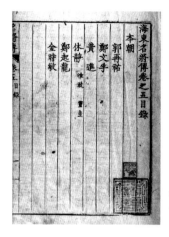

조선 후기 유일한 무장 전기집인 『해동명장전』은 당대 최고의 문신인 홍양호가 직접 저술했다는 것만으로도 의미가 있다.

문신이 직접 무장의 전기집을 저술했다는 것만으로도 무와 무장에 대한 인식에 상당한 영향을 끼쳤다.

조선 후기에 저술된 전기로는 효종 대 우의정과 좌의정을 역임한 김육金堉이 쓴 『해동명신록海東名臣錄』과 영조 대 동부승지를 역임한 이존중李存中의 『국조명신록國朝名臣錄』이 대표적이다. 정조 대 초계문신으로 성균관 대사성을 지낸 남공철南公轍이 남긴 『고려명신전高麗名臣傳』 등 대표적인 전기류는 모두 문신을 다루었다.

『해동명장전』은 이와는 달린 무장을 중심으로 저술했기에 더욱 시사하는 바가 컸다. 당시 홍양호는 "문장에서는 조정의 신하들 중에서 제일이다"라고 평가받았다. 홍양호는 유학에 정통한 문신으로 알려져 있었기에 『해동명장전』은 단순히 개인의 저술을 넘어 당대의 사상적 흐름을 좌우할 수 있는 중요한 책이었다. 또한 홍양호 스스로 '조선태사朝鮮太史'라고 자처하면서 당대의 역사 연구 흐름을 주도해 『영조실록』·『중종보감㉿中宗實鑑』·『동문휘고同文彙考』·『갱장록羹墻錄』·『증흥가모中興嘉謨』등 다양한 역사서를 편찬했다. 홍양호는 정조 대 최고의 역사가라 평해도 손색이 없다.

진실한 무장이 필요하다

홍양호의 무장에 대한 이해는『해동명장전』의 서문에서도 확인할 수 있다.

세상에 큰 법이 두 가지가 있으니, 문과 무가 그것이다.『춘추전春秋傳』에 말하기를 "문은 백성이 잘 따르게 하고, 무는 적을 잘 위압한다"고 하였다.……우리 조선에 이르러서는 강토는 옛날과 같고 백성은 더 줄지 않았으나 병력과 전공에 있어서는 먼 옛날에 성황하던 시대에 미치지 못하여 임진왜란을 만나자 팔도강산이 당장에 무너져내렸다.……더구나 병자호란에 이르러서는 적병이 사납게 달려들어 온 고을이 빈 것처럼 휩쓸고 우리는 도망하느라 숨이 막혀 허덕이다가 몇 달이 아니 되어 적에게 무릎을 꿇고 말았다. 그 까닭은 무엇인가? 이는 실로 문치에만 힘을 기울이고 무력에는 힘을 기울이지 않아 나라의 힘이 점점 쇠퇴하고 나약해져서 그 힘을 떨치지 못한 까닭이며, 또 난리를 겪다가도 평화가 오면 아무런 일도 없었던 듯이 평안한 마음으로 지내었으니 이 어찌 슬프고 원통한 일이 아니겠는가. 나는 이러한 것을 두렵게 생각하여 우리나라의 유명한 장수를 모아서 위로는 신라, 고구려부터 아래로는 조선에 이르기까지 열전을 마련하였는데, 이는 곧 옛날의 일을 당겨보아 지금을 경계하여보려는 것이다.

홍양호는 조선이 문치 위주의 국정 운영을 했기 때문에 무력은 갈수록 쇠퇴했고, 임진왜란과 병자호란이 모두 이러한 문제 때문에 발생했다고 지적했다. 그리고 앞으로 발생할지 모를 전쟁에 대비해 무에 대한 관심을 높이기 위해 이 책을 저술한다고 밝혔다. 특히 두 번의 큰 전란을 치렀으면서도 '평화의 시기'라 안주하면서 각성하지 못한 문신 관료에게 무와 무장의 중요성을 깨우치려는 따끔한 충고도 볼 수 있다.

홍양호의 무를 중심으로 한 시대 인식 배경에는 정조 대 초반 홍국영洪國榮의 집권 시기에 좌천된 경험이 있다. 홍국영은 정치적 의견이 다르다는 이유로 홍양호를 탄압했다. 홍양호는 도성에서 멀리 떨어진 북방 지역으로 좌천되면서 관방關防 문제를 체험했다. 홍양호가 남긴 정문부의 북관대첩北關大捷에 관한 한시인 「임명대첩가臨溟大捷歌」는 임진왜란 당시 의병을 일으켜 일본군을 막아내고 관북 지역을 사수했음에도 이괄의 난때 역적으로 몰려 억울하게 처형된 정문부의 이야기가 담겨 있다. 그의 무장에 대한 애정이 얼마나 지극한지 엿볼 수 있다.

홍양호는 홍국영이 실각한 후 중앙 정계에 돌아와 동지부사로 베이징에 자주 방문했다. 그 과정에서 청나라와의 대치 국면을 확인하고 무비武備의 중요성을 실감했다. 『해동명장전』을 저술하기 바로 전에는 도성을 제외하면 최고의 군사력을 보유한 평안도 관찰사에 재임하기도 했다. 그가 평안도 관찰로 있을 때, 정조가 "관서는 변방의 중요한 지대로서 본디 궁마弓馬의 고장이라 일컫던 곳이니, 도백道伯이 된 자는 마땅히

상무尙武하는 일을 앞세워 뜻하지 않은 변고에 대비하도록 하라"고 당부하기도 했다.

홍양호의 무에 대한 특별한 인식은 평양성 탈환 전투에서 혁혁한 공을 세운 명나라 장수 낙상지駱尙志의 배향配享 문제에서 명확하게 드러난다. 당시 무열사武烈祠에서는 명나라 문신 석성石星을 비롯해 이여송·양원楊元·이여백李如栢·장세작張世爵 등 명군 장수 4명을 배향하고 있었다. 그런데 평양성 탈환 전투에서 가장 큰 공을 세운 것은 남병南兵의 장수 낙상지였다. 홍양호는 이러한 내용이 『평양지平壤誌』에 실려 있고, 이를 아직까지도 평양 사람들이 기억하고 있다면서 낙상지를 추가로 배향할 것을 중앙정부에 요청했다.

홍양호의 『해동명장전』 간행은 정조가 추진하던 무 중심의 문무겸전론과 맞물려 있었다. 기록하지 않으면 기억할 수 없고, 기억할 수 없으면 의미는 사라진다. 『해동명장전』은 희미해진 무와 무장에 대한 기억을 선명하게 해서 정조의 문무겸전론에 힘을 실어준 병서였다.

국가가 백성을 지키지 못한다면

『민보의』

조선의 신지식인, 정약용

정조의 재위 시절 정약용을 비롯한 그의 형제들은 그야말로 '꽃 같은 시간'을 보냈다. 그러나 조선 후기 문예를 꽃피운 정조가 1800년 6월 28일 승하하자 조선은 말 그대로 나락에 빠져들었다. 어둠을 준비해야 하는 '개와 늑대의 시간'이 온 것이다.

정조의 뒤를 이어 왕위에 오른 순조는 나이가 어리다는 이유로 대왕대비 정순왕후가 대신 다스렸다. 이를 시작으로 왕의 장인이라는 강력한 뒷배경을 바탕으로 김조순金祖淳을 비롯한 안동 김씨의 세도정치가 조선을 야금야금 뜯어먹었다. 그렇게 조선은 조금씩 침몰해가고 있었다. 정조가 사라지자 노론 벽파와 정순왕후는 천주교를 빌미로 정적들을 숙청했다. 공격의 대상은 정조의 정치적 견해를 충실하게 수행했던 남인과 소론 시파였다. 그중 채제공蔡濟恭 사후 남인 세력의 차기 지도자였던 이가환李家煥과 정약용이 가장 먼저 표적이 되었다. 당시 조선에는 천주교가 들어와 교세를 넓혀가고 있었다. 지식인들도 함께했는데, 남인의 핵심 세력이었던 정약용 형제도 깊은 연관이 있었다.

정조 사후 천주교도는 사교를 믿고 사교도를 이끈 대역 죄인이라는 혐의가 씌워져 박해를 받았다. 1801년(순조 1) 신유박해辛酉迫害로 정학사貞學士라고 불릴 만큼 대학자로 이름을 날리던 이가환이 고문 끝에 옥사했다. 정약용의 형인 정약종도 참수를 당했으며, 정약용은 정처 없는 유배길에 올라야만 했다. 당시 주문모 신부를 비롯한 천주교도 약 100명이 공개 처형되었고 약 400명이 유배되었다.

이후 정약용의 조카사위였던 황사영黃嗣永이 베이징에 있던 프랑스 선교사에게 조선의 박해 상황을 알리는 편지를 쓴, 황사영 백서 사건이 터졌다. 이 일로 정약용의 가문은 풍비박산 났다. 당시 정약용은 경상도에 장기 유배된 상태였으나, 다행히 이 사건과 관련이 없어 극형은 면하고 전라도 강진으로 유배지를 옮겼다. 정약용의 형 정약전 또한 흑산도로 기약 없는 유배를 떠나야 했다.

유배를 떠난 형제는 유배지에서도 학문 탐구에 열정을 쏟았다. 정약전은 흑산도에서 지내며 직접 여러 수생생물을 살피고 이에 대한 방대한 보고서인 『자산어보玆山魚譜』를 썼다. 정약용은 『목민심서牧民心書』를 비롯한 다양한 책을 썼다. 아마도 유배지의 생활이 따분해서 공부라도 해야 직성이 풀렸을지도 모른다. 그런데 공부를 열심히 하다 보니 자연스럽

천주교 박해 그림 중 위앵 마르티노 루카 신부의 귀에 군율로 다스린다는 관이전貫耳箭을 끼워 죄를 묻고 있는 장면이다. 이후 군문효수軍門梟首라 해서 목을 쳐서 군문에 걸어놓았다.

게 건강이 나빠졌다. 형제는 가끔 편지를 주고받았는데, 학문과 세상사에 대한 다양한 이야기가 담겨 있다. 1811년(순조 11)에 정약용이 정약전에게 보낸 편지에는 형의 건강을 걱정하며 개고기를 권유하는 내용이 실려 있다. 편지 내용을 살펴보면 이렇다.

보내주신 편지에서 짐승의 고기는 도무지 먹지 못하고 있다고 하셨는데, 이것이 어찌 생명을 연장할 수 있는 도道라 하겠습니까. 도중島中에 산개山犬가 천 마리 백 마리뿐이 아닐 텐데, 제가 거기에 있다면 5일에 한 마리씩 삶는 것을 결코 빠뜨리지 않겠습니다. 도중에 활이나 화살, 총이나 탄환이 없다고 해도 그물이나 덫을 설치할 수야 없겠습니까. 이곳에 사람이 하나 있는데, 개 잡는 기술이 뛰어납니다.

당시 정약전은 섬에 유배된지라 바다에서 나는 물고기밖에 먹지 못했다. 『자산어보』 또한 자신이 먹던 음식 연구에서 출발한 것이다. 정약용은 덫 만드는 방식까지 자세하게 설명했다. 5일에 한 마리씩 잡아 1년에 모두 52마리를 잡는다면 1년 내내 맛있는 개고기를 먹을 수 있다고 적었다. 심지어 개고기 요리법과 개고기에 넣어 먹으라고 들깨 한 말을 동봉해서 보내는 정성까지 보였다.

정약용은 유배 오기 전에 박제가를 비롯한 실학자들과 깊은 관계를 맺었다. 아마도 그때 박제가에게 개고기 요리법을 전수받았을 것이다. 정약용의 편지에 실린 박제가의 개고기 요리법을 살펴보면 이렇다.

삶는 법을 말씀드리면, 우선 티끌이 묻지 않도록 달아매어 껍질을 벗기고 창자나 밥통은 씻어도 그 나머지는 절대로 씻지 말고 곧장 가마솥에 넣어서 맑은 물로 삶습니다. 그리고는 일단 꺼내놓고 식초·장·기름·파로 양념을 하여 더러는 다시 볶기도 하고 더러는 다시 삶는데 이렇게 해야 훌륭한 맛이 나게 됩니다.

박제가의 개고기 요리법은 유배를 떠난 정약용의 입맛을 살려주는 좋은 방법이었을 것이다. 그래서 그 요리법을 형에게도 알려주려 한 것이다. 이후 편지글에 이와 관련된 내용은 등장하지 않기에 정약전이 개고기를 먹었는지는 알 수 없다. 아무튼 이렇게 편지를 주고받으며 외로운

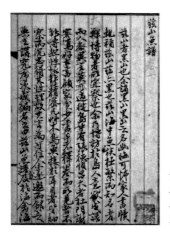

1814년 정약전이 귀양살이 중 흑산도 주변에서 서식하는 어류에 대해 집필한 『자산어보』다. 제1권 인류鱗類, 제2권 무인류無鱗類와 개류介類, 제3권 잡류雜類 등 물고기부터 해초까지 방대한 기록을 남겼다. 규장각 한국학연구원 소장.

유배 생활을 버티던 정약전은 1816년 흑산도에서 사망했다. 1801년 함께 귀양길에 올라 나주에서 이별한 후 16년간 한 번도 형을 보지 못했던 정약용은 가슴이 찢어지는 듯했다. 그는 형의 묘지명에 못다 한 학문에 대한 설움과 아쉬움을 담기도 했다.

저술에 대한 열정으로 유배를 견디다

학문을 사랑하던 정약용은 유배 기간에도 쉼 없이 저술 활동을 했다. 관직에 있을 때부터 『사기영선집주史記英選集註』·『규장전운옥편奎章全韻玉篇』·『두시교정杜詩校正』 등의 편찬에 깊이 관여했다. 1798년(정조 22)에 마진麻疹(홍역)의 치료법을 7편 6책으로 저술한 『마과회통麻科會通』은 넷째 아들을 홍역으로 잃은 뒤 쓴 전문 의학서였다. 두 돌도 되지 않은 자식을 땅에 묻으며 함께 놀아주지 못해 미안하다는 시를 남길 만큼 정약

정약용이 쓴 의서인 『마과회통』이다. 이 땅의 부모가 더는 자식 잃은 고통을 겪지 않았으면 하는 그의 애틋한 마음이 담겨 있다. 한국학중앙연구원 장서각 소장.

용은 자식 사랑이 깊었다.

　정약용은 508권에 달하는 책을 저술했다. 유배 중에도 행정 기구의 개편을 비롯해 관제·토지제도·부세 제도 등 국가 운영의 법규와 준칙을 논한 44권 15책의 『경세유표經世遺表』 등을 저술했다. 목민관, 즉 수령이 지켜야 할 태도와 귀감으로 삼아야 할 교훈, 관리들의 폭정을 비판한 48권 16책의 『목민심서』도 유배 시기 대표적인 저술이다. 거기에 조선 시대 형사사건을 다루는 관리들을 계몽하기 위해 송사訟事의 원리를 언급한 30권 10책의 『흠흠신서欽欽新書』 등 어마어마한 대작도 있다. 이 책들은 '1표表 2서書'라고 일컬어지며 정약용의 대표작으로 알려져 있다.

　이 저서는 대부분 정조와 함께 논의하던 사회 개혁안의 결과물이다. 대표적인 사회문제였던 신분 관계에 따른 문벌제도門閥制度의 한계와 관리 등용 시 부정부패 방지와 효과적인 인재 선출 방법은 정조의 핵심적인 개혁안이었다. 조세제도와 밀접한 연관이 있는 토지제도 개혁안도

엿볼 수 있다. 대부분의 책은 『정다산전집丁茶山全集』에 수록되어 있는데, 1936년 154권 67책의 『여유당전서與猶堂全書』라는 이름으로 간행되어 대중에 알려졌다.

그러나 정조 사후 몇 년 만에 중앙 정치판은 적폐와 부정으로 가득 찼고, 국운은 회복이 불가능할 정도로 기울었다. 왕실의 사금고 격인 내탕금內帑金은 1년여 만에 거덜이 났고, 강력했던 장용영은 2년 만에 완전히 해체되었다. 전정 · 군정 · 환정이라는 조세 근본인 삼정은 각종 부정과 비리로 얼룩져 제대로 기능을 수행하기 어려울 정도로 변질되었다. 그렇게 민란民亂의 시대가 열렸다.

백성이 스스로 방어해야 하는 시대

『민보의民堡議』는 1812년(순조 12)에 정약용이 전라도 강진에서 유배 생활을 하던 중 쓴 병서다. '민보民堡'란 백성들이 자발적으로 자신이 거주하고 있는 지역 인근에 소규모 성곽이나 보堡 같은 방어진지를 구축해야 한다는 방위 전략이다. 정조 사후 군에 관한 문제는 지독하게 꼬였다.

삼정三政의 문란

조선 말기 국가 재정의 3대 요소인 전정田政 · 군정軍政 · 환정還政이 부정부패로 문란해진 현상이다. 전정(토지에 부과되는 세금)은 법으로 정해진 것 이상으로 매겨 과도하게 징수했고, 양반은 탈세를 일삼았다. 군정(병역 대신 내던 군포) 역시 힘 있는 사람들은 면제되고, 농민들은 죽은 사람이나 어린아이까지 대상이 되었다. 환정(환곡, 정부가 곡식을 빌려주었다가 받는 것)은 농민을 대상으로 한 고리대금업으로 변질되었다.

중앙군은 축소되었고 지방군은 거의 관리되지 않았다.

당시 지방 속오군은 폭정의 대표적인 예로 지금까지도 입에 오르내린다. 황구첨정黃口簽丁(어린아이에게 군역 부과)이나 백골징포白骨徵布(죽은 사람에게 군역 부과) 등 상상을 초월한 세금 착취로 백성의 삶을 도탄에 빠졌다. 이런 상황에서 홍경래의 난이 발생했다. 관군은 이를 바로 진압하지 못하고 의병의 도움을 받고서야 간신히 진압했다.

강진으로 유배 간 정약용의 눈에도 홍경래의 난은 치명적인 사건이었다. 이대로 가다가는 일본이 다시 침략하기라도 하면 속절없이 당하겠다는 생각이 들었던 것이다. 정약용은 관직에 있을 때는 일본의 재침보다 북방의 적에 신경을 썼다. 그러나 조선통신사가 일본의 상황 변동을 전하고 호남 지역에 일본의 재침에 관한 불안한 소문이 계속되자 이에 대한 대비책으로『민보의』를 저술하게 되었다.

『민보의』는 이미 망가질 대로 망가진 관군에 기대를 걸기보다는 백성이 힘을 키워 스스로 자신의 삶터를 지키자는 내용이 주를 이룬다. 내용을 보면, 평상시 미리 주민을 군사 조직처럼 편성하고 훈련하는 것으로 시작된다. 전쟁이 발생하면 모든 백성은 식량과 가족을 챙겨서 지역의 중심 방어지인 성곽이나 보로 결집해 결사 항전의 태세를 갖추자는 것

속오군束伍軍

역役을 지지 않는 양인과 공사천인公私賤人으로 조직된 군대로, 평시에는 군포를 바치고 훈련을 받으며, 전쟁이 일어나면 소집되었다. 지방군의 핵심으로 임진왜란 중 속오법에 따라 조직되었다.

『민보의』는 국가가 백성을 지켜주지 못한다면 백성이 스스로 목숨과 고향을 지켜야 한다는 고육지책을 담아낸 병서. 한국학중앙연구원 장서각 소장.

이 이 병서의 핵심 개념이다. '민보'는 이름 그대로 관군의 한계를 극복하기 위해 백성이 무장하고 전 국토를 요새화하자는 새로운 향촌 자치 방위 전략을 담고 있다.

『민보의』는 권1에 서론인 「총의오칙總議五則」을 비롯해 「민보택지지법民堡擇地之法」·보원지제「保垣之制」가 수록되었다. 권2에는 민보와 관련한 「편오編伍」·「지량支糧」·「농작農作」·「경야警夜」·「상구相救」·「해도설보海島設堡」·「산사설보山寺說堡」·「점구覘寇」·「상벌賞罰」·「답객난오칙答客難五則」 등의 실천적 방법을 항목별로 서술하고, 민보 방위 체제에서 발생할 수 있는 여러 문제점을 해명했다. 권3에는 「천파도설天耙圖說」·「호창거설虎悵車說」·「대둔산축성의大芚山築城議」를 부록 형태로 실었다.

구체적으로 민보의 편성 형태를 보면, 약 150명을 상한선으로 잡아

한 부대를 만든다. 민보 안에서는 8세 이상이면 남녀노소는 물론이고 양반과 천민을 가리지 않고 누구나 맡겨진 임무를 수행하는 총력전 체제를 지향했다. 전투를 담당할 민보군은 귀천을 막론하고 15세 이상 55세 이하의 남자로, 군역 대상자와 유사하게 편성했다. 대신 병자 · 장애인 · 기술자는 전투 병과에서 제외해 다른 임무를 수행하도록 했다. 전투 대오는 속오법처럼 1오(5명), 1대(10명), 1기(30명)로 편성했다.

이해받지 못한 향촌 자치 방어

그러나 정약용이 『민보의』에서 제시한 향촌 자치 방어는 큰 전제가 필요하다. 바로 왕과 위정자의 동의다. 평상시 백성들이 무장 상태를 유지하는 것은 왕과 위정자들에게는 반란 세력의 규합으로도 보일 수 있었다. 정약용은 이러한 중앙정부의 불신을 해소하기 위해 민보의 장점과 진정성을 따로 덧붙였다.

이 항목의 첫 번째는 군역 자원의 배분이다. 백성 모두를 민보로 조직해 운영한다면 전쟁이 발생했을 때 관군으로 동원할 군사가 없을 것이라는 염려에 대한 설명이다. 정약용은 현재 속오군으로 편성된 군사들은 대부분 서류에만 존재하는 가공의 인물이라는 것을 강조했다. 그리고 본래 징집 대상자도 없거니와 전쟁이 발발하면 지방관부터 도망하기 바쁠 테니 징집을 집행할 수도 없는 현실을 신랄하게 비판했다.

실제 홍경래의 난을 진압하기 위해 관군을 모집했을 때도 인근 지역의 지방관들은 난리 소식을 듣자마자 식솔들을 데리고 도망치기 바빴다. 그리고 명부에 존재하는 군사를 동원하려 했지만 거주지에는 빈집이 허다했다. 정약용은 민보가 관군의 숫자를 줄여서 만드는 것이 아니라 반대로 중앙정부의 특정한 재정 편성 없이 군사를 상시적으로 운영할 수 있는 획기적인 제도라고 강변했다.

두 번째는 가장 민감하면서도 현실적인 문제로, 민보로 조직된 백성이 각종 무기와 전술을 익히면 반역에 나설지도 모른다는 우려를 불식하는 것이었다. 홍경래의 난을 비롯해 각 지방에서는 지방관의 폭정에 시달리던 백성들이 폭행이나 살인을 저지르거나 집단을 이루어 난동을 부리는 경우가 많았다. 정약용은 이에 대해 명확하게 기우라고 설명했다. 당시 일어난 반란은 지방관의 폭정으로 백성이 추위와 배고픔을 감당하지 못해 '어쩔 수 없이 선택한 것'이라고 설명했다. 민보로 가족을 안전하게 지키고 합심해 농사를 짓게 한다면 반란은 일어나지 않을 것이라고 설명했다. 민보는 난리가 일어나지 않게 하는 비책이 될 수 있다고 강조했다.

세 번째는 민보를 조직하는 데는 너무 많은 시간이 걸리며, 백성 스스로는 군영을 설치하지도 못하고 군사용 진 구축이 어렵다는 군사적 입장에서 나온 우려였다. 정약용은 이미 각종 군역으로 백성들의 고혈을 착취해 군영이 만들어졌음을 설명했다. 운영 과정에서도 백성들의 원성을 사는 일이 반복되기에, 이미 한계에 봉착한 기존의 군영 제도보다는 민보로 관군에 대한 불신을 없애고 자율적인 방위 체제를 만드는 것이 진정한 성인의 지혜가 담긴 권도權道라 자부했다.

마지막으로는 모든 백성이 민보로 조직되면 그동안 자발적으로 봉기했던 의병이 사라질 수도 있다는 의문에 답했다. 정약용은 "민보가 의병의 실마리가 될 것이다"라고 설명했다. 즉, 이미 민보로 훈련되고 가족도 안정되었기에 이들이 유사시 의병의 최선봉을 담당할 것이라 강변했다.

이렇듯 『민보의』에는 정부가 포기하다시피 한 관군의 전투력과 재정적 한계를 극복하기 위한 실질적 방안이 담겨 있다. 향촌 백성들이 자급자족적 공동체를 일구어가겠다는 이상적인 내용이기도 했다.

유배지에서 쓴 정약용의 글은 현실에 대한 이해를 바탕으로 정교하게 구성되었지만, 안타깝게도 당시 위정자들에게는 큰 영향을 주지 못했다. 『민보의』는 고종 대 신헌申櫶이 쓴 『민보집설民堡輯設』에 영향을 끼쳐 국가의 공식적인 비변책으로 채택되기도 했지만, 실제 지역사회에서는 시행되지 못했다. 『민보의』는 국가가 국가답지 못하다면, 국민은 어찌해야 하는지를 고민하게 해주는 병서다.

비변책備邊策
변방을 지키는 방책이라는 뜻이다. 비변책의 논의 결과 비변사가 설치되기도 했다.

전쟁의 선봉에 선 화약 무기

『융원필비』

민란의 시대가 열리다

19세기 조선은 상품경제 발달에 따른 신분제 변동과 더불어 왕권의 약화로 세도정치勢道政治가 출현한 혼란한 시기였다. 중앙 집권 체제를 유지하기 위해 가장 필요한 군정軍政에도 많은 변화가 나타났는데, 삼정의 문란 중 군정의 폐해는 군사력을 실제로 크게 저하시켰다. 구체적으로 보면, 기병은 조선 국방력의 근간이었으나 그것을 유지하려면 재원이 보병의 3배 이상 필요했다. 그래서 세도정치기에 가장 심각한 질적 저하가 나타났다. 정조 대 핵심 중앙 군영이었던 장용영의 혁파와 더불어 금위영과 어영청의 번상番上 규정 변화로 군사 수가 감소했다.

17세기 말부터 군역상 기병의 납포군화收布軍化, 즉 직물布을 내는 대신 군역을 면제받는 일이 증가하면서 대對청 방어에 문제가 발생했다. 숙종부터 정조 대까지는 삼군문 도성 방어 체제와 맞물리면서 기병 강화 정책이 유지되어 이러한 한계는 극복될 수 있었다. 그러나 순조 대 초반부터 장용영 혁파와 함께 중앙 군영의 핵심 기병이 예비군으로 전환되면서 면포로 면제받는 숫자가 급속히 늘어났다.

숙종 대에 강화한 함경도 친기위와 평안도 별무사를 비롯한 지방 정예 기병 부대도 급속하게 망가졌다. 문서상으로는 기병의 숫자가 증가하기도 했지만 질적 담보가 없는 외형적 확대는 정예병이라는 기병의 특성을 잃게 만들었다. 결국 전투력의 저하와 군대의 위상 저하가 동시에 일어나 최악의 상태가 되고 말았다.

19세기 초반의 전술 흐름을 명확하게 보여주는 사건은 홍경래의 난이다. 홍경래의 난이 발생한 평안도는 국경에 인접한 지역으로, 지방 기병 강화에 따라 별무사를 비롯한 특수 기병 부대가 설치되었다. 이러한 지역적 특수성 때문에 1811년(순조 11) 12월부터 약 5개월이라는 짧은 기간에도 당대 전술 변화를 극명하게 보여주었다. 특히 토벌군과 반란군의 정예부대가 전투를 벌였던 박천博川 송림松林 전투는 조선 후기 최후의 야전 기병 전투였기에 더욱 의미가 크다.

난의 전개 과정을 보면, 반란군은 1811년 10월 이후 평안도를 중심으로 군사나 재정 후원을 하던 향무관鄕武官을 비롯한 부농층의 도움을 받아 다복동多福洞에 핵심 인물들이 모였다. 12월 18일에 본격적인 군사행동을 개시한 반군은 미리 해당 지역에 내응內應 세력을 만들어 불과 10여 일 만에 모성母城으로 사용된 정주성을 비롯해 곽산郭山과 선천宣川 등 평안도의 주요 거점 지역을 장악했다.

　반군 중 남진군南進軍은 갑주를 착용하고 장검을 패용한 선봉장 홍총각 洪總角을 선두로 하고 전립에 구군복을 갖춘 도원수 홍경래와 책사 우군 칙禹君則의 휘하에 기병 40여 기와 보병 500명 정도의 소규모로 구성되 었다. 북진군北進軍과 병력을 반으로 나누었다고 하니 반란 초기 반란군 은 대략 기병 100여 기에 보병 1,000명이었다.

　반군은 12월 19일, 정주성에 무혈입성하면서 성과 주변을 방어하던 기존의 군사 조직을 흡수하고, 이 과정에서 정주 지역에 배치된 별무사 들이 적극 합류했다. 당시 별무사 김치준金致准 · 한세대韓世大 · 이장복李長 福을 비롯한 상당수의 별무사는 반군의 별장別將과 천총千摠 등을 보좌하 는 임무를 맡아 반군의 기동력을 크게 증진시켰다. 별무사들은 자발적 으로 반군에 참여하기도 했고, 강제적으로 동원되기도 했기에 더욱 많 은 별무사가 반군에 가담했다. 이는 반군의 핵심 세력이 지방의 향리를 비롯해 군적을 직접 관리하는 실무자였기에 별무사를 실질적으로 동원 할 수 있었기 때문이다.

　기존 군사 조직의 흡수로 북진군이 철산으로 진격할 때는 부원수 김 사용金士用을 중심으로 군세가 상당히 확장되었다. 여기에 일반 백성들까 지 적극적으로 반군에 도움을 주어 인조 대에 도호부로 승격된 군사 요

도호부都護府

군郡 위에 있는 지방행정기관으로, 『대전회통大典會通』에 의하면 경기 8, 평안 14, 경상 14 등 총 75개의 도호부가 있었다고 한다.

충지였던 철산도 큰 전투 없이 12월 23일에 반군의 수중에 들어갔다. 내응 세력의 도움으로 주변 지역도 손쉽게 장악할 수 있었다.

토벌군이 우왕좌왕하다

중앙정부는 12월 20일이 되어서야 평안 병사 이해우李海愚의 밀계로 난을 보고받고 사태의 심각성을 파악했다. 그러나 반군은 이미 그사이에 가산·박천·곽산·정주 등 평안도의 주요 지역을 장악해 군세를 높였다. 토벌군이 쉽게 움직일 수 없는 상황이었다. 상황이 이렇게 되자 신홍주申鴻周를 정주 목사로, 정주성鄭周誠을 가산 군수로 임명하는 등 주변 지역의 수령을 빠르게 교체해 토벌과 방어 계획을 세웠다. 그러나 이미 반란에 가담한 정경행鄭敬行을 곽산 군수로 임명하는 등 중앙정부는 혼란 그 자체였다. 심지어 정주 목사로 발령한 신홍주를 하루 만에 다시 영변 부사로 임명하는가 하면 가장 격렬한 전투가 벌어졌던 정주에는 문관 출신인 서춘보徐春輔를 보내는 등 초기 대응에 많은 혼선이 있었다.

중앙정부의 토벌군 구성은 12월 24일에 시작되었다. 금위영에 진무영巡撫營을 설치하고 이요헌李堯憲을 양서순무사로 임명해 순조가 직접 상방검을 하사했다. 당시 토벌군의 주요 장수로 순무중군에 박기풍朴基豊, 종사관에 서능보徐能輔·김계온金啓溫 등을 임명했고, 12월 27일에 보군 7초를 동원해 토벌을 시작하려 했다. 그러나 이때까지도 기존에 임명된 수령을 며칠이 지나지 않아 바꾸거나 순무사의 출진보다 먼저 선봉군을 전투 현장에 보내는 등 여전히 혼란스러웠다.

12월 29일에는 박천 송림에서 반란군과 가장 큰 접전이면서 조선 최후의 기병 야전 전투였던 송림 전투가 벌어졌다. 관군은 송림을 포위하는 진형을 구축하고, 평안도의 핵심 지역인 평양성을 배후에 두고 반란군이 세력을 확장하지 못하도록 방어선을 구축했다. 그러나 도성에서 출발한 중앙 토벌군은 아직 박천에 도착하지 못해 당시 관군과 반란군의 군세는 거의 대등했다.

관군은 세 갈래로 나누어 반군이 진형을 갖춘 송림에 공격을 감행했다. 당시 전투는 병우후 이해승李海昇이 2초를 이끌고 풍진楓津을 건너 송림의 동쪽 입구에 진을 치고, 좌영장 윤욱열尹郁烈이 4초를 이끌고 송림의 서쪽에 진을 쳤다. 마지막으로 우영장 오치수吳致壽는 4초를 이끌고 우후진虞候陣의 동쪽에 진을 쳐 전체적으로 봉둔진蜂屯陣처럼 적을 감싸 안은 형세를 취했다.

송림 전투는 반군의 선제공격으로 시작되었다. 반군은 관군을 상대하기 위해 부대를 3개로 나누어 공격했는데, 가장 먼저 한 부대가 우후진으로 진격했다. 맹렬한 첫 공격으로 관군의 중앙군이 무너져내렸으나 전前 곽산 군수 이영식을 후영장으로 내세워 1,000명의 병력이 반군의

상방검尙方劍
임금이 간악한 신하를 제거할 때 내리던 권위를 상징하는 칼.

순무사巡撫使
비상시 군무軍務를 맡아보던 임시 관직으로, 의정부에 상주하며 왕의 결재를 받았다. 반란 진압과 같은 군무와 민심 수습 등을 담당했다.

홍경래의 난 때 송림 전투에서 패전한 반군의 주력부대는 정주성으로 철수해 항전했다. 이 그림은 〈신미년정주성공위도 辛未年定州城攻圍圖〉로 진압군이 정주성을 포위하고 압박하는 장면이다.

후미를 공격해 선봉을 제압했다.

반군의 패배 원인 중 하나는 진법이다. 전투가 일어난 송림은 언덕을 낀 평야 지대다. 전투가 벌어지기 전 관군은 높은 언덕을 배후로 화포와 조총으로 진형을 갖추었으므로 화약 무기를 이용해 반란군의 공격을 막을 수 있었다. 송림 전투 패배로 반군은 남진할 수 있는 시간적·물질적 동력을 상실하고 이후 정주성에 고립될 수밖에 없는 상황에 처하게 되었다. 반란군 중 전략적으로 중요한 귀성龜城을 점령한 북진군의 일부는 남진군의 패전 소식을 듣고 귀성을 버리고 정주성으로 흩어져 달아났다.

이후 토벌군과 반군이 마지막 전투를 펼쳤던 정주성에서도 토벌군은 대완구大碗口 · 자모포子母砲를 비롯한 대형 화약 무기와 조총 · 활 등 원사 무기 중심으로 공성전을 펼쳐 성을 탈환하는 데 성공했다. 주목할 점은 토벌군이 정주성의 북장대 지역에 성벽을 무너뜨리기 위해 화약 1,710근과 연지燃紙 소포 90근 등 총 1,800근의 화약을 폭발시켜 기존과는 전혀 다른 화약 무기 운용술을 구사했다는 것이다.

화약 무기가 전쟁의 선봉을 장식하다

『융원필비戎垣必備』는 1813년(순조 13)에 훈련대장 박종경朴宗慶이 훈련도감에서 간행한 군사기술에 관한 병서다. 홍경래의 난이 일어났을 때 훈련대장을 맡았던 박종경은 난이 끝난 후 군대를 점검하고 관련 장부를 검토하는 등 외란과 내치에 대한 대비책을 고민했다. 그 과정에서 무기를 집중적으로 연구한 『융원필비』를 펴내게 된 것이다.

박종경은 순조의 어머니인 수빈 박씨의 오빠로, 아버지 박준원朴準源과 더불어 순조 대 벌열 가문으로 알려진 반남 박씨의 대표적 인물이었다. 장용영이 혁파된 후 다시 핵심 군영이 된 훈련도감의 대장직을 맡았던 그는 내란에 대한 실제적인 방어책을 시급히 강구해야 했다.

박종경은 "문권文權 · 무권武權 · 전권銓權 · 주권籌權과 갑병甲兵의 권력, 전곡錢穀의 권력, 전부田賦의 권력, 주사主司의 권력, 시정市井의 권력을 모두 장악하였다"라고 평가될 정도로 조선의 모든 권력이 그의 손아귀에 있었다. 『융원필비』의 서문에서 밝힌 그의 저술 의도는 다음과 같다.

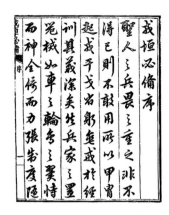

『융원필비』는 당시 가장 강력한 외척 세력이던 반남 박씨 가문의 박종경이 화약 무기를 대폭 강화해 훈련도감에서 간행한 군사기술서다.

당시 나는 훈련대장으로 재직하고 있었는데, 장부를 살피고 군대를 점검해보았더니 사용할 만한 무기가 없었다. 도무지 공격과 수비를 적절한 시기에 할 수 없었을 뿐만 아니라 전투에서도 믿을 만한 것이 못 되었다. 반란이 비록 평정되었다고는 하지만 나는 이 때문에 매우 걱정이 앞섰다. 이에 조정에 자세히 아뢰고 도지부度支部(호조)에서 소장하고 있는 구리·쇠·면포 등을 얻고 봉급의 일부를 떼어 모두 5~6만 전 정도의 돈을 관청에 보내어 무기를 만들게 하고 감조도감監造都監이라고 일컫고는 대대적으로 시행하였다.

박종경은 군사행정 업무를 익힌 무관 2명을 차출해 도청都廳으로 삼고, 지혜와 기술이 있는 간사 2명을 감관으로 삼아 일을 추진했다. 다양한 신무기 개발과 기존 무기 보수 작업을 진행한 결과를 집약한 것이 『융원필비』다. 『융원필비』는 단순한 무기서가 아니라 홍경래의 난을 거치면서 변화한 전법의 흐름을 구체적으로 담은 병서라고 할 수 있다.

다양한 화약 무기로 전투의 기세를 잡다

『융원필비』의 내용을 구체적으로 살펴보면, 먼저 「기계총론器械總論」이라 해서 전쟁에서 사용하는 무기의 의미와 간단한 원리를 설명했다. 다음 장부터 본격적으로 무기를 설명했는데, 크게 화기류火器類 · 봉인류鋒刃類 · 진류陣類 순으로 구성했다. 화기류는 총통 · 완구 · 장군전將軍箭을 비롯한 대형 화기뿐만 아니라 개인 병기에 속하는 조총, 매설해 폭발시키는 매화 등 총 22가지 화약 무기의 제조 방법과 사용법을 수록했다.

화약 무기를 설명할 때는 설계도처럼 분도分圖와 전도全圖를 함께 그려 이를 보고 직접 제작할 수 있도록 했다. 예를 들어 대완구에 장전해 발사하는 별대비진천뢰別大飛震天雷는 4개의 분도와 전도를 함께 그려놓고 폭발력 비교와 함께 사용 시 주의 사항까지 기재했다.

화기류 다음으로는 창 · 칼 · 갑주를 비롯한 개인용 단병 무기인 봉인류 11가지를 수록했다. 이 중 화약 무기 겸용 병기는 적과 근접 거리에서 사용할 수 있도록 창자루나 끝에 작약통을 붙여 만드는 방식이었다. 이는 가장 초기의 화약 무기에 나타나는 형태다. 화기의 열로 공격하거나 연기를 이용해 시각을 교란하기도 하고, 화약에 유황이나 석회 가루를 첨가해 호흡기를 공격하기도 했다. 화약 무기 겸용 단병 무기로는 이화창梨花槍 · 화창火槍 · 소일와봉小一窩蜂 · 신기만승화룡도神機萬勝火龍刀 등이 수록되었다. 앞서 설명한 화기류를 포함하면 전체 33가지의 무기 중 25가지가 화약 무기와 연관된 것으로, 화기류의 전략적 중요성을 엿볼 수 있다.

조선의 부활을 꿈꾸다

『융원필비』에 실린 비몽포飛礞砲로, 화약과 철사, 독을 가득 장전해 발사하는 일종의 화학탄 발사 병기였다. 당시 군사용 독극물은 식물독과 광물독을 혼합해 사용했다.

맨 마지막 장에는 진류陣類를 수록했는데,「화거첩진도火車疊陣圖」와「화거방진도火車方陣圖」로 화기류를 효과적으로 사용할 수 있는 진법이 중심이었다. 그중「화거첩진도」를 살펴보면 당시 화약 무기 중심의 전술 변화를 확실히 알 수 있다.

척후병이 경보를 울리면 포 1발을 쏘아 남백색 고초기高招旗를 세우고 앞을 향하여 마병騎兵을 점고해서 앞으로 나아가 적을 차단한다. 포 1발을 다시 쏘면 홍색 고초기를 세우고 좌우로 화거火車 100량과 목화수거木火獸車 20량을 군대의 5보 앞으로 전진시키고, 길게 부는 나팔 소리를 들으면 일렬로 진영을 갖춘다. 또 몸을 돌리라는 신호의 나팔 소리를 불면서 행군하다가 긴급하게 이동하라는 신호가 있으면 진영을 갖추어 보군을 나누어 전층과 후층으로 만든다. 포 1발을 쏘면 남백색 기를 세워 안으로 향하여 마병을 점고하여 층 내의 좌우로 후퇴시킨다. 적이 100보 이내로 침입하면 포 1발을 쏘고 천아성天鵝聲을 불어서 화거·목화수거가 일제히 발사하게 한다.……먼저 발사한 자는 다시 장전하여 교대로 쏘고 장전하므로 비록 종일 포를 쏘더라도 끊이지 않는다.……적이 패하여 도망하면 기병을 풀어 패잔병을 추격하여 물리친다.

이 움직임을 살펴보면, 적이 출현하면 가장 먼저 기병이 적의 진입을 차단하고, 이동식 포를 중심 화력으로 삼았음을 알 수 있다. 보병은 화거의 전후에 배치해 적의 돌격에 대비하고 적이 100보 내로 접근하면 화거가 일제히 포격했다. 이후 적이 재돌격하면 각 층마다 교대로 일제사격을 가해 적의 사기를 제압하고, 적이 패퇴하면 기병을 출격시켜 뒤를 쫓았다.

기병의 전술적 가치는 화약 무기가 발전하면서 극도로 위축되었다. 이는 비단 조선에서만의 일이 아니며 서양에서도 유사하게 나타난 현상이다. 서양은 화약 무기의 연사 능력 강화로 기병의 가치가 떨어지자 이를 방어하던 장창 보병도 점차 유명무실해졌다. 이후 장창 보병 대신 휴대가 간편한 총구에 대검을 장착해 소총수가 밀집 방어하는 새로운 형태의 대검 전술이 개발되었다. 기병은 적진에 난입해 공방을 주고받는 형

> **점고**點鼓
> 북을 천천히 치는 것을 점고라 하는데, 천천히 행군하라는 신호로 북소리 1번에 약 20보를 간다.

태에서, 빠르게 적과 일정 거리까지 접근한 후 말에서 내려 정밀사격을 가하는 일종의 용기병 전술이 보급되었다.

『융원필비』에서도 기병은 조선 전기나 중기처럼 직접적으로 선제공격 하는 돌격 전법이 아니라, 적의 기습전에 대비해 아군의 진형을 보호하 거나 전투 후에 패잔병을 정리하는 방식으로 활용되었다. 이전의 방진 에서는 기병이 가장 먼저 공격하는 것이 보편적이었던 반면 『융원필비』 의 방진에서 기병의 역할은 방어에 치중되었다. 대신 주된 공격은 화약 무기가 담당했다. 이제 창검 등 냉병기冷兵器가 아니라 화약 무기가 전장 을 지배하는 온병기溫兵器의 시대가 도래했다.

4장

몰락하는
조선을 지키다

중국 병서의 핵심을 모으다
『무비요람』

헌종과 철종, 세도정치에 빠져들다

세도정치의 시작을 알렸던 순조 대에도 군제 개혁을 위한 몸부림이 있었다. 순조는 홍경래의 난을 거치면서 중앙군과 지방군이 제대로 작동하지 않는다는 것을 확인했다. 순조는 아버지인 정조가 장용영으로 군사 개혁을 진행했던 것처럼 자신도 특정한 군사 조직을 세우고자 했다. 순조가 선택한 것은 무예별감 혹은 무예청武藝廳의 강화다. 원래 무예청은 훈련도감 소속이지만, 왕 직속 직할부대로 금군 중에서도 무예 실력이 탁월한 사람만 들어갈 수 있었다. 순조는 정조가 만든 장용영이 혁파당하고 중앙 군영이 몰락하는 것을 막을 수 없었다. 무엇인가를 하기 위해서는 수족처럼 부릴 수 있는 무예청이 유일한 동력원이었다.

〈정조반차도正祖班次圖〉에 그려진 무예별감의 모습이다. 왕인 정조가 탄 말 앞에서 무예별감 6명이 호위하고 있다. 원행 숭왕의 신변을 가장 근접 거리에서 보호한 것이 무예별감이다. 조선시대 그림은 관례상 왕은 행사에 참여했더라도 그리지 않는다.

일반적으로 금군의 요직에는 유력한 무반 가문의 자제를 임명했다. 이들은 선전관을 겸직하면서 정치 세력에 따라 앞길이 결정되었다. 하지만 무예청은 무예 실력이라는 비교적 공정한 선발 기준이 있었기 때문에 신분이 낮아도 충성스러운 군사들로 구성할 수 있었다. 대표적으로 대령무예청待令武藝廳은 우두머리 성격으로 46인으로 구성되었다. 문무예청門武藝廳은 87인으로 단독 부대를 구성했는데, 이들은 궁궐의 대문을 방호하는 수문장청과 함께 가장 전투 능력이 뛰어났던 부대다. 이들은 홍철릭을 입고 황초립黃草笠을 썼으며 모자 위에 호랑이 수염을 꽂았을 정도로 위세를 떨쳤다.

순조 대에는 훈련도감의 별기군別技軍이라는 특수부대에서 무예청 자원을 차출했는데, 순조는 별기군의 숫자를 대폭 증강해 친위 세력의 바탕으로 삼고자 했다. 그러나 정조 대 장용영을 통한 군사 개혁을 지켜본 신하들은 이를 적극적으로 막았다. 게다가 별기군 확대와 관련한 논의가 진행되던 해에 엄청난 흉년이 들어 전국에 아사자가 속출하자 모든 것이 수포로 돌아가고 말았다. 이미 뽑아놓은 별기군은 그대로 훈련도감에 귀속되어 세도정치 가문의 휘하에 흡수되고 말았다.

순조의 뒤를 이어 왕위에 오른 헌종 대에는 세도정치의 폐해로 부정부패가 만연해 수취 제도 자체가 무력해졌다. 거기에 이양선異樣船의 출몰이 잦아지면서 공포감이 중앙정부를 비롯해 백성에게 널리 퍼졌다. 이를 극복하기 위해 헌종도 왕 친위 병력인 용호영과 호위청扈衛廳을 중심으로 궁궐 숙위 체제를 강화하며 군제를 개혁했다. 헌종 역시 순조가 했던 것처럼 무예청을 강화하려 했지만, 같은 한계에 부딪쳤다.

헌종 역시 정조가 장용영을 설치했던 것처럼 새로운 친위 군영을 만

선전관宣傳官

선전관청에 소속된 서반 무관직으로, 왕을 호위하고 명령을 전달하며 사졸士卒의 진퇴를 호령하는 등의 일을 했다. 선전관은 청요직으로, 승진에 유리했다.

철릭帖裏

조선시대 왕과 문무관이 입은 포로, 상의와 하의를 연결한 형태인데, 하의에 잔주름이 잡혀 있는 것이 특징이다. 무관이 입던 공복이기도 하며 시기에 따라 홍색, 남색, 청색 등 다양한 색상이 있다.

『헌종실록』에 실린 총위영에 관한 기사다. 헌종은 "숙위의 소홀함이 근일보다 심할 수 없으니, 변통하지 않을 수 없다. 전에도 전례가 있었으니, 총융청을 고쳐 총위영으로 만들고, 번을 나누어 금중에 입직하게 하여 숙위를 엄하게 하되, 모든 절목은 묘당으로 하여금 잘 마련하여 계하하게 하라"고 하교했다. 헌종이 만든 총위영은 정조의 장용영을 닮고자 했다.

들었다. 헌종의 명으로 만들어진 새로운 군영은 총위영摠衛營이었다. 경기도 인근을 방어하는 총융청이 제대로 기능하지 못하자, 아예 총융청을 혁파하고 총위영을 만들어 친위군의 성격을 더한 것이다. 1846년(헌종 12) 8월 12일 『비변사등록備邊司謄錄』 기사에 실린 「총위영절목摠衛營節目」을 보면, 단독 군영으로서 총위영의 특성을 살펴볼 수 있다.

총융청이 이미 숙위를 하니 그 청호廳號는 영營으로 칭하지 않을 수 없다. 총위영으로 이름을 고치고 전례에 따라 영장은 총위사로 칭한다. 모든 영내의 군무와 문부文簿 등은 장용영의 예에 따라 대장으로 쓴다. 인신印信은 즉시 명령하여 주조하도록 한 뒤 옛날 인신은 거두어들일 것을 예조에 분부한다.

이미 총위영이 궁궐 숙위를 하고 있었기에 청廳 단위를 넘어 단독 군영인 영營의 성격으로 규정하며, 장용영 창설 때처럼 군영의 최고 우두머리를 대장이라고 불렀다. 여기에는 총위영을 기존의 훈련도감·어영청·금위영 등 삼군문과 같은 위상으로 끌어올리고자 하는 헌종의 본심이 담겨 있다. 그동안은 궁궐을 수비하는 대장을 훈신勳臣이나 척신戚臣 등 세도 정권의 실세가 장악해왔는데, 이제는 왕이 직접 선택한 문신으로 한정해 친위병의 성격을 강화했다. 총위영의 군영은 정조 대 장용영 내영의 본영이 있던 현재의 동대문 근처 이현梨峴에 설치했다. 설치 형태도 장용영처럼 내영과 외영의 양영 체제로 운영했고, 삼군문에서 가장 뛰어난 이들을 이속시켜 전투력을 담보하고자 했다.

장용영을 닮고자 했으나 뒷심이 부족했다

헌종이 구성한 총위영은, 장용영을 본받아 조선을 변화시킬 새로운 동력이었다. 심지어 헌종은 총위영을 설치한 후 1년쯤 지나 단독 군영으로서 운영 체계가 잡히자 "장용영이 다시 창설되었다"라고 자랑차게 이야기할 정도였다. 그러나 총위영을 설치하고 꼭 3년 만인 1849년(헌종 15)에 헌종이 갑자기 병사하자 모든 계획은 원점으로 돌아갔다. 8세에 즉위해 순원왕후가 수렴청정하며 비틀었던 정치 질서를 바로잡고자 했던 헌종의 꿈은 총위영 혁파와 함께 흩어지고 말았다.

총위영의 혁파는 장용영과 너무나도 닮았다. 장용영의 혁파 과정은 순조가 즉위하고 대리청정하던 세도정치가들이 장용영 재정을 축소하면서 시작되었다. 먼저 정조의 국장國葬과 산릉에 관한 삼도감三都監의 비용 전부를 장용영에서 책임지게 했다.

결정적으로 장용영의 실질적인 운영을 맡았던 별장別將 · 파총把摠 · 선기장善騎將의 자리를 없애버리고 다른 곳으로 이동 또한 막아버려 혹시 모를 장용영의 군사적 움직임을 차단했다. 중간 지휘부인 초관哨官 14명은 이조와 병조의 비준을 받아 등용하고, 정원 외의 장용위 22명은 모두 금군에 이속시켜버림으로써 지휘부를 완전히 분해했다. 총위영 역시 철종의 즉위와 동시에 순원왕후가 수렴청정을 시작하면서 지휘부가 해체되어 껍데기만 남은 채 총융청으로 환원되었다.

철종은 1844년(헌종 10) 형 회평군懷平君의 옥사로 강화도에 유배되었다가 1849년 느닷없이 대왕대비 순원왕후의 부름을 받고 궁중에 들어와 덕완군德完君에 책봉되면서 19세에 왕위에 올랐다. 철종은 왕족이기는 했지만 역적 집안의 후손으로 낙인찍혀 있었다. 철종은 사도세자의 서자인 은언군의 손자이기도 하다.

은언군 역시 정조 대에 역모 사건에 휘말려 강화도에 유배를 당했고, 은언군의 서자였던 철종의 생부인 전계대원군도 부모와 형제의 죄에 연루되어 강화도 옆 교동도로 유배 길에 올랐다. 그리고 강화도에서 목숨을 잃었다. '강화 도령'이라는 별칭은 왕족인데도 몇 대에 걸쳐 강화도

산릉山陵
장례를 치르기 전이라 아직 이름이 정해지지 않은 왕과 왕비의 무덤.

한국전쟁 때 불탄 철종의 어진이다. 남아 있는 왼손 엄지손가락을 자세히 보면 활 쏘는 도구인 깍지를 끼고 있다. '강화 도령' 철종은 정조만큼 문무를 겸비한 성군 으로 기억되기를 희망했을지도 모른다. 국립고궁박물관 소장.

에 유배되었던 가족의 슬픔과도 연관되어 있다.

당시 조선의 모든 권력은 안동 김씨의 손에 있었다. 여기에 1851년 (철종 2) 순원왕후의 일가인 김문근金汶根의 딸이 왕비로 간택되자 김문 근은 왕의 장인인 국구國舅가 되어 정권을 장악했다. 안동 김씨의 세도정 치가 절정에 달했다. 철종은 1852년(철종 3)부터 수렴청정을 거두고 친 정을 시작하면서 세도정치를 극복하려고 노력했다. 강화도에서 4~5년 정도 머물렀지만, 그곳에서 백성의 고단한 삶을 뼈저리게 느꼈기에 선

몰락하는 조선을 지키다

대왕(헌종)이 펼쳤던 개혁의 물꼬를 이어나가고자 했다.

철종 역시 친위 세력인 금군을 강화했다. 철종은 조선 후기 금군의 무예 훈련장인 창덕궁 춘당대春塘臺에 나가 서총대과瑞蔥臺科라는 명목으로 별시를 자주 시행했고, 자신을 호위하는 금군을 독려해 시사를 진행하는 등 친위 세력 확보에 힘을 썼다. 증조부인 사도세자의 존호를 왕으로 승격하자고 공식적으로 제안하기도 했다. 자신의 혈통 문제가 해결된다면 국정을 장악하기 수월해질 것이라는 판단에서였다.

그리고 1862년(철종 13)에는 좌의정 심암 조두순趙斗淳을 중심으로 삼정이정청三政釐整廳이라는 임시 기구를 설치해 민란의 원인으로 지목된 삼정의 문란을 해소할 정책을 수립하게 했다. 철종이 직접 「삼정책문三政策問」이라는 이름으로 전국의 인재에게 상소문의 형태로 제출하도록 독려했을 정도였다.

그러나 견고해진 세도정치는 철종의 개혁을 철저하게 봉쇄했다. 사도세자의 존호 격상 문제는 모든 대신이 반대 입장을 표명했고, 왕 직속의 삼정이정청 역시 3개월 만에 해체되었다. 모든 개혁이 좌절되자 철종은 자포자기한 심정으로 일상적인 국정을 거부하며 반발했지만, 결국 재위 14년인 1863년에 33세라는 젊은 나이로 병사하고 만다.

중국 병서의 핵심을 모아놓은 백과사전

『무비요람武備要覽』은 1855년(철종 6) 해서병마절도사 조우석趙禹錫이 저술한 4권 3책의 병서다. 조우석은 책머리에 해당하는 자서自序에서

"문으로써 다스림을 드높이고, 무로써 반란을 평정하니 옛말에 이르기를 문과 무를 함께 병용하는 것은 장구한 방책이라 하였다"라고 언급할 정도로 문무 병용의 중요성을 강조했다. 또한 조선의 지정학적 위치상 주변 세력의 침입에 대비한 무비武備 강화가 절실하고, 이를 위해 군사를 기르고 훈련하는 일이 우선이라 강조했다. 마지막 부분에는 명나라 말기의 병법가인 모원의茅元儀가 쓴 『무비지』와 척계광이 쓴 『기효신서』 등의 내용을 정리해 후세에 도움이 되도록 편찬했다고 밝혔다.

『무비지』는 전 240권의 방대한 병법서로 군기軍器 · 병선兵船 · 진형 등 쓰러져가는 명나라의 부활을 기도한 역작이다. 『기효신서』도 명나라 말기 왜구를 소탕하기 위해 편찬한 군사훈련서로 18권에 달하며 군사훈련에 관한 거의 모든 내용을 담고 있다. 따라서 병법에 관한 중국의 백과전서적 서적에서 당시 조선군에 필요한 사항을 요약 · 정리하는 일은 상당한 의미가 있었다.

『무비요람』 권1에는 저자가 직접 작성한 서문이 있고 바로 이어 범례와 목록이 실려 있다. 서문에는 이 책을 저술한 배경과 내용을 간략히 언급했다. 범례는 모두 18항목으로 구성되어 있으며 『무비요람』의 핵심 내용과 정리 방법 등을 일목요연하게 설명한다. 권1의 목록은 「택장재擇將材」 · 「논장論將」 · 「선사選士」 · 「편병編兵」 · 「연병練兵」 등 5항목이다.

「택장재」는 "전쟁은 나라의 중대한 일이니 백성의 생사와 국가의 존망이 달려 있어 신중하게 살펴야 한다"는 『손자병법孫子兵法』 「시계편始計篇」의 문장으로 시작한다. 아울러 「모공편謀攻篇」의 "무릇 장수는 국가 운영의 핵심 기둥이다"를 언급하며, 장수가 될 재목의 선택 방법을 가장

『무비요람』은 조우석이 쓴 병서로, 무관의 입장에서 군사 운용에 꼭 필요한 내용을 요약해 정리했다. 국립중앙도서관 소장.

먼저 소개했다. 부록으로 「연장편鍊將篇」이라며 장수를 훈련하는 방법을 간략히 정리했다.

　이어 「논장」에서는 장수의 본분과 자세를 설명하는데, 『손자병법』을 인용해 "장수는 지혜·믿음·어짊·용맹·위엄이 있어야 한다"라고 장수의 마음가짐을 가장 먼저 언급했다. 「선사」에서는 군사를 선발하는 방법, 「편병」에서는 군사들의 편제를 구성하는 방법, 「연병」에서는 편제를 구성한 군사들을 효과적으로 훈련시키는 방법을 설명했다.

　「연병」에서 특히 눈에 띄는 것은 기병의 중요성을 강조함과 동시에 전투마를 관리하는 방법까지 소상하게 다룬 것이다. 당시에도 여전히 기병 전술이 유효했음을 알 수 있다. 또한 「담기해膽氣解」라는 세목細目으로 군사의 사기와 마음을 훈련하는 방안을 소략하게 정리했다.

군사를 다루는 데 필요한 거의 모든 방법

그다음에는 군사들을 어떻게 활용할 것인지를 다루었는데, 전투 시 발생할 수 있는 모든 변수를 수록했다. 권2의 목록은 군량을 충당하기 위해 군포를 받는 「보인」과 군량 관리를 정리한 「군향軍餉」, 적의 동향을 살피는 「요적料敵」, 진법을 이루어 군사들이 함께 싸우는 그림을 담은 「진도」, 전쟁 발발 시 효과적으로 군사를 운용하는 「전략상戰略上」 등 모두 4항목으로 구성되어 있다.

그중 「진도」에는 경중영輕重營 · 야영野營 · 수영水營 · 보영步營 · 영지營地 · 영규營規 · 야영夜營 등 전투 이전에 군사들이 함께 머물며 전투를 준비하는 다양한 형태의 영營의 설치 방법과 운영 방식을 시작으로 진법에 대한 설명을 풀어놓았다. 「진법」에는 정진正陣 · 천진天陣 · 지진地陣 · 풍진風陣 · 운진雲陣 등을 진법 변화 형태에 따라 구분했고, 이후 다양한 형태의 영 설치 방법을 설명했다.

「전략상」에는 『손자병법』 「모공편」 중 "아군이 적군의 10배가 되면 적을 포위하고, 5배가 되면 공격해도 좋다. 아군이 2배가 되면 적군을

군포軍布

조선시대에 16~60세의 양인 남성은 현역 복무를 하거나 병역을 면제하는 대신 베를 냈는데, 이 베를 군포라 한다. 조선 말기 군포는 양인을 수탈하는 수단으로 변질되었다.

분산시켜 공격하고, 아군과 대등할 때는 전력을 다해 싸우게 한다. 만약 아군의 병력이 적을 때에는 험난한 곳으로 피하고, 만약 지킬 수 없는 상황이라면 퇴각해 교전을 피해야 한다. 그래서 소수의 병력으로는 아무리 견고하다 할지라도 종국에는 강대한 적군의 포로가 되는 것이다"를 첫 문장으로 삼아 전략 구축에 관한 내용을 상세하게 정리했다.

권3에는 「전략하戰略下」·「상벌賞罰」·「기정奇正」·「허실虛實」등 4항목이 담겨 있다. 「전략하」에서는 수전水戰을 시작으로 수군인 주사舟師의 운용법, 수군 신호 체계인 수전호령水戰號令과 수군을 육지에서 훈련시키는 방법인 수병육조호령水兵陸操號令 등을 중심으로 전략을 모아놓았다. 「상벌」은 『사마법司馬法』을 옮겨 "'상은 때를 넘기지 않는다' 하였으니, 백성들이 선을 행한 이로움을 빨리 얻도록 한 것이요, '죄는 대열을 옮기지 않는다' 하였으니, 백성들이 선하지 못한 해를 빨리 보도록 한 것이다"라고 하며 상벌의 의미를 정리했다.

이처럼 『무비요람』은 무관으로서 군사 운용에 꼭 필요한 내용을 요약 정리한 병서다. 조우석은 1804년(순조 4)에 무과에 급제해 왕의 근접 경호를 담당했던 청요직인 선전관을 거쳐 수군절도사·병마절도사·수령·목사 등을 거치며 출세 가도를 달렸지만, 목민관보다 풍류를 즐기는 한량의 모습을 보여 파직과 복직을 반복했다.

대표적으로 제주 목사로 재임하던 시절에는 겨우 1년 반밖에 되지 않는 기간이었지만 제주도에서 이름난 명승지에 호화 유람단을 이끌고 다니며 풍류를 즐겼다. 심지어 탐라계곡에는 자신의 휘하 판관은 물론이고 동행한 악공들의 이름까지 바위에 새겨 지금도 그 이름을 확인할 수 있다. 당시 제주도는 오랜 기근에 백성들의 원성이 하늘을 찌를 듯해 민란의 조짐까지 있었던 터라 조우석은 파직당하고 말았다. 이후 전라도 병마절도사로 다시 근무했지만, 각종 비리 혐의에 연루되어 고초를 겪었다. 마지막 관직은 『무비요람』을 정리하고 2년 후인 1857년(철종 8)에 삼도수군통어사를 지낸 것이다.

외부로는 이양선의 잦은 출몰, 내부로는 쉼 없는 민란에 시달렸던 조선 말기, 『무비요람』은 아무것도 할 수 없었던 현실을 탈피하기 위한 마지막 몸부림이었을지도 모른다. 하지만 조선은 서서히 침몰하고 있었다.

몰락하는 조선을 지키다

조선을 지킬 마지막 무기

『훈국신조기계도설』

상갓집 개가 대원군이 되다

1863년, 고종이 조선의 26대 왕으로 즉위했다. 아니 흥선대원군이 권력을 장악했다. 흥선대원군은 비록 왕족이었지만, 세도정치 가문들의 탄압을 견뎌내기 위해 '상갓집 개'라는 모멸적인 별명을 들으면서 때를 기다렸다. 그런 혹독한 기다림 속에서 고종이 목숨을 부지하고 왕이 될 수 있었다. 사학자들이 이 시기를 '대원군 집권기'라고 구분해 부를 만큼 흥선대원군은 고종을 능가하는 막강한 권력으로 역사에 등장했다. 그러나 이미 제국주의 열강의 힘겨루기로 온 세상이 땅따먹기 싸움판으로 변한 지 오래였다.

조선을 억누르던 청나라마저도 1856년에 발생한 제2차 아편전쟁에

흥선대원군이 집무를 볼 때 입었던 자주색 단령에 붙은 기린 흉배. 기린은 상서로운 기운을 내뿜는 신성한 동물로, 단종 때부터 왕자인 대군大君이 주로 사용했다. 문관 당상관은 쌍학, 당하관은 단학, 무관 당상관은 쌍호, 무관 당하관은 단호를 흉배에 사용했다.

서 패배해 영국과 프랑스 연합군이 베이징을 점령하기까지 했다. 심지어 청나라의 문화적 자긍심이었던 명원名園과 원명원圓明園 등이 파괴당하는 것을 눈 뜨고 지켜볼 수밖에 없었다. 청나라는 전쟁의 패배로 베이징조약을 강제로 체결했으며, 이는 거대한 국가의 멸망과 맞닿아 있었다.

베이징조약에서 가장 눈에 띄는 것은 러시아의 남진이다. 이미 톈진조약으로 영국과 프랑스는 이득을 본 상태였기 때문에 갑자기 중재자

베이징조약

1860년 청나라가 영국·프랑스·러시아와 개별적으로 체결한 조약을 통칭하는 말이다. 톈진을 개항하고 영국에 주룽九龍을 할양했다. 러시아에는 우수리강 동쪽의 연해주를 할양했다.

톈진조약

청나라가 애로호 사건으로 1858년 6월, 러시아·미국·영국·프랑스 등과 맺기 시작한 조약이다. 모든 조약에 편무적 최혜국 조관이 삽입되어 있다. 일본과는 조선에 있는 청·일 양국 군대의 철병을 약속했다.

로 나선 러시아의 요구 사항은 그리 두드러지지 않았다. 러시아와 청나라의 국경선을 점검하고 국경에서 자유 교역을 인정하며 세금을 면제하고, 쿠룬庫伦·카스喀什·장자커우張家口 등을 무역지로 인정하는 등 일반적인 내용이 주를 이루었다. 여기에 연해주를 러시아에 할양하는 내용이 추가되었다. 영국과 프랑스는 대수롭지 않게 조약문에 서명했고, 청나라는 패전국으로 이를 받아들일 수밖에 없었다.

베이징조약으로 러시아는 연해주에 블라디보스토크vladivostok라는 항구도시를 급성장시켰다. 러시아는 부동항을 찾고 태평양으로 뻗어나갈 기지를 건설한다는 꿈을 이루었다. 그래서 도시의 이름도 '동방을 지배하라'는 뜻으로 지은 것이다. 러시아는 극동 함대의 사령부를 블라디보스토크로 옮기고 해군기지이자 무역항으로 블라디보스토크의 위상을 공고히 했다. 블라디보스토크는 북극해 항로의 종점이자 모스크바에서 출발하는 시베리아 철도의 종점이 되었다. 넓게 보면 동방에서 서방을 잇는 광활한 소통의 시작점이기도 하다.

영국과 프랑스는 땅을 치며 후회했지만, 때는 늦었다. 그 이후 조선에 침을 흘리는 제국주의 열강은 영국과 프랑스에 러시아가 더해지고, 강력한 해양 세력으로 급부상한 일본까지 조선을 압박하기 시작했다. 조선의 위정자들은 이런 세계사적 변화를 감지하고 조선의 지정학적 중요

북극해 항로 Northern Sea Route, NSR
러시아 북쪽의 북극해를 통해 극동과 유럽을 잇는 항로다. 수에즈 운하를 경유하는 것보다 운항 시간을 절반까지 줄일 수 있다.

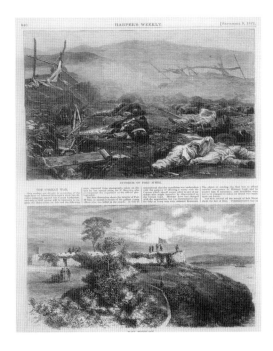

신미양요 중 미 군함의 포격에 강화도 손돌목 돈대에서 전멸한 조선군과 초토화된 덕진진에 성조기가 게양되는 모습이다. 미국 정치 잡지인 『하퍼스 위클리 Harper's Weekly』 1871년 9월 9일자의 7∼8면에 실려 있다.

성을 이해했어야 하는데도 쇄국만을 외치고 있었다.

1866년(고종 3) 8월에는 미국 상선 제너럴 셔먼호가 무력으로 통상을 요구한 사건이 발생했다. 평양 감사 박규수朴珪壽의 퇴각 요구를 무시하자 조선 사람들은 대동강에서 제너럴 셔먼호를 불태워 침몰시킬 정도로 서양에 배타적이었다. 결국 이 사건은 1871년(고종 8)에 발생한 신미양요辛未洋擾의 배경이 되었다.

1866년 10월 병인양요丙寅洋擾가 일어났다. 흥선대원군의 천주교도 탄압에 대항해 프랑스 함대가 강화도를 침범한 사건으로, 군사적으로도 상당한 영향을 끼쳤다. 당시 조선은 중앙 군영조차도 기병이 전투마가 없거나 군사로서 자질이 부족한 사람으로 숫자만 채워두었을 정도로 허

병인양요 당시 전쟁에 참여한 프랑스군의 앙리 쥐베르Henri Zuber가 강화도의 모습을 세밀하게 묘사한 그림이다. 이때 프랑스군은 강화도를 무단 점령하면서 외규장각에 있는 의궤를 비롯한 각종 보물을 훔쳐갔다.

술한 상태였다. 이 때문에 급박한 상황에 신속하게 대응할 수 없었다. 극도로 피폐해진 조선군의 상황을 본 고종은 실록에 이런 말을 남기기까지 했다.

각 영의 기병과 군사들이 전투마가 없거나 용맹스럽지 못한 자를 사정에 따라 채워 넣었으니, 이것이 군제軍制인가? 병조판서 · 금군별장 · 각 영의 장신들은 잘 알도록 하라.

말 그대로 껍데기밖에 없는 중앙 군영의 실상을 잘 보여주는 대목이다. 지방 군영은 중앙 군영보다 상황이 심각했는데, 군적에는 이름이 가득 차 있었지만 실제로 근무하는 군사는 거의 보이지 않을 정도로 허울뿐이었다.

국방 강화에 힘을 쏟다

병인양요를 거치면서 이루어진 중앙 군영의 핵심적 변화는 화포를 운용하는 화포군火砲軍의 증설과 기병의 보급 수송 병종인 복마군화卜馬軍化였다. 특히 외국 세력이 이양선 등을 내세워 주로 바다로 접근했기 때문에 화약 무기와 이를 운용하는 병력을 확보해 해안을 방어하는 것이 시급했다.

화약 무기를 신속하게 적재적소에 배치해야 하는 상황에는 수레보다 짐말인 복마卜馬의 운반 능력이 훨씬 뛰어나다. 자연히 복마군의 수요가 늘어났다. 당시 군영은 주로 험한 오지에 있었기 때문에 도로 사정이 여의치 않아 수레가 다니지 못했다. 따라서 복마군의 증설은 꼭 필요했다.

흥선대원군은 화포과火砲科라 불렸던 지방 무과 시험으로 포군을 집중적으로 양성했다. 전국 모든 감영·병영·수영·유영·방어영 등에 포군을 설치하고, 이를 위해 수시로 화포과를 실시했다. 총만 잘 쏘면 무관으로 등용되는 길이 열린 것이다. 1865년(고종 2)에 함경도 남병영에서 실시된 별포위과別砲衛科를 시작으로 이듬해에는 전라감영·경기감영·광주유영·관북의 도과道科에서도 화포수를 선발했고, 해를 거듭하면서 황해감영·전라우수영·철원·전라좌수영·진무영·개성유영·경상좌병영에서도 포수를 정책적으로 증원했다.

그러나 이미 조선은 패색이 짙었다. 당시 흥선대원군은 쓰러져가는 조선을 일으켜 세우려고 온갖 방법을 동원했다. 끊임없이 이양선이 출몰하는 등 신식 무기를 앞세운 서구 열강의 무력시위에 대항하기 위해 쇄국 정치를 시작한 흥선대원군은 지푸라기라도 잡는 심정으로 나라를 살릴 사람을 구한다는 방을 붙였다. 당시 거리에 붙은 방을 보면 "무릇 한 가지라도 기예를 가진 자는 비록 환술幻術이나 차력借力하는 자라도 자천自薦(스스로 추천)하도록 허가하고, 부국강병하는 방책을 바치는 자가 있으면 자격에 구애되지 않고 뽑아 쓴다"고 했다.

이전까지 조선에서는 환술이나 차력을 법으로 금했으나 최고 권력자인 흥선대원군의 한마디에 환술가와 차력사들이 활개치고 다니기 시작했다. 팔도에서 몰려든 이른바 '기예를 가진 자'들이 흥선대원군이 사는 운현궁 앞에 문전성시를 이루었고, 이 과정에서 갑옷에 관한 묘한 방책이 등장하기도 했다. 면으로 갑옷을 만들면 서구의 강력한 총알도 막을 수 있다는 것이었다.

이 말을 들은 흥선대원군은 바로 면포에 솜을 넣어서 두어 겹으로 갑옷을 만들어 관통 실험을 했다. 당연히 갑옷에 커다란 구멍이 뚫렸다. 상황이 이쯤 되면 물러서야 하는데, 오기가 발동한 흥선대원군은 면을 한 장씩 추가하면서 실험을 계속했다. 열두 겹으로 면을 겹칠 때 총알이 뚫지 못하자 흥선대원군은 여기에 한 장을 보태 열세 겹을 박음질하고 그 사이에 솜을 넣어 상반신을 방어하는 배갑背甲 형태로 만들어 군사들에게 보급했다. 머리에는 총알도 튕겨나간다고 하는 등나무 넝쿨로 짠 투구를 씌웠다. 굵은 등나무로 짠 광주리 같은 투구에 겨울 조끼보다 두꺼운 면갑綿甲을 입은 병사를 상상해보면 웃음밖에 나오지 않는다.

면갑은 겨울에는 제법 그럴듯했다. 삭풍이 부는 바닷가 초소에서 근무하는 군사들은 면을 겹겹이 겹쳐 박음질하고 두터운 솜을 넣은 갑옷을 입고 포근한 겨울을 보냈을 것이다. 그러나 겨울이 가고 여름이 다가오면 상황은 완전히 역전되었다. 면갑을 착용한 포군은 한여름에 훈련을 받으면 더위를 견디지 못하고 코피를 쏟기 일쑤였다. 또한 면갑을 입은 채 비를 맞으면 갑옷의 무게가 몇 배로 늘어나 서 있는 것조차 어려워진다. 무엇보다 화공에 속수무책이었다. 순면에 솜이 꽉 찬 면갑에 불이 붙으면 그 갑옷을 입은 병사는 말 그대로 통구이를 면하지 못했다.

이 같은 황당한 군사력 증진 방안은 더 있었는데, 한 가지만 언급하자면 비선飛船을 들 수 있다. 당시의 상황을 상세히 기록한 『근세조선정감近世朝鮮政鑑』에는 다음과 같이 쓰여 있다.

학 깃을 엮어서 배를 만들면 포탄을 맞아도 선체가 가벼우므로 다만 퇴각할 뿐이고 부서지지도 않을 것이라는 말이 있었다. 드디어 사냥꾼을 풀어서 학을 잡고 그 날개를 엮어 모아서 배 하나를 만들고, 비선이라 불렀다. 배에다 아교로 깃을 붙였는데, 물에 들어가니 아교가 문득 녹아서 쓸수가 없었다.

그저 한숨밖에 안 나오는 이야기지만, 다른 한편으로는 오죽했으면 이런 황당한 생각마저 했을까 싶어 안타깝다. 다행히 신헌이라는 걸출한 무인이 흥선대원군 집권기 군사 개혁의 실마리를 풀려고 노력했다. 그 덕에 조선의 명운은 조금이나마 연장될 수 있었다.

조선을 지킬 무기를 담은 병서

당시 훈련대장이었던 신헌은 병인양요를 거치며 극도로 불안한 정국을 타개하기 위해 신식 무기에 관한 병서를 편찬했다. 두 권의 병서를 한 짝처럼 만들었는데, 두 권 모두 훈련도감을 중심으로 편찬했다고 해서 '훈국訓局'이라는 이름이 붙었다. 그 병서가 『훈국신조군기도설訓局新造軍器圖說』과 『훈국신조기계도설訓局新造機械圖說』이다.

『훈국신조군기도설』은 『융원필비』와 내용이 거의 동일하다. 반면 『훈국신조기계도설』은 각 무기의 부품도에 상세한 설명을 더해 현장에서 바로 병기를 제작할 수 있도록 실용성에 주안을 두고 편찬했다. 이 책에 실린 무기는 전체 11종으로, 화포를 주조할 때 쓰는 틀인 철모鐵模, 대나무로 만든 거대한 발사체인 무적죽장군無敵竹將軍, 육지와 바다에서 쓸 수 있는 큰 폭약 통 같은 무기인 육합총六合銃, 적은 힘으로도 당길 수 있는 기계식 활인 수노기手弩機, 한 번 당겨 방아틀에 고정한 후 장시간 조준이 가능한 기병 저격용 기계식 활인 궐장노蹶張弩 순으로 실려 있다.

이어 장창, 갈고리가 달려 적을 끌어당길 수 있는 창인 요구창撩鉤槍, 말 위에서 사용하는 짧지만 예리한 마상창馬上槍, 밤에 적의 눈을 피하기 위해 불빛이 새어나가지 않도록 만든 휴대용 조명 기구인 조적등照敵燈, 이동식 소형 서양 화포인 불랑기를 쉽게 움직일 수 있는 불랑기동거佛狼機童車, 여러 개의 도르래를 이용해 무거운 것을 쉽게 들어 올릴 수 있는 거중기擧重機 등을 담아놓았다.

『훈국신조기계도설』에 실린 병기 제작과 관련된 부분은 명나라와 청

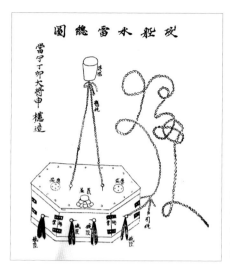

『훈국신조기계도설』 중 공선수뢰攻船水雷다. 공선수뢰는 군함의 밑바닥을 공격하는 수뢰의 일종이다. 흥선대원군은 백성들 앞에서 작은 배를 대상으로 모의 실험을 진행할 정도로 신무기 개발에 적극적이었다.

나라의 병서인『무비지』와『해국도지海國圖志』를 참조했으나 실제 제작을 거치면서 도해를 다시 그려 지방에서도 안정적으로 제작할 수 있도록 했다. 그중 무적죽장군은 이전과는 다른, 상당히 발전한 모습을 보인다. 장군전은 큰 나무 기둥에 철로 된 깃을 달아 총통으로 발사하는 것이 일반적이다. 그러나『훈국신조기계도설』의 무적죽장군은 속이 빈 묘죽猫竹(두꺼운 대나무)에 화약을 다져 넣어 폭발력을 높이고 병사마다 10개를 지닐 수 있도록 가볍게 만들었다.

『훈국신조기계도설』에서는 이 무기의 장점을 다음과 같이 설명해놓았다. 첫째, 비록 한 발이 갑자기 부서지더라도 사람이 상하는 근심이 없다. 둘째, 적이 노획하더라도 쓸 수 없다. 셋째, 개당 제작비가 7푼이므로 매우 저렴하고 공력도 덜 든다. 넷째, 지형에 따라 즉시 제조할 수 있다. 다섯째, 몸체가 가뿐해 많이 지고 멀리 가서 포진하기 매우 쉽다. 여섯째, 위력이 땅을 진동해 분쇄되지 않는 것이 없으므로 적의 심장을 서늘하게 할 수 있다.

이처럼 발전적인 무기의 개발과 보급이 이루어진 것은 위급했던 국경 수비의 한계를 극복하기 위해서였다. 그러나 이미 재정이 한계에 봉착했기 때문에 중앙군의 일부만 이러한 병서의 혜택을 볼 수 있었다.

흥선대원군이 아낀 무인 신헌

흥선대원군 집권기 군사 업무의 핵심을 맡았던 신헌은 당시 조선군을 "군사들은 정상적인 대오가 없어 오합지졸과 다름이 없고, 노약자들만 쓸데없이 모여 밥만 축내어 경로당과 다름이 없다"라고 혹평하며 군제 개혁을 위해 '군무 6조'라는 개혁안을 제시하기도 했다.

첫째는 경병京兵을 하나로 묶어서 훈련하는 일이다. 거둥 시 왕의 경호를 책임진 금군의 일종인 협련군挾輦軍을 비롯해 포수 중심의 별파진別破陣, 부포수部砲手 등 다양한 대오를 단일한 체계로 묶어 새롭게 부대를 편성하는 것이다. 이렇게 정비된 금군 중 우수한 자는 녹봉을 올려주고, 부진한 자는 군적에서 빼버리는 방식을 제안했다.

둘째, 향포수鄕砲手를 선발하도록 장려하는 일이다. 당시 서양의 압박에 대응하기 위해서는 포수를 기르는 것이 급선무였는데, 신헌은 서북지방의 포수들이 가장 정밀한 자원이기에 평안도와 함경도에서 100명씩 선발해 훈련시키고 번갈아가며 한양에서 근무하도록 하는 번상병 방식을 제안했다.

셋째, 민보를 쌓도록 권장하는 일이다. 이는 정약용이 제시한『민보의』의 핵심을 차용한 것이다. 당시 조선군의 핵심 방어 병력은 한양을 중심으로 포진해 있었기에 남해나 동해로 적군이 침입할 경우 방어가 어려웠다. 따라서 연해와 변경의 백성들이 스스로 작은 성곽인 보루를 설치하고, 적의 침입에 대비한다면 지역 방어에 효과적이라는 것이다.

넷째, 북쪽 변경에 군사를 만들어두는 일이다. 청나라를 통한 외세의 침입을 염두에 둔 것으로, 백성들의 집을 다섯 집, 즉 오가五家를 한 통統으로 만들거나 십가十家를 한 패牌로, 장정 1명을 책임자로 삼으면 큰 예산 지출 없이 방호를 이룰 수 있다고 설명했다. 당시 함경도의 호수戶數가 11만 호였으니, 이렇게 하면 대략 1~2만 명의 병력을 모을 수 있다. 관에서는 의용군의 규례에 의거해 총이나 쇠뇌 등을 지급해 스스로 훈련할 환경을 만들어 외적 방비의 기틀을 확립하겠다는 방안이었다.

다섯째, 내정을 잘 닦는 일이다. 변란을 막는 방도는 자신의 상황을 분석하고 적을 살피는 것에서 나온다. 당시 조선은 '민란의 시대'라는 오명이 있을 정도로 백성들의 삶이 궁핍해져 민란이 계속 일어났기에, 관에서는 형벌을 줄이고 세금을 적게 거두어 백성들의 마음을 살펴야 한다고 강조했다.

여섯째, 오랑캐들이 변란을 일으키는 것을 살펴서 헤아리는 일이다. 이는 당시 유행하던 사교邪敎, 즉 천주교에 관한 것이다. 당시 이양선을 몰고 온 오랑캐들이 사교를 유행시키고 통상을 요구하며 변방을 엿보고 노략질하는 일이 잦았다. 이를 막기 위해서는 싸우기로 결의하고 전략을 강구하며, 무기를 수선하고 적극 대비해야 한다는 것이다.

흥선대원군을 비롯한 권력층은 신헌의 개혁안을 매우 흡족하게 받아들였다. 그중 가장 시급한 중앙군의 개혁은 훈련도감을 중심으로「군제변통별단軍制變通別單」이라는 절목節目을 반포해 실행했다. 포군 강화는 지방군이 한양에 올라와 번을 서는 향군鄕軍 대신 포布나 돈을 받아 중앙군을 정예화했다. 금위영과 어영청에 예산 4만 냥이 추가되어 포군 4초가 증가되었다. 중앙군은 상시 방어군이 포군 9초와 마군 20명 등 1,145명이 증원되는 효과를 보았다. 왕 직속 기병 부대인 용호영도 용군·호군 300명 체제에서 300명 가량 증원함과 동시에 금군별장의 지위와 권한을 대폭 증강해 친위군의 위상을 높였다.

그러나 흥선대원군 또한 세도정치의 한계를 극복할 수 없었다. 왕권의 약화라는 시대적 상황을 역행하기에는 어려움이 많았다. 특히 훈련도감을 중심으로 군제 개혁이 이루어졌기에 나머지 중앙 군영은 서서히 능력을 잃게 되었다.

서양의 이양선에 대응하다
『융서촬요』

무너진 고종의 개혁

1873년(고종 10) 11월 4일, 막강했던 흥선대원군이 권력에서 물러나고 고종의 친정이 시작되었다. 급변하는 국제 정세 속에서 고종 또한 국방 정책에 관심을 기울였다. 흥선대원군은 수도 외곽 방비와 지방의 핵심 방어진지 구축에 주력했던 반면 고종은 친정 체제 구축을 위해 흥선대원군과 연관된 군영을 약화시키고, 친위병 강화에 방점을 두었다. 그런데 여기에서 문제가 발생했다.

고종은 정조의 장용영이나 헌종의 총위영을 본받아 무위소武衛所라는 군영을 만들었다. 이후 1874년(고종 11) 7월에는 훈련도감의 기병과 표하군標下軍 등 핵심 인력을 무위소로 옮기며 급속히 군세를 불려나갔다.

심지어 훈련도감에서도 가장 무예가 뛰어났던 무예청을 무위소로 흡수 통합시키고, 금위영과 어영청에서 조총을 가장 잘 다루는 병사는 무위소로 소속을 옮기게 했다.

1875년(고종 12)에는 총융청 소속의 북한산성 경리청을 무위소로 이관하고 북한산성을 무위소의 본거지로 삼았다. 당시 훈련도감의 인원은 약 2,000여 명이었던 반면 무위소는 주변의 핵심 인력을 모두 흡수해 약 5,000명의 정예군으로 편성되었다. 무위소가 지나치게 커지면서 중앙 군영에서 담당했던 궁궐 보안이나 숙직 근무가 부실해져 치안 공백이 빈번하게 발생했다. 심지어 무위소의 군사행정 영역이 중앙 군영을 넘어 지방 군영에까지 미치자 새로운 폐단으로 공공연히 언급될 정도였다.

고종은 무반의 지위를 격하하는 방식으로 자신의 지위를 강고히 하려 했다. 자신의 친위 군영이 안정을 찾자 나머지 중앙 군영은 등급을 낮추어버렸다. 병조판서와 금군별장을 임기제로 바꾸고, 군영의 대장으로 부임하면 종2품에서 정2품으로 품계를 올려주던 관례도 깨버렸다. 해안 방어의 핵심이던 강화의 진무영 통제권을 문신인 강화 유수가 겸직하도

경리청經理廳
북한산성을 관리하던 관청으로, 북한산성의 군량미 보관과 산성 관리를 담당했다.

도성문세都城門稅
도성 문을 드나드는 백성들에게 거둔 통행세다. 흥선대원군은 경복궁 재건을 위해 당백전 當百錢을 발행하고 강제 기부금인 원납전願納錢을 거두었다. 이런 조세 정책은 백성들의 불만을 샀다.

〈동국여도東國輿圖〉 중 〈북한성도〉다. 조선은 임진왜란과 병자호란을 겪은 후 도성 주변의 대형 산성 방어 체제를 채택했다. 이후 신축되거나 보수된 북한산성·남한산성·문수산성文殊山城·대흥산성大 興山城과 같은 대형 산성은 따로 세부도를 그려놓았다. 고종은 특히 북한산성을 중심으로 방위 체계 를 고민했고, 북한산성을 친위 군영인 무위소의 본거지로 삼았다. 규장각 한국학연구원 소장.

록 해서 무반의 직위 자체를 낮추었다. 무신 최고위직이 진무영을 담당 하던 전례를 깨버린 것이다. 진무영의 통제권은 조선 수군의 지휘부인 삼도수군통어사와 직결되는 것으로, 이 조치로 수군은 육군보다 한 단 계 아래로 낮추어지는 불명예를 당했다.

이러한 고종의 무반 약화 정책은 정권 안정에는 도움이 되었지만, 국 방력 약화를 불러왔다. 또한 고종은 흥선대원군이 군비 강화를 위해 신 설한 도성문세를 혁파함으로써 군사 재정의 상당 부분을 잃었다. 당시 세금이 가혹했던 것은 분명한 사실이지만, 군비 강화와 직결된 핵심 세 금을 없애버리자 훈련에 사용할 화약을 살 예산이 부족해지고 군사들의 급료도 제때 지급되지 못했다.

몰락하는 조선을 지키다

고종의 친위 군영인 무위소는 갈수록 재정 지원이 늘어났지만, 지방 군영이나 나머지 중앙 군영은 존재감을 잃을 정도로 피폐해졌다. 그 결과 화포군을 반으로 줄이거나 군영 자체를 없애버리는 기상천외한 사태가 발생하기도 했다. 심지어 봉수군의 급료를 줄 수 없어 봉수라는 사전 경보 시스템이 아예 작동을 멈추어버리기까지 했다. 말 그대로 총체적 난국이었다.

그런 상황에서 조선은 개항을 맞았다. 1876년(고종 13) 2월 강화도에서 일본의 강압으로 체결된 불평등 조약인 소위 조일수호조규 혹은 병자수호조약이라고 알려진 강화도조약을 맺으며 조선은 쇄국을 끝내고 나라의 문을 억지로 열었다. 그러나 조선은 자신을 지킬 힘이 없었다. 왕이 자신의 권위를 위해 스스로 국가의 힘을 버렸다고 하는 것이 옳을지도 모른다.

개항 이후 고종은 일본에 수신사를 파견하며 일본의 발전한 군사 기술을 배우려고 많은 시도를 했다. 강화도조약 체결 당시 고종은 일본의 군사기술에 엄청난 관심을 보여 일본 측 대표였던 구로다 기요타카黑田淸隆에게 최초의 기관포라 불린 개틀링 포인 회선포回旋砲를 비롯해 탄약 수백 발을 선물로 받기도 했다.

고종의 일본에 대한 관심은 일본군 교관을 초빙해 근대적 군사훈련을 받는 교련병대를 창설해 신식 군대를 만드는 것으로 발전했다. 그리하여 1881년(고종 18)에는 일본의 초대 공사 하나부사 요시모토花房義質를 매개로 보병 1개 소대 규모인 조선군 약 80명이 모화관慕華館에서 훈련을 시작했다. 고종은 내각의 핵심 인사들을 대동하고 춘당대에서 교련병대가 일본식 신식 군대 훈련을 받는 모습을 직접 참관까지 했다. 1882년(고종 19)에는 병졸 300명, 사관생도 140명을 충원해 제식훈련과 총기의 사용법을 훈련시켰다. 당시 교련병대는 고종의 사병으로 불릴 정도로 급료가 높았으며, 복식도 전통 복식을 탈피하고 근대식 군복을 입었다.

기존의 전통 군영인 무위소 · 훈련도감 · 호위청은 무위영武衛營으로 통합하고, 금위영 · 어영청 · 총융청 · 용호영 등은 장어영壯禦營으로 합쳐 중앙 군영을 양영兩營 체재로 개편했다. 그러나 양영 체제는 1882년 6월 9일에 발생한 임오군란壬午軍亂으로 오군영 체제로 복구하고 만다.

임오군란이 발생한 핵심 배경은 일본식 훈련을 받은 교련병대와 전통 군사 간의 차별이었다. 교련병대는 급료도 많고 신식 제복을 입으며 거들먹거리기가 일쑤였다. 그와는 반대로 구식 군대는 급료조차 제때에 받지 못해 복장 유지도 쉽지 않았다. 임오군란을 계기로 흥선대원군이 다시 집권해 개화 정책을 주도하던 통리기무아문을 혁파하고 왕 숙위 업무를 담당했던 삼군부를 부활시켰다. 이후 중앙 군영도 원래의 오군영 체제로 복구시키며 사태가 안정되는 듯했다.

통리기무아문統理機務衙門

1880년(고종 17)에 설치된 조선 최초의 근대적 기구로, 청나라 제도를 본떠 만들었다고 한다. 강화도조약 이후 대외 관계 변화에 대응하기 위해 신설되었으나, 외교 통상뿐 아니라 군무와 국정, 일반 정치를 두루 담당했다. 장長은 총리대신이며 그 밑에 12사司를 두어 사무를 분담했다. 1895년(고종 32) 폐지되었다.

몰락하는 조선을 지키다

임오군란으로 완전히 부서진 조선군

임오군란이 일어나자 청·일 양국은 난을 진압한다는 명분으로 앞다투어 군대를 보냈다. 특히 청나라 군은 조선의 중앙군이 붕괴되자 도성의 치안을 전담할 정도였다. 궁궐의 파수도 청나라 군이 대신 담당하면서 흥선대원군을 텐진天津으로 납치하고 조선 정부 요직에 친親청 인사를 대거 진출시켜 내정간섭의 정점을 찍었다. 이즈음 조선 최고의 중앙군영인 훈련도감이 흔적도 없이 혁파 당했다.

이후 청나라 군대가 궁궐 숙위군의 훈련까지 담당하면서 친군좌영親軍左營과 친군우영親軍右營이 설치되었다. 1883년(고종 20)에는 개화파의 핵심 인물인 박영효朴泳孝가 신병을 모집하고 기존의 교련병대와 남한산성에 주둔한 조선군을 일본식으로 훈련시켜 새로운 군영을 만들었다. 당시 박영효가 광주 유수로 부임하면서 수어사를 겸직했기에 가능한 일이었다. 이렇게 일본식 훈련을 받은 군사들은 친군전영親軍前營과 친군후영親軍後營이라고 불렸다. 1884년(고종 21) 초에는 청나라식으로 훈련한 친군좌·우영과 일본식으로 훈련한 친군전·후영에 용호영·금위영·어영청·총융청 등 구식 조선군이 함께 궁궐 주변에서 근무하는 해괴망측한 일이 벌어지고야 말았다.

이 3개의 군영은 서로 복장은 물론 훈련 방식도 다르고, 직급조차 달라 군제상 통일성이 완전히 결여되어 있었다. 특히 친군좌·우영과 친군전·후영은 각각 청나라군과 일본군의 영향하에 있었기에 서로 총부리만 겨누지 않았지 거의 적군을 대하듯 해서 갈등이 심각했다.

이러한 문제를 해결하기 위해 고종이 직접 나서서 "지금부터 복색과 훈련하는 방도를 한결같이 친군의 병제에 의거하여 시행하라"고 명령을 내렸지만, 단순히 복장을 통일하고 훈련을 함께한다고 풀릴 문제가 아니었다. 1884년 8월에는 용호용·금위영·어영청·총융청이 완전히 해산되고 이를 친군 4영에 분속시킴으로써 조선의 구식 군대는 역사 속으로 사라지고 말았다.

그런 상황에서 12월 4일, 갑신정변甲申政變이 일어났다. 베트남에서 청나라군과 프랑스군 사이에 전쟁이 발생하자 청나라는 조선에 파견했던 군대의 절반을 베트남에 보낼 수밖에 없었다. 국제 정세에 밝았던 김옥균金玉均 등 개화파는 일본군의 동조를 확인하고, 광주 유수 박영효가 남한산성에서 훈련시키던 친군전영의 군대를 움직였다. 당시 개화파의 핵심 세력이었던 이규완李圭完·서재필徐載弼·윤경순尹景純 등 상당수가 일본의 사관학교에서 유학하며 군사교육을 받고 온 인물로, 이들이 친군전영에 근무하던 장교들을 포섭했다. 그리고 우정국 개국 축하연을 빌미로 군사들을 이동시켜 정권을 손쉽게 장악했다.

정변은 성공하는 듯했다. 급진 개화파는 고종의 승인하에 새 인물들로 정부를 구성하고 개혁을 추진했다. 개화파는 14개 조의 개혁안을 공표했다. 핵심은 청나라와 종속적인 관계를 청산하고 조선의 자주권을 확립하며 부패한 권력층을 해체하고 조세제도를 개혁한다는 것으로, 일본의 근대화를 모델로 다양한 개혁을 추진하려 했다.

그러나 청나라군의 무력 진압으로 단 3일 만에 정변은 수포로 돌아갔다. 삼일천하가 끝나고 김옥균을 비롯한 개화파의 주역인 박영효·서광

갑신정변을 주동한 박영효 · 서광범 · 서재필 · 김옥균이다. 이들의 급진적인 개혁은 3일 만에 실패했다.

범徐光範 · 서재필 등 9명은 도망치듯 일본으로 망명을 떠났다. 김봉균金鳳均 · 이희정李喜貞 · 이창규李昌奎 등은 역적의 죄로 군기시 앞에서 능지처참을 당했다. 개화파가 꿈꾸었던 개혁이 산산조각 나는 순간이었다.

개화파는 권력층의 머리를 칼로 자르듯 잘라버리고 새로운 머리를 앉히면 변화가 이루어질 것이라고 판단했다. 그러나 그것은 오산이었다. 백성과 소통으로 대중적인 지지를 이루지 못한다면 그 어떤 권력도 오래가지 못하기 때문이다. 조선은 이미 근대로 진입하고 있었다.

능지처참陵遲處斬
고려시대부터 행해진 극형으로, 대역죄나 패륜을 저지른 죄인에게 가해졌다. 죄인을 처형한 뒤에 시체를 나누어 각지에 보냈다.

이양선의 충격

이런 시기에 『융서촬요戎書撮要』가 간행되었다. 계속되는 이양선의 도발에 대응하기 위해 중국과 조선의 병서에서 핵심적인 내용만 뽑아 모은 책이다. 총 5책 9권으로 방대한 분량이지만, 저자가 누구인지는 불분명하다. 다만 당시 훈련대장 신헌과 함께 근무한 중신으로 보인다. 책의 서문에서 저자의 형인 갈봉노초葛峰老樵라는 사람이 출간 이유와 저자를 간략하게 언급한다.

내 동생이 군영에서 중책을 맡고 있을 때에 군비가 무너지고 기강이 해이해진 것을 개탄스럽게 생각했다. 이후 내 동생이 일찍이 훈련대장으로 있는 신관호(신헌의 개명 전 이름)와 대책을 논의했는데, 그 내용이 충실하지 못하여 대장께서 소장하고 있는 책을 보여주셨다.

신헌은 『훈국신조기계도설』을 저술하는 등 여러 군무에 밝은 장신將臣이었기에, 저자는 그의 직속 부하로 전술을 논할 정도의 위치에 있던 사람으로 추측한다.

출간 시기는 병인양요가 일어난 다음 해인 1867년(고종 4) 겨울로 판단된다. 서문에 병인양요를 직접 언급하며 이양선의 출몰이 잦았던 조선의 상황을 타개하기 위해 병서를 썼다고 서술되어 있다. 서문을 보면, 조선은 삼면이 바다로 둘러싸여 있고 북쪽의 산세가 험해 침입하기가 어렵지만, 개국 이래 남쪽의 왜구와 북쪽의 오랑캐의 침입으로 수모를

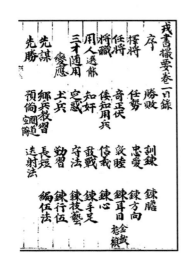

「융서촬요」는 이양선의 출몰을 방비하기 위해 만든 방대한 분량의 병서로 장수를 선택하는 방법부터 행군이나 군량미 수송까지 군사 운영 전반을 다루었다. 국립중앙도서관 소장.

당했고 지금 서양 오랑캐의 침범으로 병인양요가 발생해 도적떼가 한 강에 출몰하는 지경에 이르렀다고 하며 당시 관방의 위태로움을 설명했다.

방대한 분량으로 마지막 회생을 꿈꾸다

서문 뒤에는 「택장釋將」이라고 해서 어떤 장수를 선발해야 하는지 설명했다. 아무리 강한 군대라도 제대로 된 지휘관이 없으면 무용지물이다. 군사들이 비호처럼 날쌔더라도 합리적인 전략과 전술을 전개하지 못하면 백전백패하고 만다.

그 뒤로는 「임장任將」이라고 해서 능력에 걸맞은 장군을 임명하는 것이 얼마나 중요한지 설명한다. 이어 장수의 직분을 설명한 「장직將職」, 적군과 싸워야 할 때 하늘 · 땅 · 군사의 조건을 살피는 「삼재수용三才隨用」, 삼재의 때를 살피는 「삼재변응三才變應」 등 장수가 갖추어야 할 항목을 담아놓았다. 1권의 후반부에는 앞서 설명한 장수의 기본 덕목을 구체화해 승패의 확인, 아군의 기세를 높이는 법, 왜구의 용병법, 간사한 사람을 알아내는 법, 토병을 교육하는 법, 충애 · 화목 · 신의의 중요성을 비롯한 심리적 요소를 설명했다. 2권에는 군대의 규율, 군령의 중요성, 신호의 중요성 등을 차례로 설명했다.

2책은 3권과 4권으로 되어 있는데, 3권에는 「진론陣論」 · 「포진布陣」 · 「왜인병진법倭人兵陣法」 · 「수성守城」 · 「산성설山城設」 등이 담겨 있다. 4권에는 행군과 관련된 「군행軍行」, 행군 시 군량 수송에 관한 「행량行糧」, 적의 동태를 살피는 「초탐설哨探設」과 적과 싸울 때 상황을 분석하는 「요적料敵」 · 「응변應辯」, 적을 엿보고 추적하는 「후적候敵」 · 「추적追敵」 등을 정리했다.

3책은 5권과 6권으로 되어 있는데, 5권에는 하늘과 땅의 이치를 깨닫는 「천기극제天氣克制」와 「지리地利」를 포함해 지세를 역으로 이용하는 「역용지형逆用地形」, 병법을 역으로 이용하는 「역용고법逆用古法」 등이 있다. 6권에는 전투에 활용하는 수레인 전거戰車에 대한 다양한 설명과 그림을 담아놓았고, 마지막에는 하늘에 제사를 올리는 방법을 세세하게 담아놓았다.

4책은 7권과 8권으로 구분되며, 주로 화약 무기를 다룬다. 7권은 「화공 상편」으로 불과 화약을 이용한 공격 기법을 전반적으로 설명했다. 화약을 제조하는 방법인 「제화약방製火藥方」을 비롯해 화약 무기에 독을 섞어 공격하는 「만반독萬般毒」과 「부해약독방附解藥毒方」 등을 정리했다. 이어 비운벽력포飛雲霹靂砲 · 독무신연포毒霧神烟砲 · 백자연주포百子連珠砲 · 풍진포風塵砲 · 굉뇌포轟雷砲 등 수십 가지의 폭발 무기를 그림과 함께 설명해놓았다.

8권은 「화공 하편」으로 화살에 화약을 연결해 공격하는 무기와 다연발 화약 무기 등 다양한 화약 무기들을 정리했다. 불랑기를 시작으로 목인활마木人活馬 · 화통火桶 · 화구火毬 · 천화구天火毬 · 인화구引火毬 · 화롱전火籠箭 · 사십구시비렴전四十九矢飛廉箭 · 백호제분전百虎齊奔箭 · 장사파적전長蛇破敵箭 · 신기전神機箭 등이 실려 있다. 이양선을 직접 공격하기 위한 일종의 어뢰인 수저용왕포水底龍王砲 · 기제뢰旣濟雷 · 도수신기포渡水神機砲를 비롯해 오공선蜈蚣船과 화룡선火龍船 등 특수 군함에 대해서도 설명했다. 이 책에 등장하는 화약 무기 상당수는 조선시대에 단 한 번도 활용하지 못한 것들인데, 자료의 방대함에 경의를 표할 정도다.

5책은 9권으로 하늘에 제사를 올리는 방법이나 점을 보는 방법 등 주술적인 내용이 주를 이룬다. 복서문卜筮門을 시작으로 다양한 천신에 대한 설명과 함께 점병占病 · 풍우부風雨賦 · 축월폭풍기일逐月暴風起日 등 출사와 날씨의 관계, 출사와 천문의 관계 등을 담아놓았다.

이처럼 『융서촬요』의 저자는 중국과 조선의 각종 서적 중 군사의 운용과 관련된 거의 모든 사항을 정밀하게 탐색하고 분석해 체계적으로 정리했다. 『무경총요武經總要』 · 『등단필구登壇必究』 · 『해국도지』 · 『연병실기』등을 충실하게 살펴 정리했으며, 유성룡의 『서애집西厓集』이나 정약용의 『민보의』까지도 섭렵해 저술에 참고했다.

　쓰러져가는 '조선이라는 배'의 마지막 키잡이 역할을 자처한 『융서촬요』의 저자는 이 병서로 조선이 다시금 부국강병을 이루기를 기원했을 것이다. 그러나 그러기에는 조선을 둘러싼 국제 정세의 파고가 너무나 높았다. 일본을 비롯한 열강들이 '조선'이라는 먹잇감을 두고 침을 흘리고 있었기에 그 꿈은 사그라질 수밖에 없었다.

훈련도감의 모든 것
『훈국총요』

1894년, 갑오농민전쟁의 해

1894년(고종 31) 1월 10일, 탐관오리의 대명사로 불렸던 고부 군수 조병갑趙秉甲의 폭정에 시달리던 백성들이 무기를 들고 일어섰다. 새로운 민란의 시작이었다. 그동안 갖은 핍박을 받아오던 농민들은 농사를 지을 때 사용하던 낫이나 쇠갈퀴를 들고 민란에 가담했다.

단순한 지역 민란이었던 고부 민란은 그해 3월 21일, 전봉준全琫準과 손화중孫華仲 등 동학교도가 조직화되며 갑오농민전쟁의 제1차 봉기로 발전했다. 보국안민輔國安民을 외치며 고부 백산에 모인 농민군은 4월 황토현과 장성 전투에서 승리하고, 28일에는 전주성을 장악했다.

그러나 이를 계기로 청나라군과 일본군이 조선에 진주했다. 청나라군은

5월 5일에 아산만으로 대규모 부대를 급파했고, 일본군은 그 이튿날 군함을 대동하고 제물포로 진군했다. 오래 묵은 집안의 도적을 잡으려다가 극악무도한 강도가 쳐들어온 꼴이다. 제1차 봉기에서 어느 정도 성과를 달성한 농민군은 전주 협약과 집강소 설치로 만족하고 뒤로 물러서야 했다.

얼마 지나지 않은 6월 21일 새벽, 일본군은 경복궁을 기습 점령하고 고종을 볼모로 삼았다. 반발하던 청나라군과 무력 충돌이 일어나 청일전쟁이 시작되었다. 그 결과는 일본군의 압승이었다. 6월 23일에는 아산만 앞바다에 있는 풍도豊島 근처에서 육군을 싣고 오던 청나라 해군 함대를 일본군이 선제공격해 청나라 육군 1,200여 명이 모조리 익사했다.

이후 해전에서도 덩치만 컸던 부패한 청나라의 북양함대北洋艦隊는 메이지유신으로 근대화를 달성한 일본 해군에 패배해 모조리 바다에 수장되고 말았다. 일본은 랴오둥반도 · 발해만 · 산둥반도를 장악하고, 베이징과 텐진을 위협했다. 그리고 남쪽으로는 펑후섬을 점령하고 청의 내륙까지도 집어삼킬 기세였다.

미국의 중재로 일본은 청나라와 1895년 4월 시모노세키조약을 체결한다. 전후 처리를 위해 청나라는 국가 1년 예산의 2배가 넘는 배상금과 함께 랴오둥반도 · 타이완 · 펑후섬을 할양하게 된다. 그러나 러시아가 남진에 방해가 될 랴오둥반도 할양 문제를 거론하며 삼국간섭으로

삼국간섭
1895년에 러시아 · 프랑스 · 독일이 일본이 획득한 랴오둥반도를 돌려주게 한 일이다. 이 일로 청일전쟁의 승리에 취해 있던 일본은 큰 충격을 받았으며, 유럽 열강은 청나라 분할에 참여할 명분을 얻게 되었다.

몰락하는 조선을 지키다

『르 프티 주르날Le Petit Journal』 1898년 1월 16일 만평 그림이다. 청일전쟁에서 패배한 중국은 열강이 탐내는 피자 한 판이 되었다. 영국·독일·러시아는 칼을 잡고 중국을 나누고 있으며 프랑스는 훈수를 두고 있다. 일본은 언제쯤 들어가는 것이 좋을지 고민하는 모양새다. 중국은 화가 나 있지만, 두 손 들고 항복한 모습이다.

압력을 가했다. 일본은 랴오둥반도를 토해내야 했다. 이때 묵은 감정은 1904년 러일전쟁의 촉매가 되었다.

일본이 조선에 파견한 군사는 모두 1만 9,600명으로 청나라군보다 몇 배 많았다. 이후 청일전쟁에서 청나라군이 연이어 패배하며 청나라는 조선에 대한 영향력을 잃게 되었다. 조선의 앞날이 불투명해지자, 농민군은 다시 무기를 들고 10월 반反일·반反침략 투쟁을 전개했다. 그것이 갑오농민전쟁의 제2차 봉기다.

그러나 결과는 참담했다. 불과 1개월 만인 11월에 전쟁에 참가한 농민 중 적게는 5만 명에서 많게는 30만 명이 전멸했다고 기록되어 있다. 지금도 전라도 어느 지역에 가면 한 마을의 제삿날이 한날 함께 이루어

제1차 갑오농민전쟁이 발생한 후 1894년 4월 3일부터 5월 28일까지 초토사 홍계훈(洪啓薰)과 여러 지방관이 주고받은 전보를 날짜 순서대로 수록한 『양호전기(兩湖電記)』다. 진압 당일부터 한양으로 회군할 때까지 전황과 정부의 대책을 수록한 중요한 1차 사료다. 동학농민혁명기념관 소장.

질 정도로 삼남 농민의 상당수가 처참한 죽임을 당했다. 그 패배에 대한 기억은 지금도 남아 있다. 이제는 패배의 원인을 정확히 분석하는 것이 필요하다.

당시 갑오농민군 진압을 위해 파견된 일본군의 공식 명칭은 '후비보병 독립 제19대대'로 총 719명이었다. 군사의 인원이 적다고 무시할 상대가 아니었다. 일본의 후비보병은 만 20세부터 3년간 현역으로 근무하고 4년의 예비역을 거쳐 5년간 추가 복무한 병사로, 최소 7년 이상 군 생활을 한 하사관급 이상의 노련한 병사들로 구성된 부대였다. 이들은 유신삼걸 중 하나인 사이고 다카모리(西郷隆盛)를 옹립하고 메이지 신정부

유신삼걸(維新の三傑)
메이지유신을 이끌어낸 기도 다카요시·사이고 다카모리·오쿠보 도시미치 3명을 이르는 말.

에 저항한 일본 무사들이 1877년에 일으킨 세이난 전쟁西南戰爭에서 반란군을 진압했을 정도로 실력이 뛰어났다.

특히 이 부대를 이끈 대대장 미나미 고시로南小四郎는 막부 말기부터 메이지 신정부까지 현역에서 활동한 인물로 1874년에 발생한 사가의 난佐賀の亂을 비롯해 1876년 하기의 난萩の亂, 1877년 세이난 전쟁까지 참전한 노련한 장교다. 전통적인 단병접전뿐 아니라 화약 무기로 완성된 근대식 전투에도 적응한 베테랑이었다.

야만적인 농민군 학살

미나미를 위시한 진압군은 11월 7일 제물포에 도착한 후, 조선에 파견되었던 일본군을 증원받았다. 일본은 빠르게 갑오농민군을 무력 진압할 태세를 갖추었다. 당시 경성수비대 1중대, 용산·제물포수비대 1중대, 부산수비대 1대대를 비롯해 조선에 파견한 함대를 경비하던 해군과 육전대까지 제19대대와 함께 진압에 참여했다. 이렇게 증원된 일본 토벌군은 전체 15중대 3,371명으로 조선의 한 군영과 맞먹는 숫자였다.

일본군은 경복궁을 점령하고 제물포항과 일본군 주둔지 사이에 병참기지를 설치했다. 이미 일본은 한양과 부산을 비롯한 거대 도시를

해군육전대海軍陸戰隊
제2차 세계대전 이전까지 일본 해군의 육상 전투 부대로, 해병대 기능을 했다.

중심으로 병참부를 설치해 전투에 활용할 무기와 탄약을 안정적으로 보급할 기초를 다져놓았다. 보급이 확실하지 않다면 일본군의 움직임이 자유로울 수 없었겠지만, 1894년 말 무렵 이미 조선 팔도에 일본군의 보급기지가 없는 곳이 없을 정도였다. 조선을 식민지화하기 위한 연구와 군사적 준비는 착착 진행되고 있었다.

조선 관군도 반란을 진압하기 위해 양호도순무영兩湖都巡撫營이라는 부대를 조직했다. 여기에는 모두 2,501명의 군사가 배치되었다. 지방에서는 지역 방위를 담당한 감영군과 민병대 성격의 관官 주도형 민보군이 합세해 농민군을 토벌했다.

토벌 작전은 주력군을 셋으로 구분해서 전개했다. 1군은 서로군西路軍으로 수원·천안·공주 방향으로 진격하고, 2군은 중로군中路軍으로 용인·죽산·청주로 진격했다. 3군은 동로군東路軍으로 충주·문경·낙동강을 경유해 대구로 진격했다. 동로군은 충주를 기점으로 경상도 지역을 훑어 내려가면서 농민군을 전라도 지역에 포위하는 전술을 구사했다. 농민군이 포위선을 벗어나 강원도를 넘어 러시아 쪽으로 움직일 수 있기 때문에, 불안을 사전에 제거하기 위해서였다.

이러한 일본군의 전략 속에서 1894년 11월 9일, 농민군은 우금치에 방어선을 둔 일본군·관군과 대격돌을 벌였다. 이날 우금치 고개는 농민군의 시체가 능선을 덮을 정도였다. 2만 명에 가까웠던 농민군의 선봉은 불과 2,000~3,000명도 안 되는 진압군에게 몰살당했다. 심지어 고향으로 흩어진 농민군을 끝까지 추격해 의심되는 사람은 모조리 학살하는 만행을 저질렀다. 박은식은 『한국통사』에 1894년 겨울 사망한 조선

농민군을 약 30만 명으로 기록했다.

갑오농민군의 참패는 전술 문제뿐만 아니라, 무기 활용에서도 극명하게 드러났다. 전투 후 일본군이 노획한 농민군의 무기에 관한 기록을 살펴보면 '화승총 100정, 탄약 6상자, 큰 깃발 1개, 창 5자루, 말 3필, 궁시 400개' 정도였다. 농민군은 구식 화승총을 주력으로 삼고 창검과 활로 전통적인 방식의 부대를 편성했기에, 일본군과 화력 차이가 상당했다. 전주성에서 노획한 개틀링 포와 레밍턴 소총 등으로 무장한 농민군도 있었지만, 보급 문제를 해결할 수 없었기에 전술 가치는 거의 없었다. 아무리 좋은 총이 있어도 총알을 제때 공급받지 못하면 무용지물이다.

그에 비해 일본군은 제19대대 전 병력이 정확도가 높은 스나이더 소총으로 무장하고, 개틀링 포를 비롯한 공용 화기형 기관총을 보편적으로 활용하고 있었다. 농민군 화승총의 사거리가 100미터도 안될 때, 일본군은 조준점을 잡을 수 있는 스나이더 소총으로 400~500미터에서

박은식朴殷植
조선 말기 · 일제강점기의 학자 · 언론인 · 독립운동가다. 『대한매일신보』와 『황성신문』의 주필을 지냈으며, 한일 관계를 중심으로 민족 수난사를 다룬 『한국통사韓國痛史』와 37책의 역사서 『조선사朝鮮史』를 집필했다. 독립협회에도 가입했으며 대한민국임시정부 대통령을 지냈다.

조준점
사격할 때에 가늠구멍과 가늠쇠를 일치시켜 겨누는 목표물이나 점.

강선
총신이나 포신 안에 나선형으로 판 홈으로, 탄환이 목표물에 깊이 박히게 한다.

선제 타격할 수 있었다. 스나이더 소총은 총신에 강선이 있어 정확하고 강력했지만, 농민군이 사용한 화승총은 강선이 없는 단순한 활강식 총신이었다. 농민군과 일본군의 교전이 벌어지면 일본군은 연발 사격으로 초반에 승세를 굳히며 물량으로 농민군을 압도했다. 항전이 어려울 정도로 무기의 차이가 컸다.

이러한 상황을 고려해 일본군과 농민군의 전력을 분석해보면, 1대 100 혹은 1대 150 이상의 차이를 보인다. 이 정도의 전력 차이라면 계란으로 바위를 친다는 말이 나올 정도다. 또한 일본군은 조선 관군의 도움과 팔도에 미리 건설한 보급기지를 적극 활용하며 군수물자를 넉넉히 보급받았지만, 농민군은 새로운 지역에 도착할 때마다 징발하거나 개인적인 인연을 무기 삼아 도움을 요청해야 했다. 농민군은 무기뿐만 아니라 물과 식량까지도 자급해야 했기에, 제대로 된 전투를 장기간 치르기 힘들었다.

갑오년을 밝혔던 농민군의 횃불은 일본군의 섬멸 작전에 무참히 짓밟혔다. 갑오년 농민군의 항쟁은 흔히 '동학운동'이라고 한다. 하지만 이제는 동학을 믿었던 농민들만 조명하는 '동학운동'이 아니라, 피지배계급으로서 농민들이 반침략 · 반외세를 지향한 '갑오농민전쟁'이라 부르는 것을 고민해볼 때다.

훈련도감의 업무 지침을 만들다

『훈국총요訓局總要』는 고종 대에 만들어진 훈련도감의 업무 지침서다.

창설 당시부터 훈련도감의 모든 연혁을 비롯해 운영과 직접적으로 연관되는 관제官制, 소속 인원과 훈련 방식까지 담아놓았다. 시험 과목도 자세하게 수록하고 있어 훈련도감의 모든 것을 담아놓았다고 해도 과언이 아니다.

훈련도감은 어가를 시위하는 친위병 성격이 있어 연하친병이라는 별칭으로도 불렸다. 임진왜란 이후 250여 년 동안 한양을 방어하는 중앙 군영의 핵심 역할을 담당했다. 군영의 규모가 가장 크고 군사들의 무예 실력도 출중해 정조 대부터 왕 직속의 특수 군영을 만들 때 훈련도감의 인재를 이속시켜 새로운 부대의 근간으로 삼았다. 그런데 훈련도감은 고종이 친정을 시작한 1873년 직후 사라져버렸다. 근대식 군사훈련을 받은 별기군 형태의 부대가 속속 만들어졌고, 흥선대원군과 인연 있던 전통 군영이었기에 가장 먼저 폐쇄된 것이다. 따라서 『훈국총요』는 흥선대원군이 집권하던 시절에 전통 군영 강화 차원에서 이루어진 것으로 판단한다.

『훈국총요』의 주요 목차를 보면, 훈련도감의 창설 과정부터 직제를 설명하고 이어 지휘부인 장관將官을 비롯해 장교와 군총, 군사행정 담당 인원에 대한 규정을 직시했다. 이후 훈련도감이 관리하던 궁궐의 입직 내용과 실제 운영한 기병과 보병의 수를 기재했다. 예를 들어 「마정馬政」을 보면 군영에서 직접 전투마로 활용하는 말은 470필로 좌마병 214필, 우마병 231필이고 별무사가 따로 25필을 관리했다.

눈여겨볼 것은 진법 훈련을 포함해 상시적인 시험인 중순中旬이나 시재 등의 개인 무예 훈련 내용이다. 훈련도감은 노량진 백사장이나 사아리에서 대규모

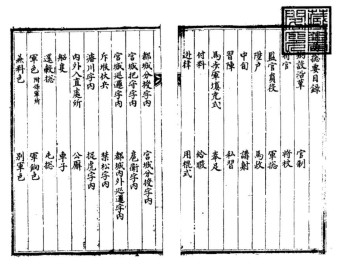

『훈국총요』는 조선 후기 최대·최고 군영이었던 훈련도감의 창설 과정부터 조직 관제, 훈련 방식까지 세세하게 담은 일종의 업무 지침서다.

군사훈련을 진행했는데, 정월 5일에 1차, 2월·3월·4월·8월·9월·10월에 2차 훈련을 진행했다. 나머지 달에는 정조停操라 해서 농사일을 거들거나 휴식했다.

훈련도감 군사들이 치른 일종의 승진 시험인 시재는 해당 무예를 정확하게 기재해, 당시 군사들이 익힌 무예의 내용을 확인할 수 있다. 기병

군총軍摠
조선시대 군대의 정원 규정에 따른 군사의 총수를 말한다. 번차番次에 따라 현재 근무하고 있는 인원을 뜻하기 때문에 군적에 있는 인원과는 다르다.

사아리沙阿里
서울 성북구 정릉동의 옛 지명. '살한이'를 한자로 옮겨 사을한리沙乙閑里 또는 사아리라고 불렀다.

은 기추를 가장 먼저 시험 보았다. 조선 전기에는 둥근 원형 표적을 쏘았지만 임진왜란을 거치면서 실전성을 키우기 위해 표적을 사람 모양으로 만들었다. 활쏘기는 유엽전과 편전을 시험 보았고, 말을 달리며 마상편곤을 휘두르는 편추도 기본 시험 목록이었다.

별기別技라는 추가 시험도 보았는데, 월도는 각 초哨당 10명, 별무사는 10명당 2명, 하급 장교격인 국출신局出身은 각 국局당 1명이 시험을 보았고, 이화창·쌍검 등은 각 초당 5명씩 의무적으로 시험을 보게 했다. 여기에 말 위에서 재주를 부리는 마상재와 근접 무기인 마창馬槍을 사용하는 기창은 정해진 수 없이 시험을 치렀다.

보군은 조총 6방을 시작으로 유엽전과 각종 단병접전용 무기술을 점검했다. 검 분야는 낭선과 장창, 등패까지 묶어 시험을 보았다. 권법 분야는 맨손 무예인 권법을 기본으로, 긴 봉을 사용하는 곤방, 도리깨형 무기인 편곤을 중심으로 시험 보았다. 별기는 왜검 교전에 50명, 예도와 협도에 50명을 시험 보게 했다.

무장 상태와 무기 가격까지 기록하다

「잡식雜式」에는 기병에 보급한 기본 무기가 언급되어 있어 당시 기병의 무장 상태를 가늠할 수 있다. 기병은 갑주를 시작으로 몸에 패용하는 짧은 칼인 환도, 편전을 쏘는 덧살인 통아, 마상편곤을 보급했다. 그 외에 말 위에서 쏘는 가벼운 활인 교자궁校子弓과 후궁帿弓, 긴 화살인 장전長箭과 짧은 화살인 편전 각각 15개, 우비의 일종인 유삼油衫 등을 기본적으로 지급했다.

「궁성분수자내宮城分授字內」는 궁궐 방위에 관한 내용이다. 훈련도감은 핵심 중앙 군영답게 창덕궁과 경희궁의 거점 공간을 모두 관장했다. 예를 들면, 훈련도감의 창덕궁 수위 구역은 공북문拱北門부터 집춘문集春門까지가 기본이었다. 이를 위해 창덕궁 신선원전이 있는 공북문拱北門 밖에 훈련도감의 북영北營이 설치되어 주력부대가 궁궐을 호위했다.

창경궁의 제일 북쪽에 있는 북궁문北宮門인 집춘문은 성균관으로 갈 수 있는 길이며, 유사시 북쪽으로 이동할 수 있는 가장 빠른 문이기에 문밖에는 훈련도감 군사들이 상시 도열했다. 경희궁은 무덕문武德門부터 숭의문崇義門까지를 기본 숙위 구역으로 삼았다. 무덕문도 경희궁의 북문에 해당하는 문인데, 서문인 숭의문까지 연장해보면 궁궐의 절반을 훈련도감이 숙위했음을 알 수 있다.

조선 후기 왕이 주로 거처했던 창덕궁이나 경희궁의 핵심 문은 여러 군영이 나누어 지켜야 했다. 단독 군영이 전체를 방어할 경우 유사시 궁궐이 위태로워질 수 있기 때문이다. 영조 대에 일어난 무신란은 금군별장

신선원전新璿源殿
조선 왕 12명의 어진을 모신 진전眞殿으로, 옛 왕들의 신령이 거처하는 엄숙하고 경건한 곳이다. 신선원전에 봉안되어 있던 어진은 한국전쟁 때 부산으로 옮겨졌다가 화재로 대부분 소실되었다.

금군별장禁軍別將
금군청이나 용호영에 둔 종2품 서반 무관직으로 왕의 친위병을 통할하던 벼슬이다. 병조판서가 겸임하던 대장의 다음 직위다.

이 난의 주동자로 밝혀져 궁궐 숙위에 더 많은 신경을 쓰게 되었다.

『훈국총요』는 다른 사료에서는 찾아보기 힘든 무기의 실제 가격도 자세하게 기록했다. 쌀 1석을 5냥으로 할 때, 조총 1자루에 7냥, 환도 1자루에 3냥, 화약 1근에 6전, 화약의 주재료인 염초는 1근에 5전, 무기를 만드는 쇠인 정철正鐵은 1근에 2전 등으로 기록되어 있다.

조선 후기 중앙 군영에 소속된 군사는 상비군으로, 급료를 지급받는 군사가 많았다. 그러나 훈련도감은 인원이 많아 병조에서 내려주는 예산으로 군사들의 급료를 모두 해결하지 못했다. 따라서 훈련도감 군사들이 직접 둔전을 경영하거나 인근 밭을 일구어 농작물을 시장에 팔기도 했다. 심지어 훈련도감에서 만든 화약이나 무기를 다른 군영에 팔아 재정수입을 확보하기도 했다. 따라서 『훈국총요』에 등장하는 무기의 가격은 당시 판매 가격으로도 볼 수 있다.

둔전屯田
군대의 군량을 마련하기 위한 토지로, 군사가 직접 경작하기도 하고 농민에게 경작시켜 수확량의 일부를 거두기도 했다.

근대식 군대의 탄생
『보병조전』

무너져가는 나라를 목격하다

일본의 청일전쟁 승리는 조선에 일시적인 희망을 주었다. 청나라와
의 사대 관계가 청산될 것이라는 막연한 믿음 때문이었다. 그래서 중국
의 사신을 영접하던 영은문과 모화관慕華館을 허물고 그 자리에 독립문
을 세웠다. 오랜 세월 억압적인 사대주의로 맺어진 중화 문명에서 독립
한 것을 선언한 것이다. 그러나 1904년(광무 8) 2월 9일, 일본군은 제물
포에 정박한 러시아 전투함인 바리야크호 · 코리츠호 · 숭가리호에 기습
공격했다. 러일전쟁에서 일본이 승리하자 조선의 상황은 완전히 뒤바뀌
었다.

청나라의 자랑인 북양함대는 서해에서 괴멸했고, 러시아의 발트함대

『르 프티 주르날』 1904년 2월 21일 기사에 실린 그림으로, 일본군의 소형 어뢰정이 러시아의 대형 군함을 공격해 침몰시키는 모습이다. 1904년 2월 8일 일본 해군이 뤼순항에 주둔한 러시아군을 공격하면서 러일전쟁이 시작되었다.

는 동해에서 거의 전멸했다. 이제 조선 주변에는 일본밖에 남지 않았다. 청일전쟁과 러일전쟁 사이의 10년 동안에 고종과 조선 정부는 강대국들의 역학 관계를 염두에 두고 조선의 자주성을 지켜야 했다. 그러나 안타깝게도 그러지 못했다.

청일전쟁 이후 청나라가 급속히 몰락하고, 갑오개혁으로 친일 인사가

발트함대

발트해에 주둔하며 유럽 방면을 지켰던 러시아의 3대 함대 중 하나다. 러일전쟁 당시 극동으로 파견되었다가 2척만 남기고 전멸했다.

대거 조정에 자리 잡자 일본은 노골적으로 침략 야욕을 드러냈다. 박영효와 김홍집金弘集 등 친일 내각은 일본 군대의 능력을 내세우며 제국주의의 앞잡이로 변신해갔다.

그때 중전 민비의 척족이 모든 것을 비틀었다. 민비는 흥선대원군과의 권력 다툼을 위해 친인척을 대거 조정에 포진시켰는데, 이들은 나라의 앞날보다는 자신의 권력 유지에 급급했다. 권력을 무기로 매관매직을 일삼아 탐관오리가 전국에 들끓게 했다. 당시 시대를 마음 아프게 여겼던 황현黃玹의『매천야록梅泉野錄』을 보면 그들의 만행을 엿볼 수 있다.

권력 유지를 위해 민비와 척족은 러시아와 결탁했다. 삼국간섭으로 러시아의 위세를 확신한 그들은 국정 운영의 전부를 내어주면서까지 러시아의 품으로 들어가려 했다. 민비는 당시 러시아 공사 카를 베베르Karl I. Veber와 조율해 친러파의 조정 장악을 준비하면서 친일 세력을 조정 밖으로 밀어냈다. 1895년(고종 32) 7월에 민비를 살해하려는 계획이 발각되자 박영효를 비롯한 잔존 친일 세력까지 제거되었다.

그 과정에서 이범진李範晉과 이완용李完用 등 친러파가 득세했으나 조정에 뿌리박은 친일 세력은 쉽게 사라지지 않았다. 오히려 정치적 상황을 타개하기 위해 결단을 내리고 군사적 행동을 하게 되었다. 그것이 민비를 잔인하게 살해한 을미사변乙未事變이다.

일본은 주한 일본 공사 미우라 고로三浦梧樓를 통해 궁궐 수비대 역할을 한 훈련대의 우범선禹範善 · 이두황李斗璜 · 이진호李軫鎬 등 3대 대장과 전 군부협판 이주회李周會를 포섭했다. 거기에 일본 공사관 수비대와 일본인 거류지를 보호하던 담당 경찰관과 친일파까지 동원해 치밀하게 거사를

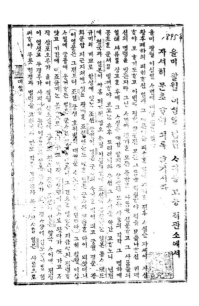

1895년 10월 8일 일본 공사 미우라의 지휘 아래 경복궁에서 발생한 조선 왕비 살해 사건에 대한 법정 기록인 「을미사변기록乙未事變記錄」이다. 한국학중앙연구원 장서각 소장.

준비해나갔다. 이런 기류를 감지한 민비는 훈련대를 해산하고 무장을 해제했다. 그러나 10월 8일 새벽, 재빠르게 움직인 일본군이 궁궐의 정문을 뚫고 들어왔다.

칼을 든 일본 낭인이 선두에 서고 후미에는 일본군이 있었다. 이들은 서대문을 통과해 광화문으로 돌진했다. 일본식으로 훈련받은 훈련대가 합세하자 광화문은 쉽게 뚫렸다. 당시 훈련대 연대장 홍계훈과 군부대신 안경수安駉壽가 소수의 병력으로 이들을 저지하려 했지만, 화력과 인원 면에서 상대가 되지 못했다.

훈련대의 호위를 받으며 궁궐 내부로 침입한 일본 낭인들은 궁내부대신 이경직李耕稙과 홍계훈을 살해하고 궁궐의 여기저기를 이 잡듯이 뒤졌다. 마침내 민비가 침실로 사용하던 옥호루玉壺樓에 난입해 민비를 무참히 살해했다. 심지어 시신 확인을 어렵게 하려고 석유를 뿌려 불을 붙이기까지 했다.

파천인가, 망명인가?

조선의 왕권이 나락에 떨어졌으나 고종은 아무것도 할 수 없었다. 친일파인 유길준兪吉濬 · 서광범 · 정병하鄭秉夏 · 권형진權瀅鎭 등은 적반하장으로 조정의 핵심을 장악했다. 고종은 현실을 직시할 수 없었다. 아무리 미워도 민비는 한 나라의 왕비였다. 왕비가 궁궐에서 살해당했기 때문에 그 수모는 감당하기 어려웠다.

그때 또다시 백성들이 일어섰다. 제천에서 의병이 일어나 일본의 만행을 세상에 알렸다. 당시 상황을 목격한 미국인 궁궐 시위대 군사교관 윌리엄 다이William McEntyre Dye, 茶伊와 러시아 건축가 아파나시 세레딘사바틴Afanasy Ivanovich Seredin-Sabatin, 士巴津이 범죄행위를 소상히 기록해 참상이 국제적으로 알려지게 되었다.

미국과 러시아를 비롯한 열강들이 이 사건을 국제 문제로 비화하자 일본은 조선에서 한 걸음 물러서야만 했다. 을미사변을 주도한 미우라 공사를 해임하고 관련자들을 본국으로 압송한 뒤, 히로시마 감옥에 가두는 등 겉으로는 죄인으로 대하는 듯했다. 그러나 재판 과정에서 관련자 모두 증거 불충분으로 무혐의 처분되었다.

고종은 일본이 두려웠다. 이미 친일파가 조정 곳곳에서 세작처럼 활동하고 있었기에 고종의 일거수일투족이 일본에 실시간으로 전달되고 있

몰락하는 조선을 지키다

『르 투르 뒤 몽드Le Tour du monde』에 실린 가마 호위군의 모습으로 프랑스군 쥐베르가 그렸다. 접이식 모자를 쓰고 가마를 호위하는 모습이 이방인의 눈에는 굉장히 독특해 보였을 것이다. 비가 오는 날, 누군가 조용히 가마로 이동하고 있다. 고종도 아마 이렇게 도망치듯 러시아 공사관으로 망명 갔을 것이다.

었다. 그래서 고종은 궁궐을 버리고 또 다른 제국주의의 아가리로 걸어 들어갔다. 아관파천俄館播遷, 아니 아관'망명'이 일어난 것이다. 굴욕적이 게도 조선의 왕이 러시아 공사관으로 피신한 것이다. 러시아 정부에서 파견한 조선 탐험대의 대장이었던 육군 대령 카르네프 등이 쓴 『내가 본 조선, 조선인』에는 당시 급박했던 모습을 이렇게 기록하고 있다.

양력 2월 11일 오전 7시 30분, 동쪽 담에 있는 쪽문 앞에 가마 두 대가 나타났다. 당시 공사관에 머물고 있던 이범진은 이른 아침에 왕이 궁을 떠 나 우리 공관으로 오기로 하였다는 것을 미리 알고 우리에게 그 소식을 전해주었다. 쪽문은 곧바로 열렸고 공관 안으로 가마들이 들어왔다. 가마 한 대에는 궁녀 한 명과 왕이 타고 있었고, 다른 가마에는 궁녀와 세자가 타고 있었다. 물샐틈없는 감시를 받아왔던 왕은 궁녀들과 장교 이기동의 도움을 받아 궁에서 탈출하는 데 성공한 듯하였다.

그렇게 1896년 2월 11일부터 1897년 2월 20일까지 1년 동안 경복궁에서 왕과 세자가 사라졌다. 왕이 안전을 확보하자 창칼은 친일 내각으로 향했다. 러시아 공사관 주변에 러시아 병력이 배치되자마자 고종은 총리대신인 김홍집과 유길준·정병하·조희연趙羲淵·장박張博 등 친일 내각 대신 5명을 역적으로 규정하고 처단하라는 명령을 내렸다.

친일 내각은 한순간에 권력을 잃었고, 모든 죄를 뒤집어쓴 김홍집과 정병하는 군중에 둘러싸여 몰매를 맞아 죽었다. 재빨리 몸을 피한 유길준과 조희연 등은 일본군의 보호를 받아 일본으로 망명을 떠났다. 아관파천 기간 친일 내각 대신 친러 내각이 만들어져 이제는 러시아가 조선에 빨대를 꽂고 고혈을 빨아먹었다.

친러파는 혹시 모를 위협에 대비하기 위해 친미파와 함께 내각을 구성했다. 대표적인 인물이 박정양朴定陽·이완용·조병직趙秉稷·이윤용李允用·윤용구尹用求·이재정李在正 등이다. 이들은 권력을 잡자마자 조선의 부를 러시아에 넘겼다. 삼림이 울창한 압록강 연안과 울릉도의 삼림 채벌권을 시작으로 러시아와 인접한 두만강 하류 경원慶源·종성鐘城의 금광 채굴권까지 넘겼다. 이 지역은 세종 대에 김종서가 개척한 6진의 핵심 지역으로, 망국이 가까워졌음을 알리는 신호이기도 했다.

몰락하는 조선을 지키다

여기에 미국을 비롯한 다른 세력들도 덤으로 날뛰어 경인선京仁線과 경의선京義線 철도 부설권을 비롯한 국가 기간산업까지 제국주의 열강의 입 속으로 빨려 들어갔다. 심지어 러시아제 무기로 무장한 러시아 교관이 궁궐 숙위대 훈련을 책임지면서 청나라군·일본군·미국군·러시아군의 훈련 방식이 뒤섞이는 해괴망측한 상황이 펼쳐지기도 했다.

1897년 2월 25일, 마침내 고종은 러시아 공사관을 벗어났다. 주변국의 눈치를 살피던 왕이 그제야 자신의 궁궐로 돌아간 것이다. 그러나 고종은 민비 살해 사건이 일어난 경복궁이 아닌 경운궁으로 환궁했다. 이곳에서 고종은 조선이라는 국호를 버리고 대한제국大韓帝國을 선포하고, 껍데기뿐인 황제 즉위식을 진행했다. 이런 이유로 명성황후보다는 민비라는 호칭이 역사적 평가에 걸맞다. 고종의 대한제국 선포로 조선은 역사 속으로 사라지고 '한국'이라는 국명이 인식되기 시작했다.

서재필과 이승만

『보병조전步兵操典』은 1898년(광무 2) 무관학교 교관을 중심으로 근대식 군사훈련을 위해 편찬한 훈련 교범이다. 조선의 자주성을 만방에 떨친다며 대한제국으로 국호를 변경했지만, 제국을 지킬 군사가 없었다. 제국의 군사를 키워낼 새로운 병서가 필요했다. 이를 위해 1896년부터 일종의 사관학교인 무관학교 설립이 조심스럽게 진행되었다.

그러나 당시는 아관파천 기간이라 러시아 출신의 교관을 고용하는 문제로 상당한 마찰을 겪었다. 그때 독립협회를 중심으로 만민공동회萬民共

同會가 개최되었다. 만민공동회의 강력한 요구로, 탁지부 대신과 무관학교의 러시아인 교관을 몰아냈다. 만민공동회는 일종의 대중 집회로 정부 관료는 물론이고 시민과 단체 등이 참여해 자신의 의견을 자유롭게 개진하던 공간이었다. 이때 자유 발언으로 대중의 마음을 뒤흔드는 청년 연사가 있었으니, 바로 대한민국 초대 대통령을 역임한 이승만이다. 이승만이 그때의 초심을 지켰더라면 광복 이후 대한민국 현대사가 그렇게 어그러지지 않았을지도 모른다.

이러한 상황을 만들어낸 주역은 서재필이다. 서재필은 18세에 문과에 급제한 전도가 유망한 청년이었다. 서재필은 19세에 조선인 최초로 일본의 도야마戸山 군사학교에 유학해 근대식 군사학을 배웠다. 20세에는 김옥균·박영효·홍영식·윤치호 등 개화파 세력과 정변을 성사시켜 병조참판의 자리에 올랐지만, 갑신정변이 3일 천하로 끝나면서 엄청난 고초를 겪어야 했다. 서재필은 일본으로 망명했지만, 그의 가족은 멸문지화를 당했다. 아버지인 서광효는 투옥되었다가 자결했고, 어머니도 노비로 끌려갔다가 자결했다. 부인 역시 관기로 넘겨졌다가 음독자살했고, 2세 아들은 굶어 죽었다. 형제들 역시 자결하거나 붙잡혀 참수형을 당하

경운궁慶運宮
지금의 덕수궁. 성종의 형인 월산대군의 집이었는데, 선조가 임진왜란 후 거처하면서 궁이 되었다. 고종이 순종에게 왕위를 넘긴 뒤 머물면서 덕수궁으로 이름이 바뀌었다.

탁지부度支部
대한제국의 국가 재정을 담당하던 중앙관청으로, 요즘의 재무부에 해당한다.

고 말았다.

서재필은 일본 망명 생활이 여의치 않자, 미국으로 망명해 27세에 컬럼비아대학 의대(조지워싱턴대학의 전신)에 입학해서 세균학으로 조선인 최초로 미국 의사 면허를 취득했다. 30세에는 미국인과 재혼했다. 미국 시민권을 획득해 미국인 필립 제이슨Philip Jaisohn이라는 이름으로 조선에 귀국했다. 다행히 그사이 갑오개혁으로 역적 신분을 벗을 수 있었기에 가능한 일이었다.

이런 역경을 헤치고 조선에 돌아온 그가 한 일이 바로 독립협회 창설과 만민공동회 개최였다. 그리고 『독립신문』을 창간해 대중 조직화에 나섰다. 그곳에서 서재필과 이승만은 스승과 제자의 인연을 맺었다. 이후 이승만이 미국 정계에서 활동을 시작할 때 다리를 놓아준 인물이 서재필이었다. 이승만이 프린스턴대학에서 철학 박사 학위를 받을 때까지 재정 지원을 아끼지 않았다.

서재필은 일본의 군사학교에서 기본적인 군사훈련을 공부했기에, 귀국한 후 무관학교를 세우려고 마음을 먹었지만 번번이 좌절되고 말았다. 그렇기에 무관학교 교관들이 만든 『보병조전』은 서재필에게도 상당한 의미가 있었다.

근대식 전술을 도입하다

『보병조전』은 1898년(광무 2) 6월 25일에 『보병조전 개정 제1호步兵操典 改正 第一號』로 간행되었는데, 책 뒷면에 간행자와 편집자를 명기했다. 간행자는 군부대신 민영기閔泳綺를 시작으로 자료를 모은 호령조사위원에 농상공부협판 권재형權在衡, 친위대 이학균李學均 · 이수봉李守鳳, 무관학교 이병무李秉武 · 김형배金瀅培, 시위대 김규한金奎漢 · 전우기全佑基 등이다. 편집에는 무관학교장 이학균, 교두 이병무, 교관 권학진權學鎭 · 왕유식王瑜植 등이 나열되어 있다.

『보병조전』은 1책으로 되어 있는데, 본문은 총론에 해당하는 「총칙總則」, 제1부 「기본 교련」, 제2부 「전투」로 구성되어 있다. 「총칙」은 모두 8조로 되어 있으며 주로 교련의 목적과 지휘관의 책임, 병졸의 훈련 의무를 다룬다.

제1부는 6개의 장으로 나뉘어져 있는데, 1장부터 「각개 교련」 · 「소대 교련」 · 「중대 교련」 · 「대대 교련」 · 「연대 교련」 · 「여단 교련」 순서로 병력의 규모에 따라 훈련 내용을 구분했다. 「각개 교련」은 도수 교련 · 집총 교련 · 산병 교련 등 3가지로 구분해 군사들이 군대 생활을 할 때 가장 먼저 익히는 기본자세와 호령 등을 다루었다. 그리고 총기 휴대법, 총검 탈착법, 실탄의 장전과 추출, 사격과 야전에서 행진 · 정지 · 사격 등 근대식 군사훈련의 기본을 수록했다.

「소대 교련」에는 밀집대차 · 산개대차라고 해서 가장 작은 전투단위인 소대의 편제를 중심으로 군사들이 밀집하거나 흩어져 전투하는 방식을 설명했다. 「중대 교련」에서는 4개 소대를 1개의 중대로 편성하는 방식과 전투 배치를 자세히 설명했다. 그리고 전투 지원대의 임무와 지원 방식을 설명한 원대援隊, 돌격 방식 · 구호 · 신호용 악기 등을 서술한 돌격突擊을 추가했다.

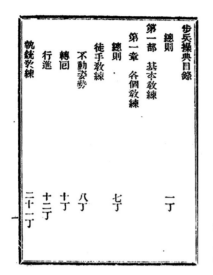

步兵操典目錄

總則

第一部　基本敎練

第一章　各個敎練

　總則　　　　　　　　　　　　　　　七

　徒手姿勢　　　　　　　　　　　　　九

　不動姿勢

　轉回

　行進

　執銃敎練

一

七

九

十二

十二

二十二

『보병조전』은 대한제국 최초의 근대식 군사훈련 교범서로, 이후 무장 독립 투쟁을 한 독립군들도 이 병서로 기본 군사훈련을 했다.

「대대 교련」은 대대의 편성과 대대장의 호령 등을 설명했는데, 대형과 대형 간의 이동 등 대형 변형이 핵심이었다. 대대의 인원을 점차 증강시켜 5개 중대를 1개 대대로 편성할 경우 중복종대重複縱隊 · 대대종대大隊縱隊 · 종대횡대縱隊橫隊로 기본 배치를 구분했다. 「연대 교련」에는 연대의 편성 원칙과 연대장의 호령 등을 정리했다. 연대 소속 3개 대대의 정렬 방법과 연대장의 통솔법과 전투 시 대대의 활용 방법 등을 설명했다. 마지막으로 「여단 교련」은 여단의 연대 정렬 방법과 독립 전투 수행을 위해 연대에 권한을 부여하는 방법을 설명했다.

제2부는 3개의 장으로 되어 있는데, 제1장 「보통 원칙」· 제2장 「부대 전투」· 제3장 「결론」이다. 「보통 원칙」은 1부의 기초 훈련을 바탕으로 실전에서 어떻게 응용하는지 설명했다. 예를 들면, 연병장을 활용한 훈

련법을 시작으로 전투 발생 시 지휘관과 군사 간 연락과 통제 방법, 산개 전투에서 여러 병종이 어떻게 움직여야 하는지를 다루었다.

「부대 전투」에서는 대대장·연대장·여단장 등 핵심 지휘관의 임무와 역할을 구분하고 책임 범위를 설명했다. 또한 중대·대대·연대·여단별로 규모에 따른 전투 방식과 특징을 설명했다. 「결론」에서는 기초적인 군사훈련부터 전투 응용 기술까지 단일한 체계로 훈련할 것을 강조하고, 예비대 군사 역시 동일한 방식으로 훈련해야 한다고 했다.

부록으로는 군사용 깃발과 총기를 활용한 의례를 설명했다. 「군기영송軍旗迎送」을 시작으로 근대식 군사 의례를 설명했다. 특히 「군기봉지법급기경례軍旗捧持法及其敬禮」에서는 부대를 대표하는 깃발을 잡는 방법과 경례법을 정리했고, 「군도지법軍刀持法」에서는 군도를 착용하는 방법을 정리했다.

『보병조전』에 수록된 기초적인 군사훈련과 전술훈련은 이후 만주에서 활약한 독립군의 훈련에도 활용되었다. 『보병조전』은 곧 한국 근대식 군사의 탄생을 의미한다.

활쏘기로 조선의 명맥을 잇다
『조선의 궁술』

일제의 식민지로 전락하다

1905년(광무 9) 4월 8일, 일본은 러일전쟁의 승리를 눈앞에 둔 상황에서 한국을 군사점령하고 고문관을 파견해 내정을 완전히 장악했다. 이때 일본은 내각회의에서 '한국 보호권 확립의 건'이라는 이름으로 한국을 식민지화하기 위한 기본 방침을 결정했다. 내용은 한국의 대외 관계는 전부 일본 제국이 맡아 한국 신민은 제국의 보호를 받도록 할 것, 한국은 직접 외국과 조약을 체결하지 못하도록 할 것, 한국과 열국 간 조약 실행은 제국이 책임을 맡을 것, 제국은 한국에 주차관을 두고 한국을 감독하고 제국 신민을 보호할 것 등으로 구성되어 있다.

일본 제국이 한국의 국방과 재정, 외교권까지 말 그대로 '날로 먹겠다'

는 선언이었다. 10월 27일 일본 각료회의에서 한국의 보호권 확립을 위한 9가지 사항을 결정했다. 그때 제1항에 "별지와 같은 조약을 한국과 체결해 동국同國의 외교 관계를 완전히 우리 수중에 넣을 것"이라고 못 박았다. 그 '별지 조약'이 소위 제2차 한일협약으로, 억지로 맺은 조약이라 을사늑약乙巳勒約이라고 부른다. 한국의 외교권을 박탈하고 일본 제국이 통치하겠다는 대외적 선포였다.

을사늑약은 5가지 조항으로 이루어졌는데, 제1조는 "일본국 정부는 도쿄의 외무성에서 앞으로 한국의 외교에 대한 관계 및 사무를 감리·지휘하고 일본국의 외교 대표자와 영사는 외국에서 한국의 신민 및 이익을 보호한다"라는 내용이다. 이후의 조항들 역시 한국의 외교를 일본이 통제한다는 내용이다. 심지어 이 조약은 공식적인 제목도 없다. 그냥 '을사보호조약' 혹은 '제2차 한일협약'이라고 부를 정도로 일본이 무력을 앞세워 마음대로 써내려간 불법 협정문인 것이었다. 한마디로 '사기 협정'이다.

11월 9일, 일본 정계를 대표하는 정치가 이토 히로부미伊藤博文가 조약 체결을 위해 직접 한국에 방문했고, 궁궐에 군대를 증원 배치하며 무력 압박 수위를 높였다. 11월 15일에는 이토가 군대를 이끌고 궁궐에 들어가 고종을 알현하는 자리에서 한국 황실의 안녕과 존엄은 해치지 않을 것이니 일본의 보호국 조건을 받으라고 겁박했으나, 고종은 외교권을 이유로 단호히 거절했다.

고종은 이후 병을 핑계로 일본과의 면담을 사실상 거부했다. 이틀 뒤인 17일 저녁 8시, 어전 회의를 마치고 대신들이 집으로 돌아가는 사이 이토가 난입해 중신 회의를 진행하고 조약을 표결에 붙였다. 반대 3, 찬성 5로 을사늑약이 체결되었다. 그날부터 '합법적으로' 외교권은 박탈되었다. 조약 체결에 찬성한 학부대신 이완용·외부대신 박제순朴齊純·내부대신 이지용李址鎔·군부대신 이근택李根澤·농상공부대신 권중현權重顯은 '을사오적'이라 불리며 대대손손 나라 팔아먹은 죄인으로 기록되었다. 반대 의사를 밝힌 대신 3명 중 참정대신 한규설은 끝까지 조약에 반대하다가 덕수궁 수옥헌(현 중명전)에 감금되기도 했다. 이날 폭압적으로 조약을 체결한 이토는 4년 뒤인 1909년(융희 3) 10월 26일, 하얼빈역에서 안중근이 쏜 총탄에 맞아 죽었다.

을사늑약이 세상에 전해지자, 전국 각계각층이 강력히 반발했다. 유생들과 전·현직 관료들은 조약 무효와 을사오적 처단을 요구하는 상소문을 올렸다. 종로 육의전을 시작으로 시장 상가들은 철시撤市 투쟁을 했고, 학생들은 동맹휴업에 들어갔다. 제목도 없는 협정문이며, 고종의 인준도 밟지 않은 조약이기에 불법성은 일본도 잘 알고 있었다.

울분을 참지 못한 애국지사들은 자결로 뜻을 알리기도 했다. 전前 참

한규설韓圭卨
조선 말기의 무신으로, 을사늑약 체결에 반대하다 파면되었다. 한일병탄 이후 일본 정부 고위 인사가 직접 찾아가 남작 작위와 함께 엄청난 혜택을 주려 했지만 끝까지 거절했다.

육의전六矣廛
정부가 특정 상품의 독점을 허용한 여섯 물목의 대형 상점이다. 정부에서 사용하는 용품을 조달하고, 다른 상인이 같은 물품을 거래하는 것을 금지했다. 이를 금난전권禁亂廛權이라고 한다. 한양이 발전하면서 성장했지만 개항과 갑오개혁으로 몰락했다.

판 홍만식洪萬植은 소식을 듣자마자 음독 자결했고, 상소 운동을 이끌던 민영환閔泳煥 · 조병세趙秉世, 하급 군사 김봉학金奉學 · 윤두병尹斗炳을 비롯한 수많은 사람이 목숨을 버리며 조국의 자주성 되찾기를 희망했다. 기산도奇山度 · 나인영羅寅永 · 오기호吳基鎬 등은 을사오적 암살단을 조직했으며, 최익현崔益鉉과 민종식閔宗植은 각각 전라도와 충청도에서 의병을 조직했고, 평민 의병장 신돌석申乭石은 경상도와 강원도를 중심으로 무장 투쟁을 전개했다.

그러나 1905년 11월 23일, 일본은 강제 체결한 을사늑약을 공포하고 한국의 외교부와 재외 공사관을 즉각 폐지할 것을 강요했다. 12월 20일에는 '통감부와 이사청 관제'를 공포함으로써 제도적으로 한국의 외교권을 박탈했다.

대한제국의 마지막 몸부림

을사늑약 체결 이후 고종은 조약의 무효를 선언함과 동시에 해외에 일본의 무장 점거를 알리고자 했다. 대표적으로 1907년(융희 1) 네덜란드 헤이그에서 열린 만국평화회의에 이상설李相卨 · 이준李儁 · 이위종李瑋鍾과 미국인 호머 헐버트Homer Hulbert를 특사로 파견했지만, 이미 일본과

통감부와 이사청
통감統監은 일본 정부의 대표다. 이사청은 개항장 등에서 통감의 지휘에 따라 영사의 권한을 행사하며 협약과 관련된 사무를 처리했다.

『만국평화회의보Courrier de la Conférence de la Paix』 1907년 7월 5일자에 헤이그 특사 3명의 사진과 을 사늑약은 무효라는 이위종의 인터뷰가 실렸다.

물밑 접촉을 진행한 영국의 방해로 아무런 성과를 얻지 못했다. 이준은 울분을 참지 못하고 헤이그에서 순국했다.

일본은 헤이그 특사를 빌미로 1907년 7월 20일, 고종과 순종도 없는 자리에서 제멋대로 양위식을 거행하고 고종을 강제 퇴위시켰다. 그리고 7월 31일에는 한국 군대를 강제 해산했다. 이제 한국은 지켜야 할 왕도, 지킬 군대도 없는 처지가 되었다.

군대 해산 이후 잔존 병력과 성난 민중은 의병이 되었다. 13도 연합 의병 부대가 만들어졌고, 각지에서 의병 전쟁이 가속화되었다. 특히 호 남 의병이 강력한 투쟁 성과를 보였다. 그러나 일본은 '남한 대토벌 작

일본과 강제로 맺은 국권 침탈에 관한 문서의 일부로, 한일병합조약 혹은 한일합방조약이라고 불린다.
1910년 8월 22일에 대한제국 내각총리대신 이완용과 일본 통감 데라우치 마사타케寺內正毅가 체결했
으며, 전문과 본문 8조 이루어졌다. 이날 공식적으로 나라를 빼앗겼다. 규장각 한국학연구원 소장.

전'으로 의병 근거지로 의심되는 촌락들에 불을 지르고 주민을 살해했
다. 국내 의병 전쟁은 수만 명의 사상자를 내며 사그라졌다.

　그리고 1910년 8월 29일, 경술국치庚戌國恥로 일본은 대한제국을 완전
히 병탄했다. 일반적으로 한일병합韓日倂合 혹은 한일합방韓日合邦이라고
부르지만, 형식적이나마 동등한 나라가 합친 것이 아니라 일방적으로
무력을 동원해 식민지로 만든 것이기에 '병탄倂呑'이라고 해야 옳다.

　조선인의 목표는 '독립'이 되었으며, 일본은 군사력을 동원해 독립운
동을 철저히 짓밟았다. 일본의 탄압이 거세질수록 남녀노소, 지위고하를
가리지 않고 독립운동의 불꽃이 이어져나갔다. 심지어 그동안 기생이라
낮추어 불렸던 이들도 분연히 일어섰다. 일제의 강력한 탄압에도 독립
운동은 전국에서 일어났으며, 특히 3·1운동은 들불처럼 전국에 퍼져나
가며 사회적 약자들까지도 참여한 전 민중적인 독립 요구 시위였다.

활쏘기로 기억하는 조선

『조선朝鮮의 궁술弓術』은 1929년 황학정黃鶴亭에서 전통 방식의 활쏘기를 연구하던 조선궁술연구회에서 발간했다. 이 책은 우리 민족의 전통 활과 활쏘기를 전반적으로 정리한 책으로, 저자는 일제강점기 한글학자이며 문필가인 이중화李重華다. 이중화는 배재학당 교사를 거쳐 1936년 조선어 사전 편찬 위원을 맡을 만큼 우리말과 글의 소중함을 알리는 데 헌신한 독립운동가였다. 그는 1942년 조선어학회 사건으로 체포되어 징역 2년에 집행유예 3년을 선고받았다.

『조선의 궁술』은 범례의 첫 부분에 "이 책은 조선의 궁시弓矢와 사예射藝(활 쏘는 재주)에 관한 내용을 포괄하여 그 개략적인 내용을 서술한 것으로『조선의 궁술』이라 칭한다"라고 언급하며 책의 성격을 분명히 밝혔다.

일제강점기 우리의 '몸 기르기 문화體育'는 국가의 억압과 통제로 왜곡되었다. 일제는 학교 교육으로 개인의 몸을 예비 군사 전력으로 관리했다. 그리고 그 핵심에 무예가 있었다. 일제는 오무도五武道라 해서 전투에 활용 가능한 유도柔道 · 검도劍道 · 궁도弓道 · 총검술銃劍道 · 사격射擊道

조선어학회 사건

1942년 10월 일제가 조선어학회 회원을 탄압한 사건이다. 일제는 강력한 한국어 말살 · 일본어 사용 정책을 펴면서 민족정신을 고취하는 이들을 사상범으로 몰았다. 조선어학회 회원들에게는 내란죄를 뒤집어씌웠다.

황학정에서 활 쏘는 모습. 황학정은 1898년(광무 2)에 고종의 어명으로 경희궁 회상전會祥殿 북쪽에 지었던 것을 일제강점기인 1922년에 인왕산 기슭으로 옮겼다. 민족적 색체가 가장 짙은 활터다. 한국학중앙연구원 소장.

등 5가지 무예를 강제로 훈련시켰다. 오무도는 1937년 중일전쟁을 거치면서 더 적극적으로 시행되었다. 이 과정에서 단순히 생물학적인 몸만 통제한 것이 아니라, 그 몸이 속해 있는 가족이나 마을 같은 공동체의 정신에도 영향을 끼쳤다.

오무도 훈련에는 일본과 조선이 한 민족이기 때문에 병합은 당연하다는 일선동조론日鮮同祖論을 비롯한 제국주의 철학이 포함되어 있었다. 당시 일본은 '제국의 무예' 정신을 조선인의 몸에 강제적으로 주입했다. 일제강점기에 탄생한 근대 무예 훈련은 일본식 사무라이 정신을 익혀 국가에 언제라도 헌신할 수 있는 '황국신민'으로 만들기 위한 것이었다.

이 과정에서 조선인의 몸을 규격화하기 위해 지속적인 신체검사와 체력 측정이 진행되었다. 이렇게 개인의 몸을 예비 군사 자원으로 관리하

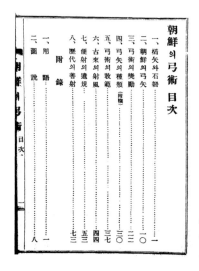

『조선의 궁술』은 우리 민족의 전통적인 군사 무예인 활쏘기를 체계적으로 정리한 병서로, 일제강점기 한국인의 몸과 마음을 지키기 위해 만들었다.

는 것 역시 몸 기르기 문화를 왜곡했다. 이러한 몸 인식은 해방 이후에도 이어졌다. 개인 몸을 키와 몸무게를 중심으로 등급을 나누고 체력에 따라 우열을 가리는 자본주의적인 몸 인식으로 이어진 것이다.

『조선의 궁술』은 식민지화로 왜곡된 몸 인식을 전통 활쏘기로 바로잡고자 한 책이다. 이 책은 크게 8개 장으로 구성되어 있는데, 싸리 화살인 호시楛矢와 돌촉인 석노石砮를 시작으로 조선시대 활과 화살에 대한 전반적인 설명, 활쏘기 장려 문화, 당대에 활용한 활과 화살의 종류와 과녁의 형태, 활쏘기 법칙, 활쏘기의 풍속인 사풍射風, 편을 나누어 활쏘기를 훈련하던 편사便射의 종류와 방법, 역사적인 활쏘기 명인으로 구성되어 있으며, 부록으로 활터에서 사용하는 용어 풀이와 활쏘기 도구에 대한 자세한 그림과 설명을 실었다.

명궁들을 한곳에 모으다

『조선의 궁술』에는 우리 역사 속 '선사善射', 즉 명궁이라 불렸던 인물들을 소상히 적어놓았다. 원래 활은 전쟁에 반드시 필요한 군사 무기였기에 활을 잘 쏜 사람은 곧 민족과 국토를 지켜낸 위인이기도 했다. 즉, 『조선의 궁술』은 역사 속 전쟁 영웅들을 소환해 암울한 식민지 굴레를 벗어날 희망을 담아놓은 것이다.

'자랑스러운 민족의 역사'는 고구려의 주몽 이야기부터 시작한다. 일제강점기에 전대 왕조인 조선은 매우 유약하게 인식되었다. 특히 삼정의 문란과 같은 조선 말기의 치명적 문제는 국가 멸망과도 직결되었다. 그래서 북방의 맹주로 불렸던 고구려로 현실의 암울함을 해소하고자 한 것이다. 소위 '위대한 고구려'에 대한 동경은 지금까지도 계속되고 있다. 주몽 다음으로는 백제의 시조 온조왕의 맏아들인 다루왕과 백제 8대 왕인 고이왕, 11대 비류왕, 12대 계왕, 24대 동성왕 등의 이야기와 눌최의 노비, 연개소문의 손자인 천헌성을 기록했다.

고려시대에는 11대 왕인 문종·16대 예종·18대 의종 등 왕의 활쏘기를 시작으로 지채문·유현·고열·김정순·최연·함유일·서공·김경손·이자성·김윤후·한희유 등의 장수와 명궁을 비롯해 이성계의 선조들을 수록했다. 조선시대 이야기 중에는 태조 이성계에 대한 이야기가 가장 길다. 특히 1380년(우왕 6) 9월에 하삼도下三道를 비롯해 남원까지 침입한 왜구를 이성계가 토벌한 사건인 황산대첩荒山大捷을 집중 부각하며 민족적 자긍심을 드높였다. 그중 왜구의 장수 아기발도阿其拔都

혹은 아지발도阿只拔都와 겨룬 장면은 드라마의 한 장면처럼 섬세하게 기술되어 있다.

『조선의 궁술』 마지막 장에는 간행 발기인 36명의 활터 소속과 이름이 기록되어 있다. 경성의 석호정石虎亭 · 청룡정靑龍亭 · 일가정一可亭 · 서호정西虎亭 · 황학정, 개성의 화수정華水亭 · 반구정反求亭 · 호정虎亭 · 관덕정觀德亭, 인천의 무덕정武德亭, 수원의 연무대鍊武臺, 양주의 승학정乘鶴亭, 고양의 숭무정崇武亭 등 수도권의 사정을 중심으로 간행해 전국에 배포했다. 우리말과 글조차 제대로 사용할 수 없었던 식민지 현실 속에서 '식민의 몸'을 거부하고 '조선인의 몸'을 만들기 위해 간행된 『조선의 궁술』은 전통 활의 명맥을 잇는 데 기여했으며, 전통 활쏘기는 지금도 활꾼들을 통해 이어지고 있다.

검도와 총검술을 담다

『무예도보신지』

어두운 시기에 빛난 노블레스 오블리주

1910년 8월 29일, 한일병탄 이후 식민지 조선의 독립 투쟁 양상은 갈수록 치열해졌다. 그중 1911년 6월, 서간도 류허柳河현 삼원보三源堡(현재의 지린성 통화시 통화현)에 자리 잡은 신흥무관학교에서 배출된 독립군의 활약이 가장 두드러졌다. 일제가 1920년 무력으로 문을 닫을 때까지 배출한 졸업생이 3,500여 명에 달한다.

당시 신흥무관학교를 중심으로 펼쳐진 '독립전쟁론'은 일제에 대항한 구국 운동의 핵심 전략이었다. 독립군이 독자적으로 일제를 패망시키는 것은 불가능하므로, 중국·소련·미국의 반응을 살피며 독립을 쟁취하겠다는 것이 핵심이었다. 타국에 독립운동 기지를 설치한 뒤 전쟁이 확대되었을 때 그들과 함께 대對일 전쟁을 하자는 전략이기도 했다.

대표적으로 북간도에 항일 독립운동을 위해 권업회가 독립군을 양성하기 위해 1913년 대전학교大甸學校라는 사관학교를 만들었다. 지린성 왕칭汪淸현 스리핑十里坪에는 사관양성소를 세워 전투를 지휘할 사관을 배출했다. 1914년에는 하와이에서 이주 노동자를 중심으로 대조선독립군단이 편성되기도 했다. 윈난강무당雲南講武堂과 구이저우강무당貴州講武堂 등 중국 군관학교에 입소한 한인 청년들이 군사훈련을 받은 후 무장 독립 투쟁에 합류했다. 이들은 1931년 일제가 만주를 침략할 때, 중국의 항일군과 함께 조선혁명군·한국독립군 등 공식 부대로 참전하게 된다.

한국의 무장 독립 투쟁 역사에서 신흥무관학교의 역할은 지대하다. 신흥무관학교 탄생을 주도적으로 이끈 이들은 신민회 활동을 하며 해외에 독립운동 기지를 건설하자는 계획을 세웠다. 이는 당대 국제 정세를 정확히 분석한 현실적인 방식으로, 이회영李會榮과 이동녕李東寧 등은 만주와 연해주 일대를 직접 답사하며 독립운동 기지를 세울 곳을 물색했다.

권업회勸業會

1911년 러시아 연해주 지역에서 조직된 한인 자치 결사 단체로, 연해주 지방의 한인 보호와 독립을 위해 다양한 활동을 벌였다.

신민회新民會

1907년 안창호가 양기탁, 이동녕 등과 함께 세운 항일 비밀결사다. 국권 회복을 위해 신문 발행, 대성학교·오산학교 설립, 주식회사 운영, 독립군 양성 등 다양한 활동을 했다. 1911년 105인 사건을 계기로 조직이 드러나면서 와해되었다.

일제는 1907년 7월 헤이그 특사 파견을 구실로 고종에게 양위를 강요하고 조선의 군사력을 완전히 장악하기 위해 그해 8월 군대 해산 조치를 내렸다. 조선군이 반발하자 일본군은 무차별 살육을 펼쳤는데, 이를 기록한 『르 프티 주르날』의 1907년 8월 4일자 기사다. 이때 살아남은 이들은 이후 의병 전쟁과 무장 독립 투쟁을 이어나갔다.

삼원보가 일제에 노출될 위험도 적고 독립군을 양성하기 좋은 곳으로 결정되었다.

신흥무관학교 설립과 운영의 핵심이었던 이회영과 형제들의 이야기는 지금도 회자된다. 우당 이회영은 유력한 가문 출신으로, 아버지인 이유승李裕承은 고종 대 이조판서를 지냈다. 명동 일대 절반이 이회영 집안의 소유였다고 한다. 요즘 가치로 환산하면 2조 원이 넘는 엄청난 규모다. 그런데 이회영과 형제들은 모든 재산을 팔고 독립운동을 위해 서간도로 이주하기로 합의했다.

이회영 6형제는 일사천리로 문중 땅을 팔고 가족 전체가 한꺼번에 만주로 망명했다. 망명을 떠날 때 딸린 식구가 50여 명에 달했으니 쉬운 일은 아니었을 것이다. 우여곡절 끝에 모든 가족이 삼원보에 도착해 땅을 팔아 마련한 자금으로 신흥무관학교를 설립했다. 신흥무관학교에는 독립을 위해 자신이 가진 것을 사회에 환원한 노블레스 오블리주가 깃들어 있다.

그러나 독립군 양성에는 엄청난 자금이 들었기에, 이회영이 마련해간 군자금은 몇 년 지나지 못해 소진되었다. 그런데도 그의 가족들은 가난에 굶주리면서 독립운동을 지속해나갔다. 그 과정에서 둘째인 이석영은 중국 빈민가에서 굶어 죽은 채 발견되었고, 막내인 이호영은 행방불명되어 시신조차 찾지 못했다. 이회영 역시 1932년 독립운동가들과 만나기 위해 만주로 가던 중 일본 경찰에 체포되어 모진 고문을 받다가 그해 11월 17일 66세를 일기로 감옥에서 순국했다.

신흥무관학교 출신의 활약

신흥무관학교가 배출한 독립군의 활약은 대한 독립에 큰 힘이 되었다. 신흥무관학교 교관 출신들은 1920년 전후에 북간도와 서간도에 새롭게 만들어진 독립군 부대의 지휘관으로 참여해 무장투쟁을 이끌었다. 서로군정서西路軍政署는 사령관 지청천池靑天을 비롯한 핵심 지휘부가 모두 신흥무관학교 출신이었다. 전투에 투입된 군사들도 신흥무관학교 졸업생이 주를 이루었다. 북로군정서北路軍政署도 신흥무관학교 출신 간부들이 근간을 이루었다. 신흥무관학교의 교관 출신인 이장녕李章寧과 이범석李範奭이 각각 참모장과 연성대장을 맡았고, 졸업생 강화린 · 오상세 · 김

북로군정서군의 모습. 1911년 서일徐─ 등은 항일 민족의식을 고취하기 위해 중광단重光團을 조직했다. 3·1운동 이후 중광단은 다른 독립운동 단체들과 연합해 대한정의단大韓正義團이 되었고, 대한정의단은 무장투쟁을 준비하면서 대한군정부大韓軍政府를 조직했다. 대한군정부는 대한민국임시정부의 공인을 받으며 '군정부'에서 '군정서'로 개칭했는데, 당시 서간도에 서로군정서가 있었기 때문에 북로군정서라 불렸다.

훈·백종열·이운강 등은 소대장을 맡아 독립 전쟁에 투입되었다.

1920년 10월 청산리 전투는 김좌진金佐鎭이 이끌던 북로군정서와 홍범도洪範圖의 대한독립군 등 독립군 연합 부대가 두만강 상류에 있는 청산리 일대에서 일본군과 싸워 크게 이긴 전투로, 항일 무장투쟁사에서 가장 큰 승리다. 당시 신흥무관학교를 비롯한 여러 독립군 기지에서 독립군이 배출되고, 중국으로 망명한 사람이 많아지자 독립군은 두만강을 건너 국내까지 진격해 일본의 헌병 순찰대와 관공서 등을 기습하는 게릴라 방식 전투를 벌였다. 일본군은 월강越江 추격대를 편성해 독립군을 섬멸하려 했지만, 1920년 6월에 봉오동에서 매복하고 있던 홍범도를 비롯한 독립군 연합 부대에 대패했다.

이후 일본군은 중국에 대규모 병력을 투입하기 위해 중국 마적단을 매수해 훈춘 사건을 조작했다. 훈춘珲春에 있던 마적들은 일본군의 돈을 받고 중국 군인과 민간인 등을 마구잡이로 살해하고 일본 영사관을 습격했다. 일본군은 조선 독립군의 소행이라고 대대적으로 선전하며 대규모 토벌대를 투입했다.

일본군은 약 2만 명의 대규모 병력을 이끌고 독립군의 근거지를 소탕하려 했다. 그러나 지형이 험한 백두산 부근의 백운평·천수평·어랑촌·맹개골·서구·천보산·고동하 등에서 벌어진 10여 차례의 전투에서 독립군의 전술에 휘말려 상당한 타격을 입었다. 이 전투 전체를 통합해 청산리 전투라 부른다.

일제가 가장 많은 현상금을 걸고 잡고자 했던 약산 김원봉金元鳳도 신흥무관학교 출신이었다. 1919년 11월, 김원봉은 신흥무관학교 출신이었던 강세우姜世宇·이성우李成宇·한봉인韓鳳仁·신철휴申喆休 등을 중심으로 무장 독립 투쟁단인 의열단義烈團을 조직했다. 창립 단원 13명 중 8명이 신흥무관학교 출신이었다. 의열단은 요인 암살, 기관 파괴 등 도심 게릴라 방식으로 투쟁해 일제가 가장 두려워했다.

실제로 의열단은 1920년에 부산과 밀양 경찰서에 폭탄을 던져 건물을 파괴하고, 1923년에는 종로 경찰서에 폭탄을 투척해 일본 경찰을 살상하는 등 혁혁한 전과를 올렸다. 특히 일제 고위 관리를 비롯해 친일파 저격과 암살을 진행해 일제에 실질적인 타격을 주었다.

갑작스러운 해방과 김원봉의 눈물

1945년 8월 15일, 느닷없이 독립이 찾아왔다. 그러나 그날은 너무나도 조용했다. 서울은 일본 나가사키長崎에서 원폭에 전사한 의친왕의 아들 이우李鍝의 장례식이 치러졌기에 엄숙한 분위기마저 감돌았다.

다음 날인 8월 16일 오전 9시, 조선건국준비위원회 대표 몽양 여운형呂運亨이 서대문형무소에 갇힌 정치범을 석방하라고 요구했다. 석방된 정치범들이 종로 거리를 메우고 "대한 독립 만세"를 외치자, 시민들이 호응하면서 비로소 독립의 기쁨이 퍼져나갔다. 이날 오후 3시, 조선건국준비위원회 부위원장 안재홍安在鴻이 라디오를 통해 치안 유지와 식량 확보 등 신정부 탄생 기초를 알리는 대국민 연설을 했다. 이때야 비로소 온 국민이 독립이라는 현실을 느낄 수 있었다.

그러나 김원봉은 해방된 조국에서 피눈물을 흘려야 했다. 일본 경찰이 가장 잡고자 했던 김원봉은 친일파 장승원張承遠의 아들 장택상張澤相이 1947년 미 군정에서 수도경찰청장으로 부임하면서 해방의 기쁨 대신 투옥의 아픔을 맛보아야 했다. 당시 친일 경찰 대부분이 미 군정의 경찰로 재취직하면서 독립군은 사회 혼란자로 낙인찍혔다. 많은 희생을 감내하면서 독립을 쟁취했지만 현실은 기대와 달랐다. 우리의 힘으로 얻은 해방이 아니라, 미국과 소련 등 강대국에 의한 피동적인 해방이었기에 한계가 있었던 것이다. 김원봉은 미 군정에 불순분자로 낙인찍혀 지명수배 되었다가 1948년 북한을 방문한 후 돌아오지 않고 북한의 정부 수립에 참여했다. 그리고 우리 기억 속에서는 반강제로 지워져버렸다.

검도와 총검술을 결합하다

『무예도보신지武藝圖譜新志』는 광복 후인 1949년 8월, 무예가인 곽동철郭東喆이 만들었다. 정조 대 편찬된 『무예도보통지』를 계승하기 위해 책 이름도 비슷하게 지었다. 여기에 총검銃劍이나 스포츠형 검도 등 근대화된 내용을 추가했다. 일제강점기에 전술적 차원에서 일본 검도가 전국적으로 보급되었기에, 많은 사람이 수련한 죽도 사용법도 상당 부분 담겨 있고, 군사 무예임을 감안해 소총에 대검을 장착한 총검술까지 포함했다. 거기에 전통성을 강조하기 위해 『무예도보통지』의 검법과 창법 몇 가지를 더했다.

곽동철은 일제강점기에 보급된 총검술의 실력자로 알려져 있으며, 이후 검도계의 주류로 자리 잡은 대한검도회와는 인연이 없었던, 검도계의 야인과 같은 인물이다. 특히 일본 검도에서 착용하는 호구 대신 전통 바지저고리에 행전을 착용한 그림을 사용해 민족의식을 드러냈다.

곽동철은 서문에서 고구려나 신라의 상무尙武 정신과 대비해 조선의 문약함을 비판하고 무예 부흥을 이루지 못해 나라를 잃었다고 강변한다. 아울러 해방된 조국이 무예 부흥으로 자강하길 바라며 이 병서를 쓰게 되었다고 언급했다.

행전行纏

바지나 고의를 입을 때 정강이에 감는 천이다. 행전을 매면 바지폭이 펄럭이지 않아 행동하기 편해진다.

신생新生 우리 민족은 전철을 밟지 않도록 적극 국민정신의 진작에 우선 노력할지로되 국민정신 작흥은 오로지 검술, 창술, 총검술 등의 무예를 부흥하여 상무의 풍風을 흥기함에 있다 하노라.

『무예도보신지』는 크게 3편으로 구성되어 있는데, 제1편 「검술보」, 제2편 「총검보」, 제3편 「고래古來의 우리나라의 무예도보武藝圖譜」로 전체 175쪽의 근대식 인쇄본으로 발간되었다. 「검술보」가 가장 분량이 많아 136쪽에 달한다. 여기에는 검술의 의의, 우리나라 검술과 창술 유래, 검술 수행, 수행과 주의, 술術의 기초 등 검술의 역사적 배경과 기본 훈련법을 정리했다. 이어 현대 대한 검도에서 유효격자(득점을 올릴 수 있는 공격)에 해당하는 머리 공격은 면타격보面打擊譜, 손목 공격은 수완타격보手腕打擊譜, 허리 부분은 협타격보脇打擊譜, 목 공격은 척타격보刺打擊譜, 복부 공격은 척격보刺擊譜로 구분해 상세하게 설명했다. 그 뒤는 기본 동작과 단련술, 경기술, 검술 용구, 검술의 분류법과 교수법, 참고 사항과 초학자 주의 사항, 속성 검술보 등으로 구성되어 있다.

「총검보」는 소총에 대검을 장착하고 전투에 활용하는 총검술을 다루었다. 총검술의 기초·척격보·단련술은 목총 끝에 천을 둥글게 감아 훈련 중 부상을 예방하도록 했다. 마지막 격투보만 소총에 대검을 장착해 두 사람이 겨루는 방법을 설명했다. 「고래의 우리나라의 무예도보」는 『무예도보통지』에 수록된 무예 중 본국검·쌍검·쌍수도·장창 등 4가지 무예를 보譜의 설명과 함께 총보總譜와 총도總圖로 정리했다.

「검술보」 중 '발걸이'와 '상박相搏'은 현재 한국 검도계의 주류인 대한

무예인 곽동철은 해방 이후 무예를 통해 민족 부흥을 이루고자 『무예도보신지』를 집필했다. 『무예도보신지』는 정조 대 간행된 『무예도보통지』의 명맥을 잇는다는 의미가 있다.

검도회에 상당한 시사점을 준다. 대한검도회의 경기와 훈련 방식은 일본 검도Kendo와 거의 유사하다. 일제강점기에 강제로 이입된 일본 검도가 해방 이후에도 지속적으로 경찰과 군대에서 훈련되었고, 지금까지도 공식적으로 활용되고 있다.

곽동철이 서문에서 주장했듯이, 무예에는 민족적 자강 의식이 담겨 있다. 따라서 일본 검도를 흉내내는 것에 그치지 않고 진일보한 경기 방식과 훈련 방식으로 변화해야 한다. 예를 들면 대한 검도에서는 '몸받음'이라고 해서 죽도를 서로 붙이고 코등이싸움이라는 일종의 몸싸움을 하는데, 곽동철은 여기에서 그치지 않고 발걸이로 상대를 확실히 제압하는 법을 더했다.

거기에 서로 칼을 놓칠 경우 상박, 즉 격투를 통해 승패를 결정짓는 방법까지 제시했다. 넘어진 상대의 호면을 벗기는 것으로 경기의 승패를 결정짓는 방식이 대표적이다. 이러한 방식으로 한국의 검도 경기 방식이 변화한다면 수련법도 변화하며 일본 검도와의 차별성을 부각할 수 있을 것이다.

무예로 되찾는 민족정신

『무예도보신지』는 해방된 조국에서 무예로 민족 부흥을 도모하려는 저자의 의지가 엿보인다. 이러한 무예를 통한 민족정신 되찾기는 자산 안확安廓이 쓴 『조선무사영웅전』에서 처음 시도되었다. 『조선무사영웅전』은 대한제국 말에서 일제강점기를 살다간 국학자 안확이 1940년에 펴낸 한국 무예사 연구서다. 독립운동가이자 국학자로서 안확은 어학·문학·정치·역사·종교·철학·체육 등 다양한 분야의 글을 남겼다. 『조선무사영웅전』은 조선 무사도의 시작과 발전 과정을 밝히며 우리 무예의 역사와 특성, 각 시대별 무사의 유형과 정신 등 한국의 무武 문화를 종합했다.

호면護面
검도할 때 얼굴과 머리, 목을 보호해주는 호구.

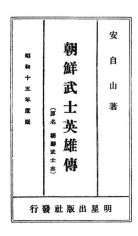

『조선무사영웅전』은 한국 무예 문화 연구서다. 무예를 단순한 전투 기술로 보지 않고, 전통적으로 이어지는 한국인 몸 문화의 근간으로 보았다.

안확은 식민지라는 현실을 극복하기 위해 체육 교육의 중요성을 주장했다. 그래서 창신학교에 운동부를 창설했으며, 이론으로만 그치는 것이 아니라 교육 현장에서 실현할 수 있도록 앞장섰다. 건강한 신체 활동과 전통 무예관 함양으로 조선 독립의 새로운 영역을 개척한 것이다.

특히 1935년에는 독립운동가이자 당대 최고의 스포츠인이었던 여운형과 함께 식민지 현실에 좌절한 청년들을 위한 춘계 무도 강연을 열기도 했다. 여운형은 해방 후 조선건국준비위원회를 이끈 민족 지도자인 동시에 베를린 올림픽 마라톤 우승자 손기정을 발굴하고 키워낸 체육 후원자이기도 했다. 『조선중앙일보』 1936년 8월 13일자 4면의 '일장기 말소 사건'도 그의 영향이 있었다고 볼 수 있다.

당시 연속 강연에서 안확은 '무예사와 무덕'이라는 주제로 발표했고, 여운형은 '내가 본 조선 체육계'라는 제목으로 당대 체육인의 현실을 이야기했다. 쉽사리 독립을 외칠 수 없었던 현실에서 청년들에게 신체 훈련의 중요성을 설파한 것이다. 이들은 몸과 무예를 민족정기 회복의 수단으로 활용했다. 안확이 1939년에 『문장文章』에 발표한 「향가와 무사」에는 조선시대에 퍼져나간 시가詩歌의 원조가 삼국시대 유행한 향가鄕歌이며, 향가는 삼국시대 무사 집단이 창작한 문학에서 출발했다는 내용이 담겨 있다.

『조선무사영웅전』은 전체 189쪽으로 제1장 「무사도와 그 원류」, 제2장 「무예고」, 제3장 「무사미담」으로 구성되어 있다. 삼국시대부터 조선시대까지의 무사들의 이야기를 담았으며, 조선의 대표적 무예인 궁술 · 격검 · 유술 · 경마 · 축구 · 격구 · 석전 등을 소개하고 권장했다. 또한 서양의 무사도는 기독교의 수단으로 출발한 반면, 조선의 무사도는 공동체 생활에서 자생적으로 발생해 동족을 보호하기 위한 의리와 충성의 정치적 논리로 발전했다고 설명했다.

검술은 본국검법本國劍法을 예로 들어 설명했는데, '조선특법'으로 외국의 검법을 폭넓게 수용한 것에 고대의 유법을 결합해 발전시킨 독창적인 움직임이라고 설명했다. 검법 수련으로 체질을 개선하고 지구력과 민첩성을 기를 수 있으며, 이를 통해 인내 · 침착 · 과단 등 심덕心德을 기를 수 있다고 소개했다.

『조선무사영웅전』은 전반적으로 조선의 무예를 다른 나라 무예와 비교해 대중이 이해하기 쉽게 풀어낸 책으로, 특히 해부학적 관점에서 정신적 · 육체적으로 체육 훈련 효과를 분석해 이후 체육사 서술 체계의 전범이 되었다.

• 사료

『경국대전經國大典』
『계축진설癸丑陣設』
『고려사高麗史』
『관서평란록關西平亂錄』
『국조보감國朝寶鑑』
『국조정토록國朝征討錄』
『기효신서紀效新書』
『난중잡록亂中雜錄』
『능허관만고凌虛關漫稿』
『대전회통大典會通』
『마경초집언해馬經抄集諺解』
『만기요람萬機要覽』
『무과총요武科總要』
『무비요람武備要覽』
『무예도보신지武藝圖譜新志』
『무예도보통지武藝圖譜通志』
『무예제보武藝諸譜』
『무예제보번역속집武藝諸譜飜譯續集』
『민보의民堡議』
『병장도설兵將圖說』
『병장설兵將說』
『병정兵政』
『병학지남兵學指南』
『병학지남연의兵學指南演義』
『병학통兵學通』
『보병조전步兵操典』
『비변사등록備邊司謄錄』
『사법비전공하射法秘傳攻瑕』
『서애집西厓集』
『서정일기西征日記』
『성호사설星湖僿說』
『속대전續大典』
『속병장도설續兵將圖說』
『수성책자守城册子』
『승정원일기承政院日記』

『신기비결神器秘訣』
『어영청중순등록御營廳中旬謄錄』
『역대병요歷代兵要』
『연경재전집외집研經齋全集外集』
『연기신편演機新編』
『연병실기練兵實紀』
『연병지남練兵指南』
『오위진법五衛陣法』
『융서촬요戎書撮要』
『융원필비戎垣必備』
『일성록日省錄』
『장용영고사壯勇營故事』
『장용영대절목壯勇營大節目』
『조선왕조실록朝鮮王朝實錄』
『진도지법陣圖之法』
『진법陣法』
『진법언해陣法諺解』
『징비록懲毖錄』
『청장관전서靑莊館全書』
『해동명장전海東名將傳』
『홍재전서弘齋全書』
『황청개국방략皇淸開國方略』
『훈국신조기계도설訓局新造器械圖說』
『훈국총요訓局總要』

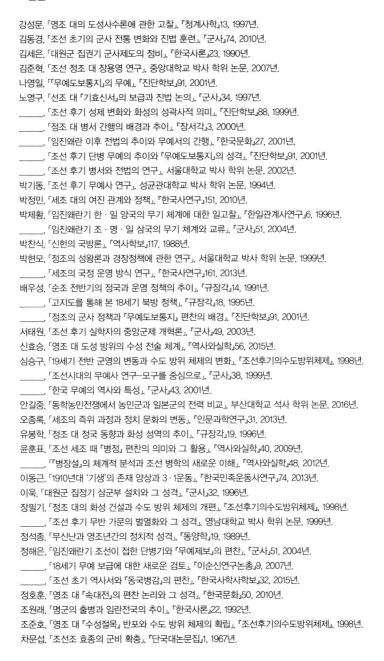

• 논문

강성문, 「영조 대의 도성사수론에 관한 고찰」, 『청계사학』13, 1997년.

김동경, 「조선 초기의 군사 전통 변화와 진법 훈련」, 『군사』74, 2010년.

김세은, 「대원군 집권기 군사제도의 정비」, 『한국사론』23, 1990년.

김준혁, 「조선 정조 대 장용영 연구」, 중앙대학교 박사 학위 논문, 2007년.

나영일, 「『무예도보통지』의 무예」, 『진단학보』91, 2001년.

노영구, 「선조 대 『기효신서』의 보급과 진법 논의」, 『군사』34, 1997년.

_____, 「조선 후기 성제 변화와 화성의 성곽사적 의미」, 『진단학보』88, 1999년.

_____, 「정조 대 병서 간행의 배경과 추이」, 『장서각』3, 2000년.

_____, 「임진왜란 이후 전법의 추이와 무예서의 간행」, 『한국문화』27, 2001년.

_____, 「조선 후기 단병 무예의 추이와 『무예도보통지』의 성격」, 『진단학보』91, 2001년.

_____, 「조선 후기 병서와 전법의 연구」, 서울대학교 박사 학위 논문, 2002년.

박기동, 「조선 후기 무예사 연구」, 성균관대학교 박사 학위 논문, 1994년.

박정민, 「세조 대의 여진 관계와 정책」, 『한국사연구』151, 2010년.

박제황, 「임진왜란기 한·일 양국의 무기 체계에 대한 일고찰」, 『한일관계사연구』6, 1996년.

_____, 「임진왜란기 조·명·일 삼국의 무기 체계와 교류」, 『군사』51, 2004년.

박찬식, 「신헌의 국방론」, 『역사학보』117, 1988년.

박현모, 「정조의 성왕론과 경장정책에 관한 연구」, 서울대학교 박사 학위 논문, 1999년.

_____, 「세조의 국정 운영 방식 연구」, 『한국사연구』161, 2013년.

배우성, 「순조 전반기의 정국과 운영 정책의 추이」, 『규장각』14, 1991년.

_____, 「고지도를 통해 본 18세기 북방 정책」, 『규장각』18, 1995년.

_____, 「정조의 군사 정책과 『무예도보통지』 편찬의 배경」, 『진단학보』91, 2001년.

서태원, 「조선 후기 실학자의 중앙군제 개혁론」, 『군사』49, 2003년.

신효승, 「영조 대 도성 방위의 수성 전술 체계」, 『역사와실학』56, 2015년.

심승구, 「19세기 전반 군영의 변동과 수도 방위 체제의 변화」, 『조선후기의수도방위체제』, 1998년.

_____, 「조선시대의 무예사 연구―모구를 중심으로」, 『군사』38, 1999년.

_____, 「한국 무예의 역사와 특성」, 『군사』43, 2001년.

안길중, 「동학농민전쟁에서 농민군과 일본군의 전력 비교」, 부산대학교 석사 학위 논문, 2016년.

오종록, 「세조의 즉위 과정과 정치 문화의 변동」, 『인문과학연구』31, 2013년.

유봉학, 「정조 대 정국 동향과 화성 성역의 추이」, 『규장각』19, 1996년.

윤훈표, 「조선 세조 때 『병정』 편찬의 의미와 그 활용」, 『역사와실학』40, 2009년.

_____, 「『병장설』의 체계적 분석과 조선 병학의 새로운 이해」, 『역사와실학』48, 2012년.

이동근, 「1910년대 '기생'의 존재 양상과 3·1운동」, 『한국민족운동사연구』74, 2013년.

이욱, 「대원군 집정기 삼군부 설치와 그 성격」, 『군사』32, 1996년.

장필기, 「정조 대의 화성 건설과 수도 방위 체제의 개편」, 『조선후기의수도방위체제』, 1998년.

_____, 「조선 후기 무반 가문의 벌열화와 그 성격」, 영남대학교 박사 학위 논문, 1999년.

정석종, 「무신난과 영조년간의 정치적 성격」, 『동양학』19, 1989년.

정해은, 「임진왜란기 조선이 접한 단병기와 『무예제보』의 편찬」, 『군사』51, 2004년.

_____, 「18세기 무예 보급에 대한 새로운 검토」, 『이순신연구논총』9, 2007년.

_____, 「조선 초기 역사서와 『동국병감』의 편찬」, 『한국사학사학보』32, 2015년.

정호훈, 「영조 대 『속대전』의 편찬 논리와 그 성격」, 『한국문화』50, 2010년.

조원래, 「명군의 출병과 임란전국의 추이」, 『한국사론』22, 1992년.

조준호, 「영조 대 『수성절목』 반포와 수도 방위 체제의 확립」, 『조선후기의수도방위체제』, 1998년.

차문섭, 「조선조 효종의 군비 확충」, 『단국대논문집』1, 1967년.

최병옥, 「개화기 군사정책 연구」, 홍익대학교 박사 학위 논문, 1988년.
최복규, 「『무예도보통지』 편찬의 역사적 배경과 무예론」, 서울대학교 박사 학위 논문, 2003년.
최승희, 「세조 대 왕위의 취약성과 왕권 강화책」, 『조선시대사학보』1, 1997년.
최진욱, 「신헌의 내수어양론 연구」, 『한국사학보』25, 2006년.
최형국, 「조선시대의 기사 시험 방식의 변화와 그 실제」, 『중앙사론』24, 2006년.
_____, 「조선 후기 왜검 교전 변화 연구」, 『역사민속학』25, 2007년.
_____, 「조선 후기 군사 신호 체계 연구」, 『학예지』15, 2008년.
_____, 「조선 후기 기병 마상무예의 전술적 특성」, 『군사』70, 2009년.
_____, 「조선시대 기병의 전술적 운용과 마상무예의 변화」, 『역사와실학』38, 2009년.
_____, 「조선 정조 대 장용영 창설과 마상무예의 전술적 특성」, 『학예지』17, 2010년.
_____, 「19세기 전반기 조선 기병 약화의 배경 연구」, 『학예지』17, 2010년.
_____, 「조선 후기 진법 원앙진의 군사무예 특성」, 『군사』78, 2011년.
_____, 「조선 후기 기병의 마상무예 연구」, 중앙대학교 박사 학위 논문, 2011년.
_____, 「조선 숙종 대 지방 기병부대 창설과 마상무예의 변화」, 『역사와실학』44, 2011년.
_____, 「19세기 화약 무기 발달과 기병의 변화」, 『군사』82, 2012년.
_____, 「17세기 대북방 전쟁과 조선군의 전술 변화」, 『군사연구』133, 2012년.
_____, 「정조의 문무겸전론과 병서 간행」, 『역사민속학』39, 2012년.
_____, 「조선 초기 군사 전술 체계와 제주 전마」, 『군사』93, 2014년.
_____, 「18세기 활쏘기[國弓] 수련 방식과 그 실제」, 『탐라문화』50, 2015년.
_____, 「영조 대 도성 수성 체제 변화와 기병 강화」, 『중앙사론』45, 2017년.
하차대, 「조선 초기 군사정책과 병법서의 발전」, 『군사』19, 1989년.
한명기, 「임진왜란 직전 동아시아 정세」, 『한일관계사연구』43, 2012년.
한시준, 「신흥무관학교와 한국 독립운동」, 『한국독립운동사연구』40, 2011년.
한종수, 「조선 후기 숙종 대 관왕묘 치제의 성격」, 『역사민속학』21, 2005년.

• 단행본

강성문 외, 『한민족전쟁사총론』(교학연구사, 1989).
강신엽, 『조선의 무기 I 』(봉명, 2004).
_____, 『조선의 무기 II 』(봉명, 2004).
국사편찬위원회, 『전쟁의 기원에서 상흔까지』(두산동아, 2006).
_____, 『나라를 지켜낸 우리 무기와 무예』(두산동아, 2007).
김우철, 『조선 후기 지방군제사』(경인문화사, 2001).
김종수, 『조선 후기 중앙군제 연구』(혜안, 2003).
나영일 외, 『조선 중기 무예서 연구』(서울대학교출판부, 2006).
노영구 외, 『정조 대의 예술과 과학』(문헌과해석사, 2000).
노영구, 『조선 후기의 전술』(그물, 2016).
배항섭, 『19세기 조선의 군사제도 연구』(국학자료원, 2002).
백기인, 『조선 후기 국방론 연구』(혜안, 2004).
서태원, 『조선 후기 지방군제 연구』(혜안, 1999).
오종록, 『조선정치사(하)』(청년사, 1990).
유재성, 『국토개척사』(국방군사연구소, 1999).
이근호 외, 『조선 후기의 수도방위체제』(서울학연구소, 1998).

이종화, 『사법비전공하』(국립민속박물관, 2008).
이중화, 『조선의 궁술』(조선궁술연구회, 1929).
이태진, 『조선 후기의 정치와 군영제 변천』(한국연구원, 1986).
이형석, 『임진왜란사(상)』(임진전란사간행위원회, 1976).
장원철 외, 『임진왜란과 도요토미 히데요시』(부키, 2003).
장학근, 『조선시대 군사전략』(국방부군사편찬연구소, 2006).
정해은, 『조선 후기 국토방위전략』(국방부군사편찬연구소, 2002).
_____, 『한국 전통 병서의 이해』(국방부군사편찬연구소, 2004).
_____, 『한국 전통 병서의 이해(Ⅱ)』(국방부군사편찬연구소, 2008).
차문섭, 『조선시대 군제 연구』(단국대출판부, 1973).
_____, 『조선시대 군사 관계 연구』(단국대학교출판부, 1996).
최형국, 『조선무사』(인물과사상사, 2009).
_____, 『조선 후기 기병전술과 마상무예』(혜안, 2013).
_____, 『정조의 무예사상과 장용영』(경인문화사, 2015).
_____, 『조선의 무인은 어떻게 싸웠을까?』(인물과사상사, 2016).
최효식, 『조선 후기 군제사 연구』(신서원, 2007).
한명기, 『임진왜란과 한중관계』(역사비평사, 1999).
한철호, 『근대 일본은 한국을 어떻게 병탄했나?』(독립기념관 한국독립운동사연구소, 2016).

■ 찾아보기 ■

3·1운동 329, 339

4군 6진 63~65

ㄱ

가왜 86

갑신정변 291, 319

갑오개혁 312, 320

갑오농민전쟁 298, 300, 301, 304, 305

강홍립 93, 121, 125

거북선 113

격구 16, 219, 347

『경국대전』 71, 111, 214

경종 179, 180, 191

계유정난 50, 70, 75

『계축진설』 37, 41~43, 54

고종 74, 135, 171, 172, 272, 276, 285~289,
    291, 299, 306, 312, 315~319, 325~328

곽동철 342, 344

관무재 147, 215

관왕묘 170~172, 227

관우 170~172

광해군 51, 93, 121~127, 132~134

교련병대 288~290

국가재조론 217

『국조정토록』 88~94

군기감 110, 111

군무 104, 207, 213, 214, 216, 217, 220, 249,

262, 282, 289, 293

군사 신호용 악기 24, 25, 33, 34, 36, 37, 57,
    163, 174, 209, 255, 321

군익도 42, 61, 62

군적 73, 247, 276, 282, 307

군호 68, 69

궁궐 방위 20, 66~71, 186, 260~263, 286,
    290, 306, 309, 310, 313, 318

규장각 162, 203, 204, 212, 219, 226

금군 30, 69, 132, 145~149, 181, 183, 206,
    216, 259, 260, 264, 266, 282

금위영 159, 181, 182, 186, 188, 206, 216,
    245, 248, 263, 284, 286, 289~291

기병 25, 28, 34~37, 41, 42, 54, 55, 57,
    60, 62, 63, 65, 66, 83, 84, 93, 97~101,
    112, 125~128, 134, 135, 138, 139, 142,
    145~150, 155, 157~159, 165, 182, 183,
    208, 210, 211, 218~220 224, 245~247,
    249, 255, 256, 268, 275~277, 280, 284,
    285, 306~308

기사 34, 42, 147

기추 147, 308

『기효신서』 104, 105, 161~163, 197, 218, 220,
    267

김광택 160, 161

김류 133, 134

김수문 88

김원봉　340, 341
김종서　50, 63, 64, 73, 317
김좌진　339
김체건　159~161

ㄴ
나선정벌　114, 145
남한산성　142, 145, 162, 207, 290, 291
납포군화　245
낭선　106~108, 199, 218, 308
『능허관만고』　196, 197

ㄷ
단병 무예　103, 218, 221
단병접전　98~101, 103, 127, 150, 197, 218,
　219, 302, 308
단종　50, 51, 70, 72, 77, 214
당파　106~108, 199, 216, 218, 221
대동법　121~123
『대전통편』　214~217
도성사수론　181, 189
독립군　322, 323, 335~341
『동국병감』　46~48
동학　298, 300, 301, 305
독蠹　20, 57
독제　20, 57
등패　105~108, 199, 218

ㄹ
러일전쟁　300, 311, 312, 324

ㅁ
『마경언해』　139~142

마상무예　28, 34, 147, 159, 218~220
마상재　147, 219, 308
마상편곤　135, 138, 160, 219, 308
만민공동회　318~320
만호부　83, 84
『매천야록』　313
매화법　115, 253
모구　147
『무경칠서주해』　66
무과　17, 28, 29, 42, 82, 114, 147, 150, 222,
　270, 277
무관학교　318~321
『무비요람』　266~271
『무비지』　220, 267, 281
무신란　180~183, 202, 309
『무예도보신지』　342~345
『무예도보통지』　130, 131, 196, 200, 206, 213,
　216~221, 342, 343
무예별감　213, 214, 259, 260
『무예신보』　195~197, 199, 200, 219~221
『무예제보』　104, 105, 107, 108, 127, 129, 196,
　199, 218, 219, 221
『무예제보번역속집』　127~131, 218, 221
무예청　214, 259~261, 286
무위소　285~289
무위영　289
문무겸전론　204, 205, 217, 222, 223,
　225~227, 232
문종　49, 50, 53, 54
민보　239, 241~244, 283
『민보의』　239~242, 244, 283, 297
『민보집설』　244
민비(명성황후)　313~315, 318

민영기 321

ㅂ

박종경 251, 252
발병부 70, 71
방호전술 139, 219
백동수 217, 220
번상 148, 245, 282
별기군 261, 306
별마대 146~148, 159
별무사 159, 160, 246, 247, 306, 308
별운검 69, 70
「병경」 78
병마절도사 133, 161, 173, 270, 271
병인양요 275~277, 280, 293, 294
병자수호조약 288
병자호란 138, 142~145, 148~150, 156, 157,
  176, 181, 186, 230, 231, 287
「병장도설」 184, 214
「병장설」 78, 79, 82
「병전」 71, 215, 216
「병정」 66, 67, 71, 214
병조 28, 30, 31, 48, 67, 68, 73, 88, 144,
  264, 310
「병학지남」 150, 161~165, 173, 175, 176, 184,
  214
「병학지남연의」 107
「병학통」 206, 207, 210, 211, 213, 216, 217,
  226
보병 25, 28, 35~37, 42, 54, 57, 63, 97, 101,
  106, 125, 127, 128, 139, 149, 150, 153, 182,
  183, 200, 210, 218, 220, 245, 247, 255,
  288, 306

보병 무예 196, 218, 220
「보병조전」 318, 320~323
복마 277
본국검법 200, 347
북로군정서 338, 339
북벌 143~146, 149, 156, 157, 219
북한산성 181, 286, 287
분조 122, 135
붕당 166, 167
비격진천뢰 114, 115
비변사 88, 93, 159, 244
「비변사등록」 262

ㅅ

사도세자 192~197, 200, 201, 214, 215,
  219~221, 264, 266
삼군문 183, 184, 186, 188, 246, 263
삼번의 난 155
삼정의 문란 239, 245, 266, 333
삼정이정청 266
삼포왜란 48, 85, 86, 89, 90, 97
상방검 248, 249
서로군정서 338, 339
서명선 206
서재필 291, 292, 318~320
선조 103, 122, 135, 148, 197, 225, 319
성조 165, 188, 207, 208
성종 59, 112, 319
「성호사설」 90, 91
섶 165
세조 44, 45, 50~54, 59, 66, 67, 69, 70,
  72~78, 81, 82, 214~216
세종 30~32, 38~41, 43, 44, 49, 50

센고쿠시대 113, 120

소현세자 143, 180

「속병장도설」 184

속오군 139, 240, 242

속오법 118, 184, 186, 240, 242

「수성책자」 185, 187, 189

수렴청정 196, 263~265

수어청 145, 207

수조 165, 207, 208

숙위군 20, 214, 216, 290

숙종 166~172, 227

순무사 183, 248, 249

순조 233, 248, 251, 259, 261

순종 319, 328

시재 103, 306, 307

「신기비결」 115~117, 119

신기전 112, 296

신립 98

신미양요 275

신민회 326

신헌 244, 279, 280, 282, 284, 293

신흥무관학교 335~340

심하 전투 93, 121, 125, 126

ㅇ

아관파천 135, 316~318

아편전쟁 272

안명로 150~154

안확 345~347

애로호 사건 273

야조 165, 175, 208

양호도순무영 303

어영청 145~148, 159, 181, 186~188, 206,

216, 245, 284, 286, 289, 291

어왜전술 139, 218

여운형 341, 346

여진 정벌 45, 60, 62

여진족 37, 41, 42, 58, 60~66, 76, 83, 84,
88~90, 92~94, 111, 120, 127, 139, 157,
218, 219

「역대병요」 43~46, 66

「연기신편」 150, 151, 154

「연병실기」 139, 286

연산군 51, 85

연해읍성 84, 85

영조 169, 172, 179, 183~186, 189, 191~193,
195, 196, 201, 219, 220

예송논쟁 167, 168

오삼계 155~157

오위 31, 34, 53, 55, 67, 69, 97, 150, 153,
184, 185, 187

「오위진법」 53~56, 59, 66, 150

오행진 56, 58, 174

왕자의 난 26, 27, 69, 70

왜검 103, 106, 127, 129, 130, 135, 199, 216,
218, 219, 308

왜관 85~87, 160

왜구 18, 45, 47, 48, 83~88, 90, 97, 104,
106, 107, 127, 131, 139, 165, 225, 267, 293,
295, 333

왜선 86, 97, 131

용호영 183, 206, 208, 216, 261, 284,
289~291, 309

원앙진 106, 108, 163, 175, 218

유군 36, 55, 56, 187

유엽전 159, 308

『융서촬요』 293, 294, 296, 297

『융원필비』 251~254, 256, 280

을묘왜변 85, 86, 88

을미사변 313~315

을사늑약 325~328

의병 231, 240, 244, 315, 327~329

의열단 340

이괄의 난 133~138, 148, 231

이덕무 217, 219

이만주 62, 63

이서 132, 140

이순신 57, 69, 104, 217, 225, 226, 228

이양선 261, 271, 277, 283, 293, 296

이여송 101, 197, 232

이익 90~92, 127

이인좌 75, 180, 183, 191

이종무 85, 91, 92

이중화 330

『이진총방』 213

이회영 336~338

익군 62, 83, 84

인조 132, 134~138, 142, 143

인조반정 124, 126, 132, 133, 137, 138, 144

임오군란 289, 290

임오화변 192, 201, 219, 220

임진왜란 26, 48, 54, 69, 88, 89, 93, 97, 98,
    100, 101, 107~109, 112~115, 119~123, 127,
    129, 134~136, 138, 139, 142, 148~150,
    153, 161, 170, 172, 176, 181, 184, 186, 218,
    221, 225, 230, 231, 240, 306, 308, 319

ㅈ

장용영 162, 163, 208, 212, 213, 217, 220,
    221, 226, 239, 245, 246, 251, 259,
    261~264, 285

절강병 101~104

절강병법 104

정도전 15~21, 25, 26, 28, 30

정묘호란 138

정약용 127, 226, 233~240, 242~244, 283

정조 162, 163, 172, 193, 200, 201~206, 208,
    211~217, 220~227, 231~234, 238, 239,
    259, 261, 264, 285

정종 27, 38

조선궁술연구회 330

『조선무사영웅전』 345~347

『조선의 궁술』 330~334

조우석 226, 270, 271

조총 98~102, 112~114, 116~118, 125, 136,
    159, 186, 210, 250, 251, 253, 286, 308, 310

주조 165

중종 85

중종반정 85

『진도지법』 30~33, 35~37, 41, 42, 54

『진법』 21~23, 25, 26, 32, 35, 36, 54, 66,
    184

『진법언해』 172~174, 176

집현전 40, 41, 43, 44, 50, 51, 70

ㅊ

척가군 105~107

척계광 104~107, 153, 154, 161, 162, 165,
    197, 267

철종 191, 264~266

청산리 전투 239, 240

청야수성전 142

청일전쟁 299, 300, 311, 312

초계문신 203, 204, 212, 229

총위영 262~264, 285

총융청 262, 264, 286, 289~291

총통 36, 58, 88, 97, 109, 110, 112, 113, 116, 253, 281

최기남 127, 131, 218

최숙 161, 173

ㅌ

탄금대 전투 98, 99, 101

태조 16, 17, 20, 27, 31, 38, 39, 46, 74, 224, 333

태종 26~30, 32, 37~40, 66, 69, 150

통리기무아문 289

ㅍ

파천 135, 136, 181, 316~318

판옥선 109, 113

팔기군 144, 157

편전 159, 308

편추 159, 308

평양성 탈환 전투 101, 102, 104, 107, 108, 232

ㅎ

한교 104, 161, 197, 199, 218

한효순 115, 116

항왜 100, 103, 114, 134, 135

『해동명장전』 217, 228~232

헌종 261~263, 285

호부 70

호위청 261, 289

홍경래의 난 240, 242, 243, 246, 247, 250~252, 259

홍범도 339

홍양호 228~232

『홍재전서』 162, 225

화산붕 111, 112

화성 188, 189, 221, 223

화약 34, 36, 58, 84, 109~118, 139, 140, 152, 198, 250~256, 277, 281, 287, 295, 296, 302, 310

화포 42, 58, 84, 102, 103, 109, 110, 115, 117, 125, 152, 165, 250, 277, 280

『화포식언해』 140

환도 147, 308, 310

황학정 330, 331, 334

효장세자 193, 215

효종 143~150, 219, 220

후비보병 301

『훈국신조군기도설』 280

『훈국신조기계도설』 280, 281, 293

『훈국총요』 305~307, 310

훈련도감 103, 104, 127, 132, 139, 145, 146, 149, 162, 169, 181, 182, 186~188, 195, 197, 206~209, 214, 216, 220, 251, 259, 261, 263, 280, 284~286, 289, 290, 305~307, 309, 310

훈춘 사건 340

휘麾 24, 57

흥선대원군 26, 272, 275, 277~279, 281, 282, 284~287, 289, 290, 306, 313

병서, 조선을 말하다

ⓒ 최형국, 2018

초판 1쇄 2018년 4월 12일 찍음
초판 1쇄 2018년 4월 18일 펴냄

지은이 | 최형국
펴낸이 | 강준우
기획·편집 | 박상문, 박효주, 김예진, 김환표
디자인 | 최원영
마케팅 | 이태준
관리 | 최수향
인쇄·제본 | 제일프린테크

펴낸곳 | 인물과사상사
출판등록 | 제17-204호 1998년 3월 11일

주소 | 04037 서울시 마포구 양화로7길 4(서교동) 2층
전화 | 02-325-6364
팩스 | 02-474-1413

www.inmul.co.kr | insa@inmul.co.kr

ISBN 978-89-5906-497-7 03910

값 16,000원

이 도서의 국립중앙도서관 출판예정도서목록(CIP)은 서지정보유통지원시스템 홈페이지
(http://seoji.nl.go.kr)와 국가자료공동목록시스템(http://www.nl.go.kr/kolisnet)에서
이용하실 수 있습니다. (CIP제어번호: CIP2018009432)